贵州省2023年度高校思想政治工作质量提升综合改革与精品建设（培育）项目：
构建国防特色课程，强化课程思政育人功能

应急管理理论与贵州实践

YINGJI GUANLI LILUN YU GUIZHOU SHIJIAN

袁晓莉　甘甜　吴南　陈娅　◇　主编

图书在版编目（ＣＩＰ）数据

应急管理理论与贵州实践 / 袁晓莉等主编. -- 贵阳：贵州大学出版社, 2023.7
ISBN 978-7-5691-0773-9

Ⅰ.①应… Ⅱ.①袁… Ⅲ.①突发事件－公共管理－研究－贵州 Ⅳ.①D630.8

中国国家版本馆CIP数据核字(2023)第139547号

应急管理理论与贵州实践

顾　　问：余照阳
主　　编：袁晓莉　甘　甜　吴　南　陈　娅
副 主 编：黎　亮　邹小利　张远钟　冉俊松　匡文军

出 版 人：闵　军
责任编辑：周　清
校　　对：钟昭会
装帧设计：陈　艺　申　云

出版发行：贵州大学出版社有限责任公司
　　　　　地址：贵阳市花溪区贵州大学北校区出版大楼
　　　　　邮编：550025　电话：0851-88291180
印　　刷：贵阳精彩数字印刷有限公司
开　　本：787毫米×1092毫米　1/16
印　　张：18
字　　数：399千字
版　　次：2023年7月第1版
印　　次：2023年7月第1次印刷

书　　号：ISBN 978-7-5691-0773-9
定　　价：48.00元

版权所有　违权必究
本书若出现印装质量问题，请与出版社联系调换
电话：0851-85987328

前 言
FOREWORD

"盖灾沴之行,治世不能使之无,而能为之备。"(曾巩《越州赵公救灾记》)应急救灾,仁政也。

中国历来重视应急救灾,也不乏应对灾害的实践经验,但关于灾害的理论研究还十分薄弱。随着科技的进步,人们开始变被动为主动,积极应对处置灾害,应急管理逐渐成为政府管理的核心职能。

贵州属于典型的喀斯特地貌,地质灾害频繁,同时又是能源大省,矿山生产安全形势尤其严峻。过去十年,贵州经济社会高速发展,撕掉了千百年来的贫困标签,与全国同步进入全面小康。国发〔2022〕2号文件明确了贵州"四区一高地"的主定位,省第十三次党代会确定了贵州高质量发展的工作主题,确立了围绕"四新"主攻"四化"的主战略。未来十年,贵州经济社会必将迎来高速发展。高速发展的前提和保证是安全,应急救灾虽已成为政府日常工作的一个重要部分,但应受到更加空前的重视。贵州大学人民武装学院结合自身职责、使命和办学特色,为提升人才培养质量,凸显培养特色,组织学院老师编写了这本《应急管理理论与贵州实践》。本书不仅可作为贵州高校本、专科的应急教学教材,还可以作为应急管理实践者和理论研究者的参考书籍。

本书是在贵州大学人民武装学院领导邱姜滔、张大林的大力支持和学院相应政策坚实保障下完成的科研成果。编写小组成立后,在贵州大学公共管理学院段忠贤教授的指导下,制订了编写提纲和工作方案。初稿完成后,经高艳莉教授、刘晓婷教授、周岩副教授、陈芳副教授充分讨论修改,又由余照阳教授对提纲和书稿作了多次质量评审。

本书编写过程中,由袁晓莉负责编写方案、体例设计和统稿工作。各章节的具体分工如下:第一章"应急管理概述"由张远钟编写,第二章"应急管理的发展历程"、第三章"应急管理基础理论"由陈娅编写,第四章"应急预案与演练"、第五章"应急监测与预警"由甘甜编写,第六章"应急响应管理"由冉俊松编写,第七章"应急处置与救援"由匡文军编写,第八章

"应急舆情管理"由邹小利编写,第九章"应急恢复重建管理"由袁晓莉编写,第十章"应急管理体制"由吴南编写,第十一章"应急管理法制建设"由黎亮编写,第十二章"应急与应战一体化"由张俊飞、黎泽共同编写,第十三章"应急信息化管理"由钱正宇、罗欢、梁磊共同编写;实践篇,由袁晓莉、吴南、翟桐共同编写。最后校稿工作由袁晓莉、吴南、陈娅共同完成。

本书不足之处,敬请广大读者批评指正,以便在今后的修订中加以完善。

上篇　理论篇

第一章　应急管理概述......3
- 第一节　突发公共事件......4
- 第二节　应急管理的内涵......11
- 第三节　应急管理的意义......16

第二章　应急管理的发展历程......19
- 第一节　我国应急管理的发展历程......20
- 第二节　西方应急管理发展历程......28
- 第三节　应急管理研究和发展趋势......32

第三章　应急管理基础理论......36
- 第一节　风险管理......37
- 第二节　危机管理......41
- 第三节　应急管理生命周期理论......44
- 第四节　有准备的社区理论......47
- 第五节　全面应急管理理论......48

第四章　应急预案与演练......53
- 第一节　应急预案的内涵......54
- 第二节　应急预案的分类和特点......55
- 第三节　应急预案的编制......56
- 第四节　应急预案的演练......61

第五节 应急预案的修订 ... 64

第五章 应急监测与预警 ... 66

第一节 监测机制 ... 67
第二节 信息报告机制 ... 70
第三节 研判机制 ... 73
第四节 预警机制 ... 75

第六章 应急响应管理 ... 79

第一节 应急响应的类型及功能 ... 80
第二节 应急响应的监测预警 ... 82
第三节 应急响应的协同联动机制 ... 85

第七章 应急处置与救援 ... 87

第一节 应急决策 ... 88
第二节 应急指挥 ... 94
第三节 应急救援 ... 97

第八章 应急舆情管理 ... 100

第一节 舆情的定义、类型和特征 ... 102
第二节 突发公共事件舆情管理的必要性 ... 106
第三节 新媒体与突发公共事件舆情 ... 107
第四节 突发公共事件舆情风险管理过程 ... 110

第九章 应急恢复重建管理 ... 121

第一节 恢复重建 ... 122
第二节 调查评估 ... 129
第三节 责任追究 ... 134

第十章 应急管理体制 ... 138

第一节 体制与应急管理体制 ... 139
第二节 应急管理体制的发展历史 ... 139
第三节 现行应急管理体制 ... 142

第四节　新时代应急管理的体系与分工..................148
　　第五节　应急管理部门成立的重大意义和未来展望..................151

第十一章　应急管理法制建设..................156
　　第一节　我国应急管理法制概述..................157
　　第二节　国外应急管理法制概述..................162
　　第三节　应急管理法制的基本原则..................165
　　第四节　我国应急管理法治化建设..................170

第十二章　应急与应战一体化..................178
　　第一节　应急与应战一体化概述..................179
　　第二节　应急与应战一体化建设内容..................182
　　第三节　应急与应战一体化建设途径..................190

第十三章　应急信息化管理..................196
　　第一节　应急信息化管理技术概述..................197
　　第二节　智慧应急建设..................201
　　第三节　数字化应急指挥体系..................206

下篇　实践篇

第十四章　贵州自然灾害应急处置事件..................213
　　第一节　2008年贵州特大凝冻灾害事件..................213
　　第二节　贵州水城"7·23"特大山体滑坡灾害..................216
　　第三节　六盘水市六枝特区牂牁镇水上交通事件..................219

第十五章　贵州生产安全应急处置事件..................226
　　第一节　大方县成贵铁路七扇岩"5·2"瓦斯爆炸事故..................226
　　第二节　安龙县广隆煤矿"12·16"煤与瓦斯突出事故..................233
　　第三节　贵阳经济技术开发区"6·12"较大中毒和窒息事故..................240

第十六章　贵州公共卫生应急处置事件..................250

第一节　某县小学 A（H1N1）型流感暴发疫情..................250
第二节　贵阳市南明区永乐乡水塘小学水痘暴发疫情..................253
第三节　毕节市非洲猪瘟疫情的果断处置..................254

第十七章　贵州社会安全应急处置事件..................256

第一节　遵义市汇川区上海路"2·7"交通事故..................256
第二节　黔西南州贞丰县"5·23"自用船舶翻沉事故..................260
第三节　余庆县"2·7"较大道路交通事故..................265

参考文献..................271

上篇　理论篇

本篇依据国家应急管理体系"一案三制"为核心构建了编写基本框架,首先介绍应急管理的基本情况、发展历程、基础理论,然后再介绍应急预案、应急机制(应急监测与预警、应急响应管理、应急处置与救援、应急舆情管理、应急恢复重建管理)、应急体制、应急法制,最后介绍应急应战一体化、应急信息化管理。每章设有故事导入,以增加可读性和趣味性;设有思考题,方便老师指导学生反思和练习。编写过程中主要参考了国务院应急管理专家组组长闪淳昌、中国政法大学应急法研究中心研究员钟开斌、中共中央党校(国家行政学院)应急管理培训中心教授李雪峰、中国人民大学公共管理学院教授王宏伟、武汉理工大学管理科学与工程博士黄宏纯等学者出版的专著,以及《中华人民共和国突发事件应对法》《国家突发公共事件总体应急预案》《突发事件应急预案管理办法》和2021年1月4日贵州省人民政府办公厅下发的《贵州省突发事件总体应急预案》,还有地方政府法律法规和众多学者翔实的研究成果对本书编写工作也起到了重要的指导和参考作用。

第一章 应急管理概述

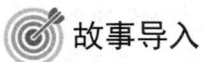 故事导入

湖北武汉新冠肺炎疫情大暴发①

2019年12月底,湖北省武汉市暴发了新冠肺炎疫情,这是中华人民共和国成立以来发生的传播速度最快、感染范围最广、防控难度最大的一次重大突发公共卫生事件。面对来势汹汹的疫情,在以习近平同志为核心的党中央坚强领导下,我国采取最全面、最严格、最彻底的防控举措,14亿人民同舟共济、众志成城,同疫情展开了顽强斗争。在全国人民的共同努力下,我国疫情防控形势持续向好,生产生活秩序加快恢复的态势不断巩固和拓展。

2019年12月底,湖北省武汉市疾控中心监测发现了不明原因的肺炎病例。12月30日,武汉市卫生健康委向辖区医疗机构发布《关于做好不明原因肺炎救治工作的紧急通知》。31日,国家卫生健康委员会凌晨作出安排部署,派出工作组、专家组赶赴武汉,指导做好疫情处置工作,开展现场调查。武汉市卫生健康委在官方网站发布《关于当前我市肺炎疫情的情况通报》,通告已发现27例病例,呼吁公众尽量避免到封闭、空气不流通的公共场合和人多集中地方,外出可佩戴口罩。当日起,武汉市卫生健康委依法发布疫情信息。2020年1月1日,国家卫生健康委成立疫情应对处置领导小组,此后每日召开领导小组会议。2日,中国疾控中心、中国医学科学院收到湖北省送检的第一批4例病例标本后,立即开展病原鉴定;同时国家卫生健康委制定了《不明原因的病毒性肺炎防控"三早"方案》。3日当日起,中国定期与世界卫生组织、有关国家和地区组织以及中国港澳台地区及时、主动通报疫情信息,同时,开始定期向美方通报疫情信息和防控举措。国家卫生健康

---

① 《抗击新冠肺炎疫情的中国行动》白皮书(全文),国新网。https://www.gov.cn/zhengce/2020-06/07/content_5517737.htm

委组织中国疾控中心等4家科研单位对病例样本进行实验室平行检测,进一步开展病原鉴定。国家卫生健康委会同湖北省卫生健康委制定了《不明原因的病毒性肺炎诊疗方案(试行)》等9个文件。4日,国家卫生健康委会同湖北省卫生健康部门制定了《不明原因的病毒性肺炎医疗救治工作手册》,印发武汉市所有医疗卫生机构,并在全市范围内开展相关培训。同时,中国疾控中心负责人与美国疾控中心主任通电话介绍疫情有关情况,双方同意就信息沟通和技术协作保持密切联系。5日,武汉市卫生健康委在官网发布《关于不明原因的病毒性肺炎的情况通报》,共发现59例不明原因的病毒性肺炎病例,根据实验室检测结果,排除了流感、禽流感、腺病毒、传染性非典型性肺炎和中东呼吸综合征等呼吸道病原。中方向世界卫生组织通报了疫情信息,世界卫生组织首次就中国武汉出现的不明原因肺炎病例进行通报。6日,国家卫生健康委在全国卫生健康工作会议上通报了武汉不明原因肺炎的有关情况,并要求加强监测、分析和研判,及时做好疫情处置。7日,中共中央总书记习近平在主持召开中央政治局常委会会议时,对做好疫情防控工作提出了要求。

面对突如其来的新冠肺炎疫情,习近平总书记作出重要指示,强调"要把人民群众生命安全和身体健康放在第一位,坚决遏制疫情蔓延势头"。中国政府始终以人民为中心,始终秉持人类命运共同体发展理念,本着公开、透明、负责任的态度,及时发布疫情信息,毫无保留地同世界卫生组织和国际社会分享防控、治疗经验,加强科研攻关合作,并尽力为各方提供援助,受到国际社会的高度评价和广泛认可。

第一节 突发公共事件

人类发展历史就是一部多灾多难的历史,从这个意义上说,应急管理活动在古代就已产生。以我国为例,大禹治水、女娲补天、后羿射日等神话故事和李冰父子兴修都江堰,张衡发明地动仪等都反映了人类与自然灾害抗争的智慧与行动。我国自2003年"非典"以来,"突发公共事件""应急管理"等字眼屡见于媒体,已成为社会公众耳熟能详的词汇。但对于应急管理的确切含义,学术界却存在着较大的分歧与争议。我国新组建的应急管理部整合了自然灾害与事故灾难应对的主要职能,越发倾向于将其应对的对象描述为"灾害事故",但这并不能涵盖应急管理的全部。研究突发公共事件应急管理的前提与基础,就是科学界定突发公共事件与应急管理。突发公共事件是剖析应急管理基本理论的基础元素,应对其有一个全方位、立体化的认识,包括了解突发公共事件的特征、分类与分级。

一、突发公共事件的含义和特征

突发公共事件可以说是一个久远的早已引起人类关注的现象。人类从来就无法规避火灾、水害、地震等自然灾难,所以突发公共事件已成为一个具有崭新社会内涵的全球性新课题。我国2007年颁布的《中华人民共和国突发事件应对法》(简称《突发事件应对法》)中对"突发事件"的定义:突发事件是指突然发生,造成或者可能造成严重社会危害,需要采取应急处置措施予以应对的自然灾害、事故灾难、公共卫生事件和社会安全事件。简单地说,突发公共事件是指造成或者可能造成严重社会危害,需要采取应急处置措施予以应对的各类公共事件。进一步说,突发公共事件都具有突发性、公共威胁性和紧急性三大基本特征。

一是突发性。在《说文解字》中,许慎对"突"字的解释是:"突者,犬从穴中暂出也。"其意思为一条狗突然从狗洞里窜出,情势非常紧急。突发公共事件往往是平素积累起来的问题、矛盾、冲突因长期不能得到有效解决,在突破一定临界点后的集中迸发。因此,它看似偶然,实则必然,必须未雨绸缪,防患于未然。

二是公共威胁性。突发公共事件可能会使特定的或不特定的社会公众在健康、生命和财产方面遭受重大损失,干扰、破坏社会正常运行秩序,甚至使政府的合法性面临挑战。其影响对象是社会公众,其威胁带有很强的公共性和社会性。

三是紧急性。突发公共事件发生后,情势变得非常紧急,应急管理人员处于巨大的时间和心理压力之下,必须迅速调动一切可能调动的人力、物力和财力,进行有效地应对与处置,控制事态发展,消除事件的后果与影响。

突发性、公共威胁性、紧急性是突发公共事件的基本特征,是我们判明一个事件是否为突发公共事件的基本标准。我们一定要注意突发公共事件的公共性边界,有些事件对于个人而言为"突发事件",但并非突发公共事件。例如,一些居住在高层的人房门打不开,这属于"突发个人事件",但不是"突发公共事件"。

除此之外,在应急管理过程中,突发公共事件还常常具有其他两个重要的附加特征,即不确定性与扩散性。通常,突发公共事件从始至终都处于不断的变化过程。特别是当下,我们经常会面临前所未遇的新型突发公共事件,这更加剧了突发公共事件的不确定性。

突发公共事件的扩散性表现在两个方面:一是突破地域限制,向更广范围的地理空间扩张。例如,2019年年底暴发的新冠疫情,从一开始在武汉暴发,而后席卷全国,给全国人民的生命财产安全造成了巨大的损害。二是会引发次生灾害,形成一个灾害链条。例如,2011年3月11日,日本东北部海域发生强烈地震并引发特大海啸,导致福岛第一核电站发生最高等级的放射性物质泄漏事故。至今，核污染问题仍然笼罩着福岛这片土地，当地专家认为，核污染对农业的影响还有很多疑难问题有待研究。因此突发公共事件的扩散性一方面要求我们建立区域应急联动、流域应急联动甚至是国际应急联动机制，另一方面要求我们加强各个相关部门之间的应急合作与协调。突发公共事件一旦发生，就可能造成难以预料的危害，这种客观上的不确定性会给应对者带来诸多困难和挑战。

除了从国家界定的、以服务于国家治理为目的的法律层面的定义来理解突发公共事件外，还可以从学理层面深化对这一定义的认识，把握好以下几个方面：

一是关于突发公共事件的突然性。突发公共事件，顾名思义，是指突然发生的事件。需要注意的是：其一，大部分事件是突然发生的，但也不排除一些突发公共事件是渐进地发生的。例如，2008年发生的奶粉中含有三聚氰胺造成大批婴幼儿受害的"三鹿奶粉事件"，并非是在某一时刻突然发生的。其二，突然性在一定程度上也意味着意外性，是与应急处置者的准备程度有关的，包括心理上和物质上的准备，事件发生时就会觉得突然和意外。

二是关于突发公共事件的类型。包括自然灾害、事故灾难、公共卫生事件和社会安全事件四个类型，这四个类型的划分一目了然、便于理解，是对突发公共事件现象的直观分类。

三是关于应急处置措施。定义中"采取应急处置措施予以应对"的表述，顾名思义，是指在突发公共事件发生或将要发生时，需要立刻采取处置行动。这里还需要认识两点：第一，突发公共事件应对措施不仅包括应急处置措施，还包括事前的预防和应急准备措施，从一定意义上说，事前预防更为根本、更为重要；第二，处置措施是分级的，至于分级标准，《国家突发公共事件总体应急预案》和有关专项预案都有规定。

二、突发公共事件的分类

对于突发公共事件的类型划分，可谓仁者见仁，智者见智。突发公共事件的类型是多种多样的。随着社会复杂性及不稳定性的增强，特别是现代社会工业化、城市化和全球化程度的加深，人口、资源、环境、公共卫生方面的社会问题日益尖锐，当今人类面临的突发公共事件变得更为复杂多样。由于不同突发公共事件发生的原因、处置的措施、技术手段以及责任部门都不相同，因此，分类的目的在于明确各自责任，更加便捷地处置突发公共事件。分类是应急管理工作的基础，只有首先确定事件的类别，才能更快地找到处理问题的应对方案。认真研究和合理确定突发公共事件的分类，对于明确责任、制订预案、科学组织、整合资源具有重要意义，是做好突发公共事件应对和处置的基础性工作。

依据不同的判断标准，可以把突发公共事件划分为不同的类型：按影响的地域范围，可以分为全球性、全国性以及地区性三类。全球性突发公共事件是由环境、难民、毒品等全球性问题引发的全球化产物，如全球气候变暖、臭氧层空洞、毒品集团跨国界犯罪、非典疫情、新冠疫情、互联网危机等；全国性以及地区性突发公共事件，如美国"9·11"事件、日本阪神大地震、中国汶川地震等。按其性质，可以分为政治性突发公共事件，如政变、选举纠纷、政治动乱等政治失序现象等；经济性突发公共事件，如亚洲金融风暴、美国1929年的经济危机等；社会性突发公共事件，如印度教派冲突、美国洛杉矶1965年和1991年的骚乱等；生态性突发公共事件，如沙漠化、核泄漏等。

根据突发公共事件发生原因、机理、过程、性质和危害对象的不同，我国《突发事件应对法》和《国家突发公共事件总体应急预案》将突发公共事件划分为四大类型，即自然灾害、事故灾难、公共卫生事件和社会安全事件。

（一）自然灾害

自然灾害是指由于自然异常变化造成的人员伤亡、财产损失、社会失稳、资源破坏等一系列现象或事件，其形成必须具备两个条件：一是要有自然异变作为诱因，如地震、风暴、海啸；二是要有受到损害的人、财产、资源作为承受灾害的客体。自然灾害主要包括水旱灾害、气象灾害、地震灾害、地质灾害、海洋灾害、生物灾害和森林草原火灾等。由于所处的自然地理环境和特有的地质构造条件，我国是世界上遭受自然灾害侵袭最为严重的国家之一，灾害种类多，分布地域广，发生频率高，造成损失重。特别是近年来，极端气候事件频发，中强地震呈活跃态势，自然灾害及其次生、衍生灾害的突发性和危害性进一步加重加大，对我国应对突发公共事件的能力提出了更为严峻的考验。

（二）事故灾难

事故灾难是具有灾难性后果的事故，是在人们生产、生活过程中发生的，直接由人的生产、生活活动引发的，违反人们意志的，迫使生产、生活活动暂时或永久停止，并且造成重大人员伤亡、经济损失或环境污染的意外事件。事故灾难主要包括工矿商贸等企业的各类安全事故、交通运输事故、公共设施和设备事故、环境污染和生态破坏事件等。

目前，我国安全生产形势仍然严峻，随着我国经济社会的快速发展，能源、资源、运输供给长期偏紧，再加上我国安全生产的整体水平不高，基础相对薄弱，一些地方和企业责任不落实，安全监管监察不到位，导致生产安全事故总量居高不下，重特大事故时有发生。

（三）公共卫生事件

公共卫生事件是指已经或者可能发生并对公众健康造成或者可能造成重大损失的事件。公共卫生事件主要包括传染病疫情、群体性不明原因疾病、食品药品安全和职业危害、动物疫情，以及其他严重影响公众健康和生命安全的事件。

近年来，我国公共卫生事件防控难度增大，公共卫生事件诱因和影响都呈较强的国际性特点，全球新发的30多种传染病已有半数在我国发现，重特大疫情和群体性不明原因疾病也时有发生。随着人口流动量的加大和流动速度的加快，疾病传播范围更广，速度更快，造成的损失更严重，防控难度加大。同时，我国食品药品生产经营中还存在市场秩序混乱、源头污染严重、监管力量薄弱等问题未得到根本解决。

（四）社会安全事件

社会安全事件是指影响社会稳定、带来社会危害的突发公共事件。社会安全事件主要包括恐怖袭击事件、重大刑事案件、金融安全事件、规模较大的群体性事件、民族宗教突发群体事件，以及其他社会影响严重的突发性社会安全事件。在我国，社会安全事件与政治安全特别是制度安全和政权安全联系更加直接与密切，由国安委、政法委及其下属的公安部门负主责，必要时协调国安、检察院、法院、司法等部门共同处置。如果社会安全事件造成人员被困或伤亡，则需要应急救援队伍开展现场搜救，医疗救援人员救护。当其他三类突发公共事件发生时，公安部门要协同配合，如封闭道路、维持秩序、打击犯罪等。

我国社会安全面临诸多新的挑战，我国改革发展进入关键阶段，各种利益关系错综复杂，社会矛盾日益多样，诱发群体性事件等社会安全事件的因素不断增加，维护社会稳定的任务更加艰巨。

三、突发公共事件的分级

突发公共事件不仅分类，而且分级，分级的主要目的是使应急响应行动与突发公共事件潜在的危害相适合、相匹配，因为过度响应和响应不足都可能造成负面影响。如果分类是从横向上确定相关部门的主体责任，那么分级则是从纵向上确定相关层级政府的主体责任。应急管理既要避免响应不足，也要避免响应过度——响应不足会影响公共安全，响应过度则会对社会公众的基本人权造成不必要的克减，导致应急成本过高和纳税人钱财的浪费。在《突发事件应对法》中，突发事件的分级与突发事件预警分级是分别规定的，第3条第2款规定："按照社会危害程度、影响范围等因素，自然灾害、事故灾难、公共卫生事件分为特别重大、重大、较大和一般四级。法律、行政法规或国务院另有规定的，从其规定。"第42条第2、3款规定，我国突发事件预警制度中，"可以预警的自然灾害、事故灾难和公共卫生事件的预警级别，按照突发公共事件发生的紧急程度、发展态势和可能造成的危害程度分为一级、二级、三级和四级，分别用红色、橙色、黄色和蓝色标示，一级为最高级别。预警级别的划分标准由国务院或者国务院确定的部门制定。"除此之外，我国突发公共事件应急预案又存在着对响应级别的划分，例如，《国家突发地质灾害应急预案》按危害程度和规模大小，将地质灾害险情和地质灾害灾情分为特大型、大型、中型和小型四级，并据此确定相应级别的应急机构。

分级的主要目的是科学应急、合理应急、适度应急，在确保公共安全的同时，降低应急的行政成本。在这个原则下,我们应该按照简单、清晰、明确、易行的原则对待分级问题。

分级的前提是进行客观、科学的风险评估,以便根据风险评估结果,研判将要发生哪一级别的突发公共事件,并发布相关级别的预警信息。有关主体在接到预警信息后,按照预警级别,启动相应级别的应急响应。

突发公共事件处于不断的演进过程,分级是动态的。当对事件级别的研判出现变化时,预警级别及响应级别应相应地作出调整。但当突发公共事件情势不够明朗时,分级可遵循"就高不就低"的原则,突出"三敏感",即对敏感时间、敏感地点和敏感性质的事件定级要从高。

目前,从国家层面建立一个放之四海而皆准的统一分级标准的可行性较低,国家可对各地制定突发公共事件分级标准进行风险评估提出指导性意见,增强地方各级人民政府的突发公共事件风险评估能力;县级人民政府如果根据风险评估的结果判定突发公共事件即将发生,可以凭借本辖区内的资源予以应对,发出四级预警,进行四级响应;如果突发公共事件的破坏性影响将超出本辖区的应对能力,则请求上级人民政府发出三级预警,进行三级响应。以此类推。也就是说,当发生任一级别的突发公共事件时,如果知道采取何种响应行动,那么分级的目的也就达到了。

四、突发公共事件的相关概念

(一)风险——潜在的突发公共事件

风险最初是一个保险业术语,指"损失的可能性"。《辞海》把风险界定为"人们在生产建设和日常生活中遭遇能导致人身伤亡、财产损失及其他经济损失的自然灾害、意外事故和其他不测事件的可能性"。不同学者对风险给出了不同的定义,总的来说,风险是指可能引起突发公共事件的潜在有害因素。风险包括可能性与不利后果两个最基本的要素——前者指风险的概率,后者指风险变为现实后对保护目标和对象可能造成的影响。

在风险与突发公共事件的关系上,风险是一种尚未生成突发公共事件的可能性,风险一旦成为现实,就构成突发公共事件,因此,风险可以视为突发公共事件的潜在存在形式。

通过梳理各种关于风险的定义可以发现,风险的构成因素主要有四点:

一是致灾因子。致灾因子又称为危险(源)或危险隐患因素,具体是指潜在的引起人身伤害、财产损失、基础设施损坏、产业损失、环境破坏、经营中断或其他类型损害或损失的客观条件。一般地说,风险就是由特定的致灾因子引起的人们生命财产、经济活动与生活环境的预期损失。

二是可能性。可能性是指对健康、财产或环境不利事件发生的概率,也指致灾因子转化为现实危险的可能性。

三是脆弱性。脆弱性是风险与灾害承受者对破坏或者毁灭力量抵御能力的缺乏性。风险与脆弱性成正比,一个系统越是脆弱,面临的风险就越大。

四是暴露性。暴露性是指危险成为现实后所波及地区的财产价值量和人口数量方面的特征。一个地区的暴露范围越大,风险也就越大。

(二)灾害、灾难、事故——各种不同的突发公共事件

灾害是指能够对人类和人类赖以生存的环境造成破坏性影响的事物的总称,在我国通常更多地指自然灾害。

事故一般是指造成死亡、疾病、伤害、损坏或者其他损失的意外情况。在我国,事故通常指安全生产事故、交通事故、环境安全事故、食品安全事故等人为原因造成损失的事件。当这类事故达到危害公共安全的程度时,就成为《突发事件应对法》所指的事故灾难。

灾难是指因自然或人为因素导致的重大灾祸,如大量人员伤亡、财产损失,有时甚至彻底改变自然环境等,往往指严重的灾害或严重的事故。

(三)危机——严重的或非常态的突发公共事件

危机事件在我国习惯称为的"突发公共事件",在国际范围内一般都称"危机事件"。美国危机研究专家斯蒂文·芬克在其著名的"危机生命周期理论"中认为:"危机是指事件即将发生决定性变化的一段不稳定的时间或一种不稳定的状态。事物在不同阶段具有不同的特征,因此要在了解这些阶段特征的基础上,选择相应的传播手段,这样才能达到最终效果的最优化。"荷兰危机研究专家乌里尔·罗森豪尔将危机事件定义为:"对一个社会系统的基本价值和行为准则架构产生严重威胁,并在时间压力和不确定性极高的情况下,必须对其作出关键决策的事件。"

突发公共事件与危机事件有以下共同点:一是两者都是负面事件,即都会给政府、受众、社会或者个人带来损失、损害或者负面影响;二是两者都需要应急处置,否则危害会扩散,损失将更大;三是两者都具有不确定性与非常规性;四是从暴发到结束一般会有潜伏期、暴发期、蔓延期、消退期四个阶段。

突发公共事件和公共危机有相似地方,但又有不同之处:一是突发公共事件侧重于事件,关注突发公共事件所具有的突发性、破坏性、异常性,而危机则是一种威胁情势或状态;二是突发公共事件是显性的、现实的、可见的,而危机还有可能是隐性的、潜在的,一次真正的危机一定会有你以前没有想象到的、没有准备的新情况出现,用预先设定的判断应对这种危机不仅可能会没有作用,甚至还会起反作用。德国社会学家乌尔里希·贝克指出,现代社会是一个风险社会,即世界变得日趋复杂,而人类认识能力和行为能力的局限性愈发显现,这个矛盾是危机产生的原因。

第二节　应急管理的内涵

2018年3月，第十三届全国人民代表大会第一次会议批准国务院机构改革方案，决定设立应急管理部。按照大部制模式组建的应急管理部之所以没有将四大类突发公共事件的应对都纳入自己的职责范围，是由于行政体制改革要处理大和小的关系："大部门制要稳步推进，但也不是所有职能部门都要大，不是所有相关职能都要往一个筐里装，关键要看怎样部署符合实际、科学合理、更有效率。"应急管理部、国家卫健委、公安部是中国应急管理的"三驾马车"或"三堵承重墙"。灾害事故应急与卫生应急是单向依赖关系，卫生应急与社会安全事件应急、灾害事故应急同社会安全事件应急则是双向依赖关系。不仅如此，应急管理部是中国最大的应急管理部门，扮演的是"驾辕马车"和"主承重墙"的角色。

一、应急管理的概念

应急管理作为一门新兴的学科，目前还没有一个被普遍接受的定义，不同机构或学者对应急管理的定义也不尽相同。

美国学者 Michael K. Lindell 认为，应急管理就是应用科学技术、规划与管理，应对能造成大量人员伤亡、带来严重财产损失、扰乱社会生活秩序的极端事件。

2007年，我国颁布的《中华人民共和国突发事件应对法》指出，应急管理就是突发事件的预防与应急准备、监测与预警、应急处置与救援、事后恢复与重建等应对活动。其目的是预防和减少突发事件的发生，控制、减轻和消除突发事件引起的严重社会危害，规范突发事件的应对活动，保护人民生命财产安全，维护国家安全、公共安全、环境安全和社会秩序。

姜安鹏和沙勇忠认为，应急管理是指政府及其他公共机构在突发公共事件的事前预防、事发应对、事中处置和善后管理过程，通过建立必要的应对机制，采取一系列必要措施，保障公众生命财产安全，促进社会和谐健康发展的有关活动。陈安把应急管理分为传统应急管理和现代应急管理。传统应急管理只处理单一领域或行业的事件。现代应急管理是为了降低突发灾难性事件的危害，基于对造成突发公共事件的原因、突发公共事件发生和发展过程以及所产生的负面影响的科学分析，有效集成社会各方面的资源，运用现代技术手段和现代管理方法，对突发公共事件进行有效地监测应对、控制和处理。唐承沛认为，应急管理顾名思义是应对突发公共事件的管理。王绍玉和冯百侠认为，应急管理就是通过协调有关人士，明确对各种灾害类型的应急和灾害的管理责任并提高其管理能力。张沛和潘锋认为，城市公共安全应急管理是针对城市面临的各种突发公共事件，通过建立全面融合的城市公共安全应急体系，以有效预防、处理和消弭突发公共事件为目标，由城市管理者为核心所进行的有组织、有计划、持续动态的管理活动。

综合上述定义，可以看出：第一，应急管理的对象是各种突发公共事件——不管是自然、人为，还是技术因素所导致的突发公共事件；第二，应急管理包括对突发公共事件的准备、响应、恢复与减缓行为；第三，应急管理的本质是协调与整合。

结合我国2007年颁布的《中华人民共和国突发事件应对法》关于突发事件的界定，应急管理就是为了预防与应对自然灾害、事故灾难、公共卫生事件和社会安全事件，将政府、企业和第三部门的力量有效组合起来而进行的减缓、准备、响应与恢复活动。应急管理包括四个阶段，即减缓、准备、响应、恢复，分别代表应急管理中的四种活动。

应急管理有广义和狭义之分。应对突发公共事件的整个过程，可以分为两个阶段：第一个阶段是一种非常态，具有一定风险的、特殊的管理阶段。这个阶段，政府相关部门要紧急应对突发公共事件，做到果断判断危险来源和危险等级，并尽快排除危险和威胁。该阶段的主要特点突出体现在"应急"上，狭义上称之为"应急阶段"。由于应对突发公共事件需要政府部门采取与常态管理不同的一系列计划、组织、指挥、协调、控制措施，及时有效地处置各种突发公共事件，最大限度地降低不良影响，所以，政府部门应急管理又是一种特殊的政府部门管理形态。第二个阶段即转入常态管理阶段。在这个阶段，危险与威胁已经过去，管理的基本目标已经回归到追求效率的管理常态目标上来，与应急能力一起共同构成广义的应急管理概念。广义的应急管理，涵盖突发公共事件的预案管理、风险管理、预警管理、应急处置、恢复重建，以及对应急管理的评价、反馈与改善等一系列环节，是一种对突发公共事件的全过程管理；是在突发公共事件暴发前、发生时、消亡后的整个周期内，依照既定的应急预案，通过事前的风险减缓、监测评估、预警、准备，事中的科学、及时决策、指挥、调度和协调，向公众提供紧急救助、信息和服务以及事后的理赔、恢复重建、评价、反馈与改善等工作，并以现有技术针对公共危机事件决策，优化研究和管理。应急管理是个完整的系统工程，可以概括为"一案三制"，即突发公共事件应急预案，应急机制、体制和法制。目前，人们讨论的应急管理多指广义上的应急管理。

二、应急管理的基本特征

虽然突发公共事件的分级与分类都有一定局限，但给我国应急管理构建了一个明确突发公共事件的"坐标系"。在新一轮国务院机构改革中，应急管理部致力于横向与纵向的分工与统筹：从横向上看，谋求外部整合与内部融合——对外，界定好"防"与"救"，"统"与"分"的关系；对内，致力于职能融合，催生"化学反应"。从纵向上看，对中央与地方的应急管理权责进行划分：当一般灾害发生时，以属地政府应对为主，应急管理部代表中央统一响应支持；当特别重大灾害发生时，应急管理部作为指挥部，协助中央指定的负责同志组织应急处置，以保持政令畅通、指挥有效。因此，中央与地方要完善分级响应机制：一方面，压实地方党委和政府应对突发公共事件的主体责任；另一方面，中央要给予地方必要的指导和支持，以实现上下联动。

现代应急管理突出整合性与协调性，不仅强调事后的响应与恢复，而且强调事前的预防；不仅强调单灾种应对，而且强调多灾种综合应对；不仅要求凸显政府的力量，而且要体现政府、企业与第三部门力量的组合。突发公共事件要实现常态与非常态的结合：在常态下，要做好突发公共事件的预防与应急准备工作；在非常态下，要有效地进行处置，妥善地进行恢复。应急管理是一项重要的公共事务，既是政府的行政管理职能，也是社会公众的法定义务；同时，应急管理活动又有法律的约束，具有与其他行政活动不同的特点。

（一）政府主导性

一方面，政府主导性是由法律规定的。《突发事件应对法》规定，县级人民政府对本行政区域内突发事件的应对工作负责，涉及两个以上行政区域的，由有关行政区域共同的上一级人民政府负责，或者由各有关行政区域的上一级人民政府共同负责，从法律上明确界定了政府的责任。另一方面，政府主导性是由政府的行政管理职能决定的。政府掌管着行政资源和大量的社会资源，拥有严密的行政组织体系，具有庞大的社会动员能力，这是任何非政府组织和个人无法比拟的行政优势，只有由政府主导，才能动员各种资源和各方面力量开展应急管理。

（二）社会参与性

《突发事件应对法》规定，公民、法人和其他组织有义务参与突发事件应对工作，从法律上规定了应急管理的全社会义务——尽管政府是应急管理的责任主体，但没有全社会的共同参与，突发事件应对不可能取得好的效果。

（三）行政强制性

在处置突发公共事件时，政府应急管理的一些原则、程序和方式不同于正常状态，权力更加集中，决策和行政程序更加简化，一些行政行为带有更大的强制性。当然，这些非常规的行政行为必须有相应的法律、法规作保障。应急管理活动既受法律、法规的约束，需正确行使法律、法规赋予的应急管理权限，同时又可以以法律、法规作为手段，规范和约束管理过程中的行为，确保应急管理措施到位。

（四）目标广泛性

应急管理追求的是社会安全、社会秩序和社会稳定，关注的是包括经济、社会、政治等方面的公共利益和社会大众利益，其出发点和落脚点就是把人民群众的利益放在第一位，保证人民群众生命财产安全，保证人民群众安居乐业，为社会全体提供全面优质的公共产品，为全社会提供公平公正的公共服务。

（五）管理局限性

一方面，突发公共事件的不确定性决定了应急管理的局限性；另一方面，突发公共事件发生后，尽管管理者作出了正确的决策，但指挥协调和物资供应任务十分繁重，要在极短时间内指挥协调、保障物资本身就是一件艰巨的工作，特别是一些没有出现过的新的突发公共事件，物资保障更是难以满足，加之受到突发公共事件影响的社会公众往往处于紧张、恐慌、激动之中，情绪不稳定，加大了应急管理难度。

三、应急管理的职能

（一）管理职能概述

管理职能是管理过程中各项管理行为内容的概括，是人们对管理工作应有的一般过程和基本内容所作的抽象概括。管理学历来重视对管理职能的研究。国际上，最早系统提出管理职能的是法国管理学家亨利·法约尔，他提出管理的职能包括计划、组织、指挥、协调、控制五项。此后，随着管理实践的发展和研究的深入，关于管理职能的阐述不断丰富，以管理职能为主线阐述管理学基础知识也成为管理学著作的主流基本规范。

应急管理的基本职能有应急计划、应急组织、应急领导、应急沟通、应急控制等。在应急管理领域，应急管理主体在应急管理过程中的任何环节都需要落实计划、组织、领导、沟通、控制等基本职能。当然，在这当中，都离不开应急管理理念的统领、应急管理规范的遵循和应急保障条件的支撑。

以美国为例，"9·11"事件以来，美国政府高度重视应急管理能力建设，国土安全部把计划、信息沟通与警报、行动协调等应急管理职能作为国家突发公共事件应对的通用核心能力加以建设。

在我国，突出研究和落实应急管理的计划、组织、领导、沟通、控制等基本职能，以提升应急管理专业化水平和应急管理能力。

需要指出的是，管理职能通常是指施行于一个组织内的若干工作职能。故而将管理职能概念应用于应急管理领域，实际上是将管理职能学说转化到社会治理领域，所阐述的应急管理各职能概念的内涵在与一般管理职能内涵相一致的同时,也根据具体情况进行了扩展和调整。

(二)应急管理职能与过程的关系

对应急管理过程的描述通常体现为应急管理全部活动的阶段性划分,而应急管理职能是贯穿于应急管理全过程的不同类型的管理机制与行为方式。

多数应急管理概论著作以过程为主线,对应急管理相关工作分阶段进行描述。以应急管理职能为主线阐述应急管理,有利于揭示性质相同的工作的原理与方法,例如,无论事前的应急管理战略规划、应急预案,还是事中的应急行动方案、事后的恢复重建规划,都属于计划管理范畴,有着共同的特征和相似的工作流程与方法框架。

(三)应急管理的主要职能

1. 应急计划

应急计划是指应急管理机构针对突发公共事件的预防与应急准备、监测与预警、应急处置与救援、事后恢复与重建等应对活动,是制定并实施战略规划、应急预案、行动方案的机制与过程。应急计划既包括常态的战略规划与应急预案,也包括非常态下的应急行动方案。

2. 应急组织

应急组织是指对突发公共事件应对各个环节的应急管理主体和人力资源进行有效整合的机制与过程。在各应急管理主体职责相对明确的基础上,应急组织职能主要探讨跨部门的应急组织机制与过程。其中,常态应急组织主要是指在预防与应急准备工作中发挥作用的组织机制与过程,非常态应急组织主要是指在应急响应与恢复重建中发挥作用的组织机制与过程。

3. 应急领导

应急领导是指在突发公共事件应对的各个环节中,应急领导者把握自我、动员他人、完成突发公共事件应对任务的领导行为过程。为带领他人实现应急目标,应急领导者要有过硬的领导素质和高超的领导艺术。

4. 应急沟通

应急沟通是指政府和其他应急管理主体与其体系内部,以及与媒体、公众等受众沟通信息、相互交流的机制与过程。沟通是突发公共事件应急管理的基础性工作,贯穿于应急管理工作的始终,体现在预防与监测、应急准备、应急响应、恢复重建等各个环节。应急沟通既包括内部沟通,也包括外部沟通;既包括日常的风险沟通,也包括非常态下的危机沟通。

5. 应急控制

应急控制是指在应急管理工作中,应急管理主体对相关单位、组织和人员的活动进行监督检查，从而全面妥善地应对和处置突发公共事件的机制与过程。应急控制包括常态下的事前预防与应急准备的部门绩效管理和督查机制，以及非常态下的事中应急处置与救援、事后恢复与重建的督查机制。

第三节　应急管理的意义

习近平总书记强调："中国是一个大国，决不能在根本性问题上出现颠覆性错误，一旦出现就无法挽回、无法弥补。"应急管理作为各级党委、政府工作的重要组成部分，承担着应对突发公共事件、保护人民群众利益、保障公共安全、维护社会和谐安定的重要职责。

对公共安全，我们必须增强忧患意识和责任意识，始终保持高度警觉，任何时候都不能麻痹大意。各级党委和政府要充分认识维护公共安全的重要意义，牢记公共安全是最基本的民生的道理，自觉把维护公共安全放在维护最广大人民根本利益中来认识，放在贯彻落实总体国家安全观中来思考，放在推进国家治理体系和治理能力现代化中来把握，努力使人民安居乐业、社会安定有序、国家长治久安，编织全方位、立体化的公共安全网。

应急管理是国家治理体系和治理能力的重要组成部分，承担着防范化解重大安全风险，及时应对处置各类灾害事故的重要职责，担负着保护人民群众生命财产安全和维护社会稳定的重要使命。要发挥我国应急管理体系的特色和优势，借鉴国外应急管理的有益做法，积极推进我国应急管理体系和能力现代化。

面对发展中出现的各种风险挑战，做好应急管理工作，为改革发展保驾护航，具有特殊而重要的意义，只有有效应对重大挑战，抵御重大风险，克服重大阻力，解决重大矛盾，中国这艘巨轮才能在世界发展的汪洋大海里破浪远航，行稳致远。

一、做好应急管理事关人民群众切身利益

人最宝贵的是生命，生命对于每个人只有一次。突发公共事件直接危及人民群众的身体健康和生命安全，保障人民群众的生命财产安全是政府最基本的职责。马斯洛需求层次理论认为，人的需求从低到高依次分为生理需求、安全需求、社交需求、尊重需求和自我实现需求。在生理需求基本得到满足之后，人类会追求安全等更高层次的需求。

改革开放以来，伴随我国经济社会不断发展和人民生活水平不断提高，全社会对安全的要求与日俱增，人民安居乐业、社会安定有序、国家长治久安成为社会的共同愿望。党的十八大以来，随着中国特色社会主义进入新时代，我国社会的主要矛盾已经转化为人民日益

增长的美好生活需要和不平衡不充分的发展之间的矛盾。不断创造和谐安定的社会环境，使人民群众的获得感、幸福感、安全感更加充实、更有保障、更可持续，成为各级党委、政府的重要职责。

应急管理作为最基本民生问题的战略定位，要求我们在防灾减灾、安全生产、食品药品安全、社会治安防控等各个领域各项工作中，都要把人的生命放在首位，把保护人的生命安全作为神圣职责。在防灾减灾领域，我国是灾害多发、频发的国家，必须把切实保障人民群众生命财产安全摆到重要位置；在安全生产领域，面对安全事故易发多发，要始终把人民生命安全放在首位，切实防范重特大生产安全事故的发生；在食品药品安全领域，食品安全是重大的民生问题，要用四个最严（最严谨的标准、最严格的监管、最严厉的处罚、最严肃的问责）的要求，确保广大人民群众"舌尖上的安全"；在社会治安防控领域，平安是老百姓解决温饱后的第一需求，是极其重要的民生。

二、做好应急管理事关经济社会发展大局

公共安全一头连着千家万户，一头连着经济社会发展，"一招不慎，满盘皆输。"安全稳定是改革发展的基本前提，如果安全稳定出现问题，改革发展得再快再好，成果再多，也可能前功尽弃，得而复失。

党的十八大以来，以习近平同志为核心的党中央把应急管理工作放到我国经济社会发展大局中谋划，进一步将安全生产作为经济社会发展的一项基本原则，强调必须坚持发展和安全并重，"促一方发展，保一方平安"，以发展保安全，以安全促发展。2015年1月，习近平总书记指示："各级党委要切实担负起维护一方稳定的政治责任，把政法工作摆到经济社会发展全局中来谋划。"在2016年1月7日、7月14日召开的中央政治局常委会会议上，习近平总书记两次强调，必须坚定不移保障安全发展，坚持发展决不能以牺牲安全为代价这条红线。2016年7月28日，习近平总书记在唐山调研考察时强调，防灾减灾救灾事关人民生命财产安全，事关社会和谐稳定，要更加自觉地处理好人和自然的关系，正确处理防灾减灾救灾和经济社会发展的关系，全面提高国家综合防灾减灾救灾能力。同年10月，习近平总书记批示强调："各级党委和政府要高度重视社会治理工作，落实社会治安综合治理领导责任制，切实肩负起促一方发展、保一方平安的政治责任。"2016年12月发布的《中共中央 国务院关于推进安全生产领域改革发展的意见》，把"坚持安全发展"列为推进安全生产领域改革发展的基本原则之一，强调"大力实施安全发展战略，为经济社会发展提供强有力的安全保障"。2017年9月19日，习近平总书记再次强调："发展是硬道理，稳定也是硬道理，抓发展、抓稳定两手都要硬。"2020年2月23日，习近平总书记指出，在确保疫情防控到位的前提下，推动非疫情防控重点地区企事业单位复工复产，恢复生产生活秩序，关系到为疫情防控提供有力物质保障，关系到民生保障和社会稳定，关系到实现全年经济社会发展的目标任务，关

系到全面建成小康社会和完成"十三五"规划,关系到我国对外开放和世界经济稳定。

三、做好应急管理事关中国梦的宏伟目标

人民安居乐业、社会安定有序、国家长治久安,是党长期执政、执好政的基础。早在中华人民共和国成立之初的 1949 年 12 月 19 日,中央人民政府政务院发出的《关于生产救灾的指示》就指出:"必须认识灾情仍是严重的,救灾工作仍是艰巨的。……据目前统计,全国无吃缺吃的尚有七八百万人。这就必须引起各级人民政府及人民团体更高度的注意,认识到生产救灾是关系到几百万人的生死问题,是新民主主义政权在灾区巩固存在的问题,是开展明年大生产运动、建设新中国的关键问题之一,决不可对这个问题采取漠不关心的官僚主义的态度。"

党的十八大以来,以习近平同志为核心的党中央提出了实现"两个一百年"奋斗目标和中华民族伟大复兴的中国梦,并将其作为新时代中国共产党的历史使命。2015 年 10 月 29 日,习近平总书记在党的十八届五中全会第二次全体会议上讲话指出,"如果发生重大风险又扛不住,国家安全就可能面临重大威胁,全面小康社会进程就可能被迫中断。"现在,这个时跨本世纪头 20 年的奋斗历程到了需要一鼓作气向终点线冲刺的历史时刻,完成这一战略任务,是我们的历史责任,也是我们的最大光荣。我们必须清醒地看到,如期全面建成小康社会,既具有充分条件,也面临艰巨任务,前进道路并不平坦,诸多矛盾叠加、风险隐患增多的挑战依然严峻复杂。如果应对不好,或者发生系统性风险,犯颠覆性错误,就会延误甚至中断全面建成小康社会进程。对此,全党同志必须做好充分的思想准备和工作准备,认清形势,坚定信心,继续顽强奋斗。

做好新时代的应急管理工作,必须站在确保党长期执政、执好政,实现"两个一百年"奋斗目标,实现中华民族伟大复兴的中国梦的战略高度进行科学把握和准确定位。

📖 思考题

1. 何谓突发公共事件?突发公共事件有何特征?
2. 何谓应急管理?
3. 我国将突发公共事件分为几类?请结合身边事例分别列举解释。
4. 应急管理的主要特征是什么?
5. 应急管理体系包括哪些部分?
6. 应急管理的职能是什么?
7. 简述应急管理的意义?

第二章　应急管理的发展历程

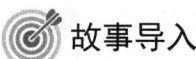 故事导入

"5·6"大兴安岭特大森林火灾[①]

> 1987年春季，大兴安岭遇到了超常的干旱。贝加尔湖暖脊东移，形成了一个燥热的大气环流，加之风多物燥，增大了林区的火险等级。5月6日，盲目流入漠河市的汪玉峰、王宝晶、傅邦兰、郭永武、李秀新等人，因在清林中使用割灌机违反操作规程并野外吸烟，在西林吉林业局的河湾、古莲林场和阿木尔林业局的兴安、依西林场引起4起山火。同时，塔河县境内塔河林业局盘古林场二支线的林地里也发生一场山火。经过当地部门组织人员进行1天1夜的扑打后，林火基本上得到控制。
>
> 据统计，1987年5月7日到6月3日，黑龙江省、解放军和大兴安岭地区共派出医护人员177名、防疫人员43名，设立野战医院9个（即古莲野战医院、西林吉野战医院、育英野战医院、图强野战医院、阿木尔野战医院、盘古野战医院、瓦拉干野战医院、绣峰野战医院、塔河野战医院），此外还建有后方医院3个（即大庆后方医院、齐齐哈尔后方医院、加格达奇后方医院），共治疗灾民1.35万人次，治疗伤员226名。
>
> 5月23日，针对大火向内蒙古原始林蔓延的紧急情况，国务院决定成立国务院大兴安岭扑火前线指挥部，由黑龙江省委书记孙维本任总指挥，沈阳军区副司令员石宝泉，黑龙江省委副书记周文华，内蒙古自治区人民政府副主席白俊卿及林业部副部长徐有芳、董智勇任副总指挥。同时设立漠河、呼中、满归、塔河4个分指挥部。

---

① 《亲历者讲述：33年前大兴安岭特大火灾》，腾讯新闻。https://new.qq.com/rain/a/20200113A0F1RS00

从 5 月 25 日早晨发起的西线大决战,历时 3 天 3 夜,于 27 日晚 5 时扑火部队会合,大火终于扑灭。

灾情发生后,国务院作出向全国各地转移安置灾民的决定,各省、自治区、直辖市人民政府民政部门建立了灾民接待站,东北各县民政部门也建立了灾民接待站。5 月 7 日到 6 月 3 日,铁路部门组织列车往返转运灾民 9 万多人次,全国各级人民政府安置灾民 2.5 万人。此外,在大火和转移途中降生婴儿 34 名,无 1 人死亡。

据统计,此次火场总面积为 1.7 万平方千米(包括境外部分),境内森林受害面积 101 万公顷,其中有林地受害面积占 70%,大片树木被烧死的占 41%,森林覆盖率由原来的 76% 降为 61.5%。境内烧毁各种房舍达 63.65 万平方米,其中居民住宅 40 万平方米;烧毁贮木场 5.5 个,林场 9 个;烧毁国家场存木材 86 万立方米,各种机械设备达 2488 台,粮食 650 万千克;烧毁铁路专用线 17 千米,公路桥涵 673 座;受灾居民 1 万多户,灾民 5 万余人;大火中丧生 211 人,烧伤 266 人——烧伤人员中,有的已落下终身残疾。

第一节 我国应急管理的发展历程

我国应急管理的历史分期以两个时间节点来确定:一是中华人民共和国成立的 1949 年,二是 SARS(传染性非典型肺炎,亦简称非典)事件发生的 2003 年。1949 年以前应急管理缺少体制保障,中华人民共和国成立以来到非典事件之前,应急管理部以分部门管理为主要特征,非典事件之后进入综合性应急管理阶段。

一、1949 年以前的应急管理

在漫长的历史长河中,我国是世界上灾害发生最多、最频繁的国家之一,也曾被称为世界上饥荒最频繁的国家,《淮南子·览冥训》:"往古之时,四极废,九州裂;天不兼覆,地不周载;火爁炎而不灭,水浩洋而不息",这是我国远古时代发生水灾、地震、火山爆发等自然灾害的真实写照。据统计,我国古代从殷商时代到 20 世纪 30 年代将近 4000 年间,各种灾害共计 5258 次,其中水灾 1058 次,旱灾 1074 次,地震灾害 705 次。

在经历的灾害中,水灾、旱灾、虫灾、疫灾、饥荒等都与经济发展和人口增加,以及人类对自然的过度开发或不合理开发等有直接关系。例如,楼兰这座古代丝绸之路上的边陲重镇在辉煌了近500年后,逐渐没有了人烟,在历史的舞台上无声无息地消失了。研究表明,楼兰人盲目乱砍滥伐,致使水土流失,风沙侵袭,河流改道,气候反常,瘟疫流行,土壤水分减少,盐碱日积。据《水经注》记载,东汉以后,由于当时塔里木河中游的注滨河改道,导致楼兰严重缺水,楼兰人曾不分昼夜地引水缓解缺水困境,但最终还是因为断水而消失。

我国人民在与灾害作斗争的历史中,展示出了惊人的智慧,同时也用聪明才智造福了后世子孙。

（一）应对措施

1. 修建防灾减灾工程

早在古代中国,人们为了应对灾害,想出了许多令人惊叹的方法,流传着许多治水的传说,最早的传说莫过于大禹治水。《史记》记载,当年大禹吸取了父亲采用堵截方法治水的教训,发明了疏导治水的新方法,其要点就是疏通水道,使得水能够顺利东流入海。不仅如此,大禹还把整个中国的山山水水当作一个整体来治理。他先治理九州的土地,该疏通的疏通,该平整的平整,使得大片国土变成肥沃的土地。此外,著名的防水工程还有都江堰。都江堰始建于秦昭王时期（约公元前256—前251年），是蜀郡太守李冰父子在前人鳖灵开凿的基础上组织修建的大型水利工程,由分水鱼嘴、飞沙堰、宝瓶口等部分组成,两千多年来一直发挥着防洪灌溉作用,使成都平原成为沃野千里的天府之国,至今灌区已达30余个市、县,面积上万公顷,是全世界迄今为止年代最久、唯一留存并在一直使用、以无坝引水为特征的宏大水利工程。此外,鸿沟、郑国渠等建设工程都具有灌溉和抵御水旱灾害的功能。这些伟大的工程凝聚着我国古代劳动人民勤劳、勇敢、智慧的结晶,对防灾减灾发挥了重要作用。

2. 对生态进行保护

中国历来十分重视天人关系,注重对生态环境的保护,早在古代,便有了环境保护机构,有史料记载的最早的环境保护机构在五帝时期就已经产生了。《史记·五帝本纪》中有"益主虞,山泽辟"的记载,即是说舜帝时设立的九官,其中之一便是虞官伯益,主要负责山泽的管理。古人应对灾害的核心思想是预防为上,强调保护生态,要求"津不行火,薮林不伐"（《逸周书·程典》）。另外,自周代以来,历代王朝都有明确生态保护方面的政策,西周时期颁布的《伐崇令》规定:"毋坏屋,毋填井,毋伐树木,毋动六畜,有不如令者,死无赦。"这是我国古代较早的保护水源、森林和动物的法令,而且极为严厉。西周政府把对人口居住环境的考察和保护列入了朝政范围。战国时的荀子有一段著名的保护言论:"草木荣华滋硕之时,则斧斤不入山林,不夭其生,不绝其长也；……春耕、夏耘、秋收、冬藏四者不失时,故五谷不绝,而百姓有余食也；污池渊沼川泽,谨其时禁,故鱼鳖优多,而百姓有余用也"（《荀子·王制》）。由此可见,古人在保护生态环境方面也作出了相当多的贡献。

3. 运用科学技术

我国古人在应对灾害方面为世界作出了许多贡献,其中运用科学技术应对灾害是其为人类文明作出的巨大贡献之一。例如,汉顺帝阳嘉元年,科学家张衡就发明了世界上第一架测验地震的仪器——候风地动仪。又如,在生产力和医学水平低下的古代,面对疫病,人们虽然不能完全认识到疫病流行的根本原因和确切的治疗方法,也不能更有效地抑制疫病的传染和流行,但在长期的抗灾救疫过程中积累了丰富的对付传染病的科学知识和方法。比如,我国第一部论述外感病的专著——《伤寒论》,不但有不少关于传染病防治的内容,还专门列出霍乱病一节,成为后世治疗霍乱的蓝本。又如清代吴鞠通所著的《温病条辨》,系统阐明了多种急性传染病的治疗方法,总结了清代叶天士以前的温病学说,确立了三焦辨证纲领,为急性传染病的临床辨证施治作出了重要贡献。

(二)一事一议式管理

一事一议式管理贯穿从先秦到清代的整个古近代历史时期。纵观我国历史,发生自然灾害后的救灾职责主要是由政府承担,大致可分为朝赈和官赈两类:朝赈由中央朝廷主持,通常会对灾害地区拨发粮款、赈粜,灾后则采取免除、缓征租赋等措施来恢复民生;而官赈是由地方官主持,在地区性自然灾害发生后,动用地方库藏钱粮赈济救灾。另外,我国历史上还存在着由民间义士自愿捐粮捐款赈济灾民的义赈活动。大灾发生时,政府积极地履行救灾职能,而民间义赈则成为朝赈和官赈的有力补充。这种官民互补的救灾方式,能充分动员社会各界力量,使灾害损失降到最低。

从救灾过程来看,古代救灾可分为灾前预防、灾中救助和灾后救济三个阶段:灾前预防措施主要是建立粮食仓储制度,包括官方设立的常平仓、社仓、惠民仓等,以及民间自发集资设立的义仓。此外,政府兴修水利、加强气象监测、建立粮价呈报制度也是颇具效能的防灾措施;灾中救助指在灾害发生过程中官方所采取的一系列应急救助措施,如建立严格的报灾制度等;而灾后救济则是古代救灾机制的核心,主要有减征和缓征赋税等措施,基本上是对灾年发生时灾民的赋税义务进行减免。

从救灾措施来看,我国古代已经衍生出了丰富多样的救灾方式。典型者如赈济,即发生严重灾情后,为了及时帮助灾民渡过难关,国家向灾民无偿发放救济钱物。除此之外,历史上还存在着以工代赈、移粟就民、移民就粟以及劝奖社会助赈等独具中国特色的救灾措施。以工代赈是指官府让灾民参与国家建设,如兴修水利工程,从而获得相应的赈济钱物;而移粟救民则是从外地调运粮食支援灾区,或利用市场调节手段实现粮食向灾区的流动;所谓移民就食,则是指在灾害严重的地区和年份,官府颁布相关政策法令,组织引导灾民有序流动,到粮食丰裕地区就食糊口。另外,古代政府也意识到单靠官方力量救灾的不足,会采取多种措施来劝奖社会助赈,如宋代规定犯罪人可以因其义赈行为折赎罪行,而明清时期也有入粟补官制度,鼓励人们发扬救助灾民的美德。

值得一提的是,我国古代已经形成了一整套法制化的救灾程序。以清朝为例,其救灾程序可分为报灾、勘灾、审户和发赈几个步骤,而且每个步骤都配以严厉的问责方式以强化官吏的救灾职责。报灾是指灾区的地方官吏逐级向上汇报灾情,使得政府能及时、准确地了解灾情,是政府救灾的第一步。为了提高救灾工作的效率,清政府制定了明确的成灾标准,严格规定了报灾期限和报灾程序。第二步是勘灾。地方官吏必须勘查核实田亩受灾程度,确定成灾分数,使官府摸清情况,为以后发放救灾物资和减免赋税提供有效依据。而审户与发赈则是古代救灾机制的关键程序——审户是指核实灾民户口,划分极贫、次贫等级,以备赈济。审户之后需发给赈票。赈票一共两联,发放时须当面填写,当面裁给,并注入根单,作为以后领赈的凭据。这种做法能够有效地避免冒领赈灾物资现象的发生,防止官吏利用职权谋取私利。

在应对灾害的过程中,古代政府也注重民间力量的参与。大灾之后,往往疫病随之发生,政府要为灾民治病和埋葬死者(不致曝尸荒野),是必须"急行"的大事,便鼓励民间百姓自筹资金组织"长寿会",用宗族祠堂公产组织"宗亲福利会"。当其成员死亡时,这些民间自助互保组织便会支付寿金,埋葬死者和抚恤遗族。这种互保化的民间养恤方式可以说是中国早期人寿保险的雏形。

二、1949—2003 年的应急管理

中华人民共和国成立以来的五十多年间,各种自然灾害频发,我国应急管理工作应对的范围也逐渐扩大,由自然灾害为主逐渐扩大到自然灾害、事故灾难、公共卫生事件和社会安全事件等方面。在这期间发生的重大灾害应对中,党和政府扮演着重要角色,领导全国人民战胜了一次次重大自然灾害,探索出具有中国特色的灾害应急管理模式,积累了丰富的灾害应对经验。

(一)灾害应对管理模式(1949—1978)

从中华人民共和国成立到 1978 年改革开放这段时期,我国应急管理工作属于灾害应对模式。1949 年以后,在"一元化"领导体制下,我国建立了国家地震局、水利部、林业部、中央军委气象局(今中国气象局)、国家海洋局等专业性防灾减灾机构,一些机构又设置了若干二级机构并建立了一些救援队伍,形成了各部门独立负责各自管辖的灾害预防和抢险救灾的分散管理、单项应对模式。该时期,我国政府对洪水、地震等自然灾害的预防与应对尤为重视,但相关组织机构职能与权限划分不清晰,应对突发公共事件时实行党政双重领导,应急响应过程往往是自上而下地传递计划指令被动地应对突发公共事件。这一阶段,我国应急管理工作的特点是"头痛医头脚痛医脚",停留在灾害应对层面上。

(二)分散应急管理模式(1978—2003)

1978年改革开放后到2003年非典事件这段时期,我国应急管理工作属于分散应急管理模式。改革开放后,随着社会经济的发展,我国应急管理工作得到了一定的发展。这段时期,政府应急力量分散,应对单灾种多、综合性突发公共事件少,当发生重大应急事件时,一般会临时成立一个协调机构,开展应急救援管理工作。但临时协调机构部门多,各部门又都各自为政,跨部门协调时工作量大,效率低。为了提高政府应对各种灾害和危机的能力,1989年4月成立了中国国际减灾十年委员会(今国家减灾委员会)。1999年,建立了一个统一的社会应急联动中心,将公安、交警、消防、急救、防洪、护林防火、防震、人民防空等政府部门纳入统一的指挥调度系统。2002年5月,广西南宁市社会应急联动系统正式建立,标志着"应急资源整合"的思想落地。此阶段,当重特大事件发生时,通常会成立一个临时性的协调机构开展应急管理工作,但在跨部门协调时工作量很大,效果不好。这种分散协调、临时响应的应急管理模式一直延续到2003年非典事件暴发前。

三、新发展时期的应急管理

(一)突发公共事件呈现新特点

一是突发公共事件的风险更加广泛。随着城市的发展,自然灾害(如水灾)对城市的影响更大;环境污染和职业病造成的问题大量出现,征地拆迁、企业改制、非法集资等导致的各类不稳定因素增加;社会贫富差距加大和恐怖主义的渗透等造成了新时期的社会问题。某些突发公共事件也呈现高频次、大规模的趋势,经济高速发展和企业市场化转型导致安全生产事故隐患增多,重特大矿难、火灾、交通事故等时有发生,群体性事件和各类恶性治安事件也时有发生,各类矛盾和问题引发的互联网热点层出不穷。

二是部分突发公共事件的跨地域程度有所提高。由于人员流动性增强,以及通信、交通工具的日益发达,突发公共事件波及的范围扩大。一些食品安全事件动辄影响到数省区,重大交通安全事故往往涉及多地,水污染等环境事故也影响多地乃至境外,不明原因的传染病甚至影响到国外,一些社会事件的组织者在境内外相勾结。各类突发公共事件往往涉及社会不同利益群体,各种势力参与其中,敏感性、连带性强。同时,不少社会安全事件幕后有人策划、煽动和组织,国内国外、网上网下联动,危害和影响都不可小视。突发公共事件的敏感性、危害性、影响性都有所增强。

(二) 突发公共事件发展模式演进

1. 综合协调应急管理模式（2003—2018）

2003年春，我国经历了一场由非典疫情引发的从公共卫生到社会、经济、生活全方位的突发公共事件。非典是一种病原不清、极易被集体传染的病症。该病最早于2002年11月16日在广东顺德暴发。而第一例有报告病例的患者是2002年12月15日在河源市发现患病的黄杏初。2003年1月10日，黄杏初康复出院，后被认定为中国首例非典报告病例。2002年12月底，广东民间出现了关于一种致命怪病的传言，谣传在一些医院有病人因此怪病而大批死亡。由于坊间流传米醋和板蓝根可以预防怪病，市面出现了抢购米醋和板蓝根的风潮。不少人由于买不到米醋和板蓝根，转而求助香港的亲友协助购买，使病情在境外得以知悉。

2003年1月2日，河源市将有关情况报告省卫生厅，不久后中山市同时出现了几起医护人员受到感染的病例，广东省派出专家调查小组到中山市调查，并在1月23日向全省各卫生医疗单位下发了调查报告，要求有关单位引起重视，认真抓好该病的预防控制工作。

1月12日起，个别外地危重病人开始转送到广州地区部分大型医院治疗。2月初，这种具有高度传染性的非典疫情在深圳、广州等地突然加剧。2月11日，广东宣布非典已感染了300多人，5人死亡，此病仍未完全遏制。同日上午，广州市政府召开新闻发布会公布广州地区非典情况，称所有病人的病情均在控制当中，强调对于广州千万人口来说300多人染病是个很小的比例，非典只是局部发生，河源、中山等市已无新发病例报告；还解释了2月前阶段没有公布情况的原因，是河源、中山等地的患者经过治疗大多已康复或好转没有再发病，非典并不是法定报告传染病，而发病人数305例并不算多。负责人强调，会按传染病法公布疫情。专家则指出，从临床角度看，可能是由病毒引起的，也有可能是病毒的亚型或变种引起的，对于患者的治疗都是采用"对症下药"的方法。12日，中国疾病预防控制中心负责人在接受记者采访时预测，全国近期内不会发生大范围呼吸道传染病的流行，但局部地区可能会出现小范围呼吸道传染病的流行。

由于疫情尚未充分显露，我国政府在2003年2月之前并没有每日向世界卫生组织通报广东地区的疫情，直到2月10日才将该病情况通知了世界卫生组织。在最初提供的数据中，只列出了广东省的发病状况，一支访问北京的世界卫生组织调查队也未能进入广东进行调查。这时正值我国春节前后，由于春运的大量人口流动，导致了疫情的扩散。比疫情扩散更快的是谣言和恐慌，江西等地也开始出现了抢购醋和板蓝根的情况。疫情公布当天，广东等地也出现了抢购。2月12日，由于认为疫情不严重，我国足球队和世界冠军巴西足球队的友谊赛正常进行，双方战成0∶0，现场球迷爆满，超过5万人。14日，媒体报道非典疫情影响不大，广州旅游市场淡季不淡。同时，原定2月18日在天河体育场举行的"2003罗大佑广州演唱会"也没有推迟,演出制作、排练等一切计划都没有变。同日,中国疾病预防控制中心表示,已经组织有关专家对从广东现场采回的标本进行鉴定,并称截至当日当地已连续5天无新病例出现,广东省报告病例总数仍然是305例。

3月初,疫情扩散到北京,北京很快成为重灾区。面对非典,中共中央和国务院多次召开专门会议研究部署防治措施,包括设立防治基金,支持非典防治科技攻关,建设各地预防控制中心,免费治疗患者等。党和国家主要领导人亲临抗击非典一线,指导工作。4月20日,国务院明确提出要及时发现、报告和公布疫情,要求卫生部每天公布一次疫情,并调整了卫生部和北京市主要领导人职务,将非典列入中国法定传染病。4月20日后,国务院决定调整"五一"长假,向各省市派出督察组,公布《突发公共卫生事件应急条例》。北京市也采取有力措施防治非典,包括先后确定16家非典定点医院,对非典疫情重点区域采取隔离控制措施,颁布多项规章,等等。5月1日,经过8天的紧急筹建,北京市第一家专门治疗非典的临时性传染病医院小汤山医院开始接收病人,军队支援北京的医护人员1200余人陆续到位。6月2日,北京疫情统计首次新收治直接确诊病例、疑似转确诊病例、死亡人数均为零。24日,世界卫生组织解除对北京的旅行警告,同时将北京从非典疫区名单中排除。至此,我国人民抗击非典的工作取得胜利。

从此,应急管理工作受到政府和公众的高度重视,全面加强应急管理工作开始起步。抗击"非典"疫情的过程充分暴露了我国经济社会发展所存在的各种基础性缺陷,以及应急管理所存在的众多薄弱环节。疫情初发阶段,应急准备不充分,信息渠道不畅通,暴露出我国在处置重大突发公共事件方面所存在的各种体制性、机制性缺陷。因此,非典疫情在给我国应急管理能力带来巨大挑战的同时,也促使新一届政府下定决心,在全国范围内全面加强和推动应急管理工作。2003年7月,中共中央总书记、国家主席胡锦涛在全国防治非典工作会议上指出:"我国突发公共事件应急机制不健全,处理和管理危机能力不强;一些地方和部门缺乏应对突发公共事件的准备和能力。要高度重视存在的问题,采取切实措施加以解决。""要大力增强应对风险和突发公共事件的能力,经常性地做好应对风险和突发公共事件的思想准备、预案准备、机制准备和工作准备,坚持防患于未然。"温家宝在会上指出,"争取用3年左右的时间,建立健全突发公共卫生事件应急机制""提高突发公共卫生事件应急能力"。10月14日,中共十六届三中全会审议通过的《中共中央关于完善社会主义市场经济体制若干问题的决定》强调,要建立健全各种预警和应急机制,提高政府应对突发公共事件和风险的能力。此后,我国开始了全面加强应急管理工作的积极探索,2003年由此也成为中国全面加强应急管理的起步之年。

2003年7月28日,温家宝总理主持召开专家座谈会,党中央国务院第一次明确提出政府除了常态管理外,还要高度重视非常态管理。会上提出了"一案三制"("一案"指应急管理总体预案,"三制"指应急管理的体制、机制、法制),形成了一整套"横向到边,纵向到底"

的应急机制。应急体制可概括为"统一领导、综合协调、分类管理、属地管理";应急机制分三个阶段,即灾前的预防和预警、灾中的应急处置、灾后的恢复重建等;应急法制体现在颁布了应急管理体系的基本法《中华人民共和国突发事件应对法》(主席令第六十九号)及其他配套的专项法律50部,较为全面地涵盖了我国四大类突发事件的法制建设。2003年10月,党的十六届三中全会通过的《关于完善社会主义市场经济体制若干问题的决定》强调,"要建立健全各种预警和应急机制,提高政府应对突发公共事件和风险的能力"。2004年9月,党的十六届四中全会作出《关于加强党的执政能力建设的决定》,进一步提出"建立健全社会预警体系,形成统一指挥、功能齐全、反应灵敏、运转高效的应急机制,提高保障公共安全和处置突发公共事件的能力"。2005年7月,国务院召开第一次全国应急管理工作会议,颁布了《国家突发公共事件总体应急预案》,我国应急管理被纳入常规化、制度化、法制化的工作轨道。2006年3月,国家制定的《国民经济和社会发展第十一个五年规划》提出,"建立健全社会预警体系和应急救援、社会动员机制,提高处置突发性事件能力",把应急管理体系建设纳入国家经济社会发展战略规划和社会主义现代化建设"四位一体"的总体布局中,明确了应急管理的定位、目标、任务和政策。同年8月,党的十六届六中全会通过的《关于构建社会主义和谐社会若干重大问题的决定》(以下称《决定》)正式提出,我国按照"一案三制"的总体要求建设应急管理体系。《决定》指出:"完善应急管理体制机制,有效应对各种风险,建立健全分类管理、分级负责、条块结合、属地为主的应急管理体制,形成统一指挥、反应灵敏、协调有序、运转高效的应急管理机制,有效应对自然灾害、事故灾难、公共卫生事件、社会安全事件,提高突发公共事件管理和抗风险能力。"至此,党的三次全会基本构建完成了我国应急管理体系的框架蓝图。2007年,国务院下发《关于加强基层应急管理工作的意见》,全国人大常委会通过《突发事件应对法》,并于当年11月1日起正式实施。2008年,对我国应急管理来说是一个极具挑战的年份,在经历南方雪灾和汶川地震后,我国应急管理体系建设迎来了历史的新征程。

2. 综合应急管理模式(2018—至今)

2018年3月,我国成立了应急管理部。应急管理部将分散在公安部、农业农村部、水利部、民政部、国土资源部、国家安全生产监督管理总局、地震局、林业局、国务院办公厅、国家减灾委、抗震救灾指挥部、防汛抗旱指挥部以及森林防火指挥部等部门的应急管理职能和资源进行整合优化,建立起一套涵盖四大类突发公共事件的管理体系,其综合性、系统性得到进一步加强。2019年,十九届四中全会通过了《中共中央关于坚持和完善中国特色社会主义制度,推进国家治理体系和治理能力现代化若干重大问题的决定》,要求构建统一指挥、专常兼备、反应灵敏、上下联动的应急管理体制,优化国家应急管理能力体系建设,提高防灾减灾救灾能力。2020年,十九届五中全会提出的12项重要举措中,明确要求"统筹发展和安全,建设更高水平的平安中国。坚持总体国家安全观,实施国家安全战略,把安全发展贯穿国家发展各领域和全过程,防范和化解影响我国现代化进程的各种风险"。两次全会精神将我国应急管理体系建设提升到了举足轻重的战略位置。

应急管理部的成立,有效推动了统一指挥、专常兼备、反应灵敏、上下联动、平战结合的中国特色应急管理体制的形成,以提高应对全灾种的全流程和全方位的应急管理能力与防灾减灾救灾能力,提升公共安全保障能力,确保人民生命财产安全和社会稳定。

第二节　西方应急管理发展历程

突发性公共事件是世界各国都不可避免而必须面对的重大挑战,在应对和处理突发性公共事件实践中,西方国家积累了丰富的经验,形成了比较完善的应急管理系统和运作机制,对我国应对突发公共事件具有很好的学习和借鉴意义。西方的应急管理可划分为三个时期:一是二战结束(1945年)以前,其显著特征是没有形成明确的或专门的政府应急管理体制,应急管理以一事一议为主要特征;二是1945年到美国"9·11"事件以前(截至2000年),这一时期的政府应急管理体制得以确立;三是此后的应急管理新发展时期,这一时期政府应急管理有了更为综合的特征。

一、二战结束以前的应急管理时期

人类历史从有文字记载以来到20世纪中期,大部分地区和大部分时间属于自然经济时代,近代以来部分地区才进入工业经济时代。总体上,该时期突发公共事件的突出特点有三个:一是自然灾害威胁不断,主要以水旱灾害、地震灾害为主;二是瘟疫带来毁灭性灾难,有鼠疫、天花、霍乱、流感等;三是事故灾难造成人员伤亡,主要是火灾或交通事故,著名的有1912年的泰坦尼克号海难。

之所以会导致这些灾难的发生,主要原因在于人类大规模的征服性活动,正如恩格斯所说:"不要过分陶醉于我们对自然界的胜利。对于每一次这样的胜利,自然界都报复了我们。"另外,人类的战争活动和对其他种族的征服活动更是造成灾难的重要原因。

对于这时期所存在的灾害风险,在很长一段时间里,人类大多数时候是被动地反应,是无能为力的;而在主动应对方面,则主要以部分工程措施的采用,积极生态保护措施的采取,医学的不断进步,以及巫术等心理安慰措施为特征。

但从应急管理的角度来看,这一时期被一些学者界定为"前应急管理时期",意指具有专门的应急管理职能的政府机构成立之前或者对特定政府机构明确应急管理责任之前的时期。这一时期,古代应急管理和现代国家建立以来的应急管理特点又有所不同。

(一)古代应急管理的基本特点

一是对突发公共事件的一事一议式的临时性管理。大多数国家对某一具体灾难实施行政或立法行为予以管理,但没有形成针对此后发生的灾难的持久性、普遍性管理责任和义务。简言之,是一事一管,不涉及以后其他新发生的突发公共事件。

二是宗教组织发挥重要的灾害救助功能。在宗教发达的地区,当大规模自然灾害或传染病流行时,教堂、教会往往成为人们的避难场所和救助机构。

(二)现代国家制度建立以来的应急管理特点

现代国家制度建立以来,政府的应急管理职责就属于其公共服务职责范畴之内了,"简言之,应急管理就是风险管理,其目的是使社会能够承受环境、技术风险应对环境、技术风险所导致的灾害。"作为美国政府的重要职能之一,应急管理的目的就是规避风险、应对风险。美国学者认为,应急管理包括四个阶段,即减缓、准备、响应、恢复。从本质上看,应急管理所提供的产品是公共安全,具有受益的非排他性与效用的不可分割性两个特点,这决定了政府在应急管理中发挥着不可替代的作用。"美国宪法开宗明义地指出,政府的目标是保障国内安宁,规划共同防务,促进公共福利。"为此,美国政府对于应急管理一向高度重视,早在1786年,联邦政府就曾派军队平息在马萨诸塞州西部发生的"谢伊斯叛乱",这可以看作是美国政府较早的一次应急管理实践。

日本是自然灾害频发的国家,"明治维新"前经常发生灾荒,即使在丰收之年,每年也要饿死数万人,所以,日本历史上的农民起义大都采取"米骚动"的形式。1880年,日本政府颁布了《备荒储备法》,到第二次世界大战爆发时,先后颁布了《河流法》《防沙法》《灾害准备金特别会计法》《水灾预防组合法》《治水费资金特别会计法》等相关应急管理法律。

1931年,新西兰霍克湾发生强烈地震并引发火灾,有两个城市遭到毁灭性破坏,大量居民失去家园,引发了社会动乱。1932年,新西兰殖民地议会通过了《公共安全保持法》,授权政府在任何时候任何地方,当"公共安全或公共秩序正在受到或者可能受到危害"时,可宣布进入紧急状态。

第一次世界大战期间,交战双方的航空兵对战场目标进行袭击的同时,也对敌后方居民集中区和经济目标进行轰炸。1917年8月,英国伦敦率先成立了防空指挥部,在市区采取保护居民、工厂等防护措施,主要包括发布防空警报,实行灯火管制,伪装遮蔽,构筑防空洞,疏散居民,消防救护等。20世纪二三十年代,西方各国开始广泛实施民防计划。第二次世界大战期间,各国对居民和经济目标的防护更加重视,普遍建立了民防指挥体制,构筑了防护工程,组织了救护、消防、支前等民防队伍。

二、二战结束到美国1979年联邦应急管理署成立时期

(一) 突发公共事件频发

20世纪下半叶是战后经济高速恢复发展的半个世纪。这个时期，由于人口迅速增长，工业化、城镇化快速发展，突发公共事件呈现出新的特点，总的来说挑战更加严峻。

一是自然灾害多发频发。全球发生的重大自然灾害呈逐年上升趋势，多发频发态势非常明显，主要的有热带风暴、水灾、地震、干旱、火山喷发、极限温度、滑坡等灾害，这些灾害波及人口广，造成的人员伤亡惨重，经济损失大。

二是技术灾难十分严重。产业发展带来的技术风险空前加大，爆炸、危化品泄漏、火灾等安全生产事故频繁发生，同时核事故等新的灾害给人类带来了全新的挑战。典型事件有：

DC-10客机失事事故。1974年3月3日，土耳其航空公司一架美制DC-10客机从法国巴黎附近的奥利机场起飞，飞机载着335名旅客、11名机组人员和大量行李升空，飞往英国伦敦，起飞8分钟之后，飞机发生事故，机上人员全部遇难。事后调查表明，飞机行李舱舱门设计缺陷导致了空难。

切尔诺贝利核电站事故。1986年4月26日凌晨，位于苏联基辅以北130千米处的切尔诺贝利核电站4号反应堆发生猛烈爆炸，反应堆内放射性物质大量外泄，导致31人当场遇难，13万人受到伤害，直接经济损失高达28亿美元。

三是恐怖主义威胁开始显现。随着种族、宗教矛盾的凸显，种族与宗教因素导致社会安全事件层出不穷，恐怖主义威胁开始出现。20世纪60年代末，在美苏对峙、国际形势持续动荡的历史背景下，产生了有计划、有组织的现代恐怖主义，1968—1969年及前后，出现了暗杀、爆炸、绑架、炸机等恐怖主义活动的高潮。

四是公共卫生风险出现新的特点：一方面，随着世界范围内人员流动的大幅度增加，传染病的传染范围和速度都强于以往。另一方面，经济发展造成的环境问题给人类健康带来新的威胁。传染病便是造成人类伤害最大的威胁之一，其中，艾滋病更是最严峻的公共卫生挑战，已使2000多万人丧生。目前，全世界有4600万艾滋病病人或病原携带者，艾滋病已成为全世界15—59岁成人死亡的主要原因。

(二) 应急管理特点鲜明

在这半个世纪中，随着经济和科技的发展，基于突发公共事件应对的需要，以西方发达国家为代表的国际社会应对突发公共事件的能力有了大幅度提升。其中，科学技术发挥着重要作用，同时专业应急队伍迅速成长，应急志愿者队伍开始兴起。从应急管理的角度来说，20世纪70年代末以前，以自然灾害应对和民防为主进行分散式管理，各国都缺乏强有力的

统一综合协调机构,应急管理运作的制度化和程序性不强。在此后 20 余年的整合应急管理时期,有关国家将原本分散在不同部门的应急管理机构整合起来,应急管理的制度化、法制化得到加强。总的来说,有以下几个方面特点:

一是确立从民防到民事保护的应急管理核心理念。国际上的现代应急管理基本理念发源于民防事业,《日内瓦公约》的"1977 年附加议定书"规定:民防旨在保护平民对抗危险,帮助其从敌对行动或者灾难的即时影响中恢复,并提供必要的生存条件。此后,民防的概念又转化为民事保护(Civil Protection),并逐步为各国所接受,成为应急管理的核心概念。

二是成立具有综合性职能的主管应急管理机构。在美国,1961 年白宫设立了应急准备办公室,其中住房与城市发展部的联邦保险管理局和联邦灾难援助管理局主要负责,军方的民防准备局、美国工程兵部门等 100 多个联邦部门在应急管理某些方面承担责任。1979 年,美国组建了统一的联邦应急管理署(Federal Emergency Management Agency,FEMA),其署长直接对总统负责。联邦应急管理署为整个美国的应急管理设定全部操作标准和指导纲要,其职责还包括开展各种应急培训,为各州及灾害发生地提供财政支持,协助联邦划分州和地方各级政府及部门职责,明确灾害事故发生时的联系方式,等等。

在其他一些国家,民防管理组织逐渐演变成为政府综合应急管理组织。1959 年,新西兰成立民防部。此后,澳大利亚成立了隶属于司法部的应急管理署(EMA)。西欧一些国家在内政部成立了民事保护局。

三是确立应急管理法律体系。自 20 世纪 50 年代起,西方发达国家就开始了构建应急管理法律体系的历程。1950 年,美国国会通过了《灾难救助法》,首次授权总统可以宣布灾难状态,授权联邦政府向受灾的州和地方政府提供直接援助。1953 年,新西兰通过了《地方政府紧急事态授权法案》,规定了遭受核打击时地方政府的权力和责任;1954 年,又出台了国家总体应急预案——《重大紧急事态中政府的行动》;1962 年,出台了相当于总体应急管理法的新版《民防法》。

四是面向社区的应急管理得到重视。1968 年,美国通过的《全国洪水保险法》提出了"基于社区的灾害减除"(Community Based Mitigation)概念。此后,联邦应急管理署启动了一项名为"抵御工程"(Project Impact)的庞大计划,旨在将全面的风险评估和风险避免手段纳入社区的日常决策程序,建立具有强大抗灾能力的社区。

三、应急管理新发展时期

21 世纪,人类社会出现了大繁荣,但也充满了高风险,人类还面临着一些从未出现过的安全隐患。这一时期,突发公共事件带来的损失巨大,突发公共事件及其影响也日益全球化,某些突发公共事件一旦发生,关联性会使事件很快发展到多个国家,其传播性会使事件的社会心理和舆论影响传遍全世界。比如,2001 年发生的"9·11"事件是新世纪的标志性社会安全事件。在这一事件中,恐怖分子的信息交流是跨国的、高效的,恐怖袭击的执行者使用了高技术"武器"(民航客机),其造成的心理影响是世界性的。更为可怕的是,此后与中东恐怖组织密切关联的恐怖袭击事件在欧洲和世界各地层出不穷地发生了。

新世纪的突发公共事件应对延续了 20 世纪下半叶的发展方向,更加注重科学应对,善于应用各门类的安全科学技术。此外,工程减灾的作用日益凸显,社会参与、社区参与发挥着重要作用,呈现出以下突出特点:

一是综合应急管理理念和方法得到确立。综合应急管理在应对主体上,强调从主要靠政府向全社会合作转变;在应对过程上,强调事前、事中、事后管理的全过程;在应对方法上,强调对各类突发公共事件都采取同样的应急管理方法体系。

二是应急管理制度化体系日臻完善。许多国家都制定或修订了新的相关法律法规。如俄罗斯于 2001 年颁布了《联邦紧急状态法》,美国于 2002 年颁布了新的《国土安全法》,英国于 2004 年颁布了《民事紧急事态法》。在基本法律制度的推动下,相关的法律法规和预案体系也得到完善。

三是更加注重预防和应急准备。通过科学的风险分析与评估,可以为应急管理工作提供前瞻性、基础性、战略性的支撑,有助于确立政府应急管理工作的重点,确保有限的公共资源投入更紧迫、更急需的地方和领域。例如,德国联邦政府于 2009 年专门成立了"联邦风险分析与公民保护"指导委员会,由联邦内政部部长牵头负责全国的战略性风险管理工作。

四是推行应急管理业务规范化、标准化。美国出台了《全国突发公共事件应急管理系统》,德国制定了《突发公共事件现场操作指挥规章》,两者都规定了标准化的现场指挥体系框架。2002 年,国际标准化组织设立了公共安全委员会(ISO/TC223),下设公共安全管理框架、术语、应急管理、韧性与业务持续性等工作组,以推进国际应急管理的标准化工作。

第三节　应急管理研究和发展趋势

一、应急管理研究综述

伴随着应急管理的迅速发展,应急管理研究也逐步深入,应急管理正在成为一门新兴、前沿的显学,学术界对危机形成的机理与演化规律,以及应急管理的一般要求与基本框架等作了大量探讨,但仍然存在几个比较突出的问题:应急管理领域有哪些属于科学问题?应急管理研究如何获得基础科学理论的支持?如何形成应急管理的知识体系?应急管理体制、机制、法制与常态下的行政管理体制、机制、法制之间是什么关系？如何把加强应急管理与行政管理体制改革有机结合起来？

（一）应急管理研究与基础科学研究相结合

危机形态具有多样性与复杂性的特点，应急管理研究是一项宏大的系统工程。目前，学界对危机形成机理与演化规律还缺乏基础理论层次的深入认知，尚未形成系统的知识体系，无法对应急科技的可持续发展和提升提供有效支撑，急需开展有针对性的基础研究工作。应急管理学科体系建设有赖于应急管理中科学问题的解决，这是一项长期任务。同时，在自然科学研究内部，应急管理应注重与其他部门类似的科技项目加强协调，通过与其他项目的沟通与协调，实现整体、系统、科学地解决相关问题，促使应急管理研究更加丰富和完善。

2006年，国家自然科学基金委员会召开了"国家突发公共事件应急管理中的科学问题"研讨会，参会专家一致认为应急管理是典型的跨层次、跨部门和综合性很强的学科，需要不同学科间开拓、交叉、渗透与融合，从多学科交叉的角度开展研究，为解决此类问题的关键技术提供新的思路、理论和方法。还有一些学者在对突发公共事件风险评估与管理理论、动力学演化机理、应急管理体系及组织行为、大规模人群管理与疏散等方面的国内外研究现状进行全面评述的基础上，提出了重大危机事件应急的三个关键科学问题，即重大危机事件综合风险评估理论，重大危机事件动力学演化机制，重大危机事件中的个体与组织行为特征，并指出应综合利用系统科学、管理科学、社会科学、工程科学等领域的理论与方法，为重大危机事件的预防、准备、应急处置提供科学的理论基础。

（二）应急管理与行政管理体制改革、社会体制改革相结合

应急管理体系建设与行政管理体制改革、转变政府职能有机结合起来，有助于增强国家应急管理动力，增强行政管理体制的协调性，并增强政府转变职能的自觉性。加强应急管理工作的核心任务，是在政府法定职责中进一步增加应急管理职能。同时，应急管理体制建设需要与社会体制改革协同推进，这也是建设社会主义和谐社会的题中应有之义。这些都要求我国应急管理体系建设要放到政治体制改革和行政管理体制改革的大框架中去研究，注重与政治体制改革相结合，与行政管理体制改革相结合，与公共政策优化相结合，与政府管理方式创新相结合，与法治政府建设相结合，从整体上把握并科学合理地界定政府、社会、公众等相关主体在应急管理体系中的权力、职责及其相互关系，构建全社会共同参与、常态和非常态有机衔接的新型应急管理工作格局，形成全方位、立体化、多层次、综合性的应急管理治理结构，为全面推进应急管理工作奠定坚实的制度基础与社会基础。应急管理的这一特点和要求，对行政管理学的研究也提出了挑战，如果没有行政管理研究的突破，便难以获得应急管理研究在基础理论上的学术化、逻辑性和厚重感。

总之,应急管理研究取得了丰硕的成果,有力地推动了我国应急管理体系建设。理论研究的素材和动力来源于实践,同时又推动着实践,随着我国改革开放的深入,应急管理实践和研究必将有更大的发展空间,应急管理学科体系一定会更加完善,并逐步形成中国特色的应急管理学科群。

二、应急管理发展趋势

(一)应急管理制度日益完备和规范

应急管理历史是制度规范不断完备并随着形势的发展而不断更新的历史。未来应急管理的基础将是日益完备和规范化的制度体系,应急管理全过程的方方面面都将有较为完备的制度规范来支撑,从法律、法规、预案到程序、标准、规程等一系列软手段,将有力支撑更为经济高效的应急管理活动。

(二)应急管理体系兼具本地化和国际化特征

一方面,由于文化传承、政治体制、经济发展、生态环境以及突发公共事件的挑战等不同,各个国家的应急管理都将体现出某种程度的本地化特色;另一方面,由于国际交流与合作的深化,各国应急管理也必将体现出越来越多的符合国际惯例的特征。不仅如此,各国的应急管理体系将会日益联通,形成一个世界范围内的应急管理体系。

(三)应急管理日益成为一个专业化领域

突发公共事件应对及应急管理体系的不断高级化,将使应急管理日益成为一个专业化领域,应急管理从业人员也需要经过更为专业化的教育和培训之后才能胜任其工作。

(四)应急管理将日益智能化

随着科学技术手段的应用,尤其是先进信息通信技术、大数据、人工智能等高科技的发展,应急管理的手段也必将日益智能化,人机紧密结合的应急管理体系将发挥"人类安全超级守护者"的作用。

思考题

1. 怎样认识我国和西方现代应急管理的特点?
2. 如何看待应急管理的发展趋势?
3. 我国应急管理的发展历程和西方应急管理的发展历程有何差别?
4. 从应急管理发展的趋势来看,今后应急管理将呈现什么样的特征?
5. 我国的应急管理发展经历了几个时期?每个时期的特点是什么?
6. 从中西方应急管理的发展历程中,可以得到怎样的启示?

第三章 应急管理基础理论

故事导入

大荔县朝邑镇紫阳村、赵渡镇乐合村漫堤决口险情处置[①]

2021年10月7日至10月9日,陕西省大荔县朝邑镇紫阳村、赵渡镇乐合村先后发生生产围堤漫堤决口,洪水漫至赵渡镇10个行政村,造成17.5万亩农田被淹,直接经济损失约5亿元。险情发生后,国家防办、应急管理部立即作出部署。陕西省应急管理厅派出工作组赶赴现场协调指导抢险救援工作。当地组织应急、消防、水利和防汛抢险队伍1.1万人次、运输设备76辆次、机械设备152台(套)等,全力开展封堵决口、转移安置危险区群众、巡查堤防等抢险救援工作。经全力抢修封堵,生产围堤紫阳段和乐合段决口分别于12日17时36分和13日16时35分成功完成合龙,转移安置25126名群众。

主要经验:迅速启动应急响应机制,模块化调派消防救援专业力量投入战斗,针对受灾群众点多面广的实际,采取舟艇编队行进和无人机空中侦察相结合的方式,对被困人员进行精准定位,综合评估灾害风险,制订科学救援方案,划分救援区域,联合社会应急力量按照"1+1"的编组模式开展协同救援,同时调集多台大型铲车涉水对被困群众进行摆渡救助,橡皮艇随行保护,提升综合救援成效。

[①] 《2021年全国应急救援十大典型案例》,《中国应急管理报》。https://baijiahao.baidu.com/s?id=1722461043861974341&wfr=spider&for=pc

第一节　风险管理

随着全球风险社会的出现,传统的应急管理已经不能有效应对各种问题和风险,风险管理的重要性日益突出。

一、风险管理的含义

何为风险？风险是不确定性对目标的影响。安全风险指"某一特定危害事件发生的可能性和后果的组合"。安全风险强调的是损失的不确定性,其中包括发生与否的不确定,发生时间的不确定,导致结果的不确定,等等。风险是指"危害事件发生的可能性和后果严重程度的组合",也即风险为可能性与严重程度之乘积。风险存在于主观对结果的评判和预测中。对风险应该有以下几点认知：首先,风险是一种损失发生的可能性；其次,风险是损失的不确定性；再次,风险是实际结果与预期结果的偏差；最后,风险是实际结果偏离预期结果的概率。

那么,什么又是风险管理？顾名思义,是以尚未发展成为突发公共事件的风险为管理对象的管理。风险管理的目标就在于避免或减少风险发展演变为突发公共事件的机会,侧重对突发公共事件的预防和治本。

在实践中,风险管理一词在不同国家有不同的定位和用法。在中国应急管理实践中,风险管理通常被作为应急管理的第一个环节来对待,是突发公共事件预防工作的主要内容。这也是国际上很多国家和国际组织的认识。在其他国家,有的以"灾害风险管理"作为应急管理的代名词使用（如德国公民保护局）,有的以综合风险管理表达综合应急管理的意思（如瑞士联邦政府）。

二、风险管理的过程

风险管理过程是组织管理的有机组成部分,嵌入组织文化和实践当中,贯穿于组织经营过程,包括评估准备、风险识别、风险分析、风险评价、风险处置、监督与检查、沟通与咨询几个环节。

（一）评估准备

评估准备是评估前的各项基础工作,依法明确风险评估活动的范围和目的、目标；明确谁是利益相关者,即评估工作为谁服务;做好风险评估人员的知识和技能准备;系统收集有关社会环境、地理环境、基础设施等方面的具体信息。

(二)风险识别

风险识别是通过识别风险源、影响范围、事件、原因和潜在的后果等生成一个全面的风险列表。识别风险不仅要考虑有关事件可能带来的损失,也要考虑其中蕴含的机会。

进行风险识别时要掌握相关和最新的信息,必要时包括适用的背景信息。除了识别可能发生的风险事件外,还要考虑可能的原因和可能导致的后果,包括所有重要的原因和后果。不论风险事件的风险源是否在组织的控制之下,或其原因是否已知,都应对其进行识别。此外,要关注已经发生的风险事件,特别是新近发生的风险事件。

风险识别需要所有相关人员参与,组织所采用的风险识别工具和技术应当适合其目标、能力及其所处环境。

(三)风险分析

风险分析是根据风险类型、获得的信息和风险评估结果的使用目的,对识别出的风险进行定性和定量分析,为风险评价和风险应对提供支持。风险分析要考虑导致风险的原因和风险源,风险事件的正面和负面的后果及其发生的可能性,影响后果和可能性的因素,不同风险及其风险源的相互关系以及风险的其他特性,还要考虑现有的管理措施及其效果和效率。

在风险分析中,应考虑组织的风险承受度及其对前提和假设的敏感性,并适时与决策者和其他利益相关者有效沟通。另外,还要考虑可能存在的专家观点中的分歧及数据和模型的局限性。

根据风险分析的目的、获得的信息数据和资源,风险分析可以是定性的、半定量的、定量的或以上方法的组合。一般情况下,首先采用定性分析,初步了解风险等级并揭示主要风险。适当时,进行更具体和定量的风险分析。

后果和可能性可通过专家意见确定,或通过对事件或事件组合的结果建模确定,也可通过对实验研究或可获得的数据的推导确定。对后果的描述可表达为有形或无形的影响。在某些情况下——可能需要多个指标来确切描述不同时间、地点、类别或情形的后果。

(四)风险评价

风险评价是指根据风险分析的结果以及组织自身的状况,把所有可能面临的风险按照紧急程度和需要重视的程度排序,以便更加合理、有效地分配有限的资源。如果该风险是新识别的风险,则应当制订相应的风险准则,以便评价该风险。

风险评价的结果应满足风险应对的需要,否则应做进一步分析。有时根据已经制订的风险准则,风险评价可使组织作出维持现有的风险应对措施,不采取其他新的措施的决定。

风险评价的主要内容包括风险出现的可能性,风险对地区或组织的影响大小或规模,风险管理的难易程度,管理风险需要的资源和时间,风险是否可控制或可预测。管理者必须综合考虑各种因素以建立一个风险的优先处理序列,同时对各种风险控制方法的可行性、成本及收益加以分析,最终为不同的风险选用最适当的处理方法。

(五)风险处置

风险处置是指选择应对风险的合适的策略和手段并加以执行。传统上有四种策略可供选择,即避免、缩减、转移、接受。风险避免是指不去从事那些可能导致风险的行为,直接避开导致风险的事项和活动,以消除可能发生的损失;风险缩减是指采用恰当的做法来减少风险的发生,减弱风险的后果;风险转移是指把风险的负担转嫁给另一方,通常是通过合同来实现;风险接受是指在无法避免、缩减和转移风险的情况下,接受风险发生的可能性和后果。

风险处置措施的制订和评估可能是一个递进的过程。对于风险应对措施,应评估其剩余风险是否可以承受。如果剩余风险不可承受,应调整或制订新的风险应对措施,并评估新的风险应对措施的效果,直到剩余风险可以承受。执行风险应对措施会引起组织风险的改变,需要跟踪、监督风险应对的效果和组织的有关环境信息,并对变化的风险进行评估,必要时重新制订风险应对措施。

(六)监督与检查

组织应明确界定监督和检查的责任。监督和检查内容可能包括:

一是监测事件,分析其变化及其趋势并从中吸取教训;二是发现内部和外部环境信息的变化,包括风险本身的变化、可能导致的风险处置措施及其实施优先次序的改变;三是监督并记录风险处置措施实施后的剩余风险,以便在适当时间作进一步处理;四是对照风险处置计划,检查工作进度与计划的偏差,保证风险处置措施的设计和执行有效;五是报告关于风险、风险处置计划的进度和风险管理方针的遵循情况;六是实施风险管理绩效评估。

风险管理绩效评估应纳入组织的绩效管理以及组织对内、对外的报告体系之中。监督和检查活动包括常规检查、监控已知的风险、定期或不定期检查。定期或不定期检查都应列入风险处置计划。

监督和检查的结果应当有记录及对内或对外的报告。

（七）沟通与咨询

在风险管理过程中，自始至终都需要进行风险沟通和给予咨询意见，同时还应建立沟通和报告机制（内部沟通和报告机制、外部沟通和报告机制），从而使得各参与方都能明确自己的风险管理责任。

一是组织建立内部沟通和报告机制，以保证：风险管理体系的关键组成部分及其调整得到适当的沟通；在组织内部充分报告风险应对计划实施的效果和效率；在适当的层次和时间提供风险管理的相关信息；建立与内部利益相关者协商的程序。

内部沟通和报告机制还包括在考虑到组织敏感程度的基础上，适当整合从各内部渠道得到的风险信息的程序。

二是组织建立与外部利益相关者沟通的机制。这种机制应当保证：组织的对外报告符合法律、法规和公司治理要求；组织与外部利益相关者保持有效的信息沟通；在外部利益相关者中建立对组织的信心；在发生突发公共事件、危机和紧急状况时与利益相关者沟通；为组织提供外部利益相关者的报告和反馈。

三、风险管理的意义

"风险"作为风险管理的对象，其主要特性是对不确定性和可能性（风险）进行管理，因此，要实现应急管理活动的向前延伸，就需要实现从更基础的层面对"可能带来损失的不确定性"（风险）进行超前预防与处置，从而实现应急管理工作真正意义上的"关口前移"，"防患于未然"。

一是从功效上来讲，风险管理比应急管理更能从根本层面（基础规划、制度、城市软硬件建设）避免损失的产生。风险管理的最佳功效是超前预防，即尽量避免和减少人类活动与灾害性环境之间的互动，也就是尽量降低致灾因子产生的可能性，由此达到从最根本的层面上防止损失的产生。而一旦出现了风险源，风险管理的主要任务则变为评估和分析风险产生的可能性以及造成损失的概率，从而通过相应手段减少、降低、消灭这些可能性和概率的程度，达到预防损失的目的。风险一旦转化为事件，损失便不可避免，此时就需要采取应急管理手段将损失减少到最低。

二是从管理层级上来看，风险管理的本质是战略管理，而应急管理更多地倾向于一种行动策略，因此，风险管理能够在更基础层面（基础规划、制度、城市软硬件建设）实现管理的优化。风险管理通过对环境和风险源的仔细分析与评估，制订出处理潜在损失的系统性规划（其中包括最基础的规划），从根本上杜绝和防止危害的产生，由此实现整体管理的优化。而应急管理是在事件发生后，按照既定预案或方案重新组合资源来进行应对，这通常会导致在有限时间和信息压力之下作出决策，很难保证资源配置的科学性和最优化。

风险管理工作的重点包括两个部分：其一，如果风险源被成功消除或控制，则重新进入常态管理和风险管理的起点（也就是风险管理准备阶段）；其二，如果风险处置失败，潜在的危害转化为突发公共事件，则立即进入应急管理过程。因此，风险管理工作的终点就是应急管理工作的起点（预测预警）。

由此可见，要实现应急管理工作关口前移的目标，不应当仅限于满足做好预测预警（也就是防止风险转化为事件这一阶段）的工作，而应当将关口再前移，实现从根本上防止和减少风险源、致灾因子的产生，也就是达到风险管理工作超前预防的目的。

第二节　危机管理

一、危机管理的含义

在应急管理领域，危机管理是指应对危机型突发公共事件所进行的管理活动。危机是组织因内外环境因素所引起的一种对其生存具有紧迫且严重威胁性的情景或事件，危机会给社会安全秩序及其他价值造成特别紧迫和严重的威胁，具有高度的不确定性，需要紧急处置。危机管理对危机管理者的挑战很大。例如，2003年非典暴发之初，人们对其传染原因和途径都一无所知。显然，当缺乏关于这类急性传染病的基本知识时，有关决策者面临着极大的不确定性和紧迫性的挑战。

单从字面意思来说，危机同时意味着危险和机会。通过危机处置收获利益、化危为机是许多危机管理者的期待，但事实上化危为机并不容易，危机事件在急速发展，影响和扭转其发展方向的时机亦转瞬即逝，这就需要危机管理者有高超的领导能力。

二、危机管理的特征

从危机管理的含义分析中可以知道，危机管理的对象是危机，包括危机监测、危机预控、危机处理计划、危机决策和危机处理等几个环节。

危机具有自己的特点，相应地，危机管理也有相似的特征。总体说来，危机管理一般有如下几个特征：

（一）不确定性

所谓不确定性（Uncertainty），一般是指人们不可能或无法对问题进行客观分类的情形。

在这种情况下，人们的行为在很大程度上依赖于他对自己信念的置信度，而危机管理工作就是以这种主观概率为依据的。例如，如果你骑自行车时感觉到前面有危险，你马上会有一个反应——减慢速度，当你减慢速度时，你并不能确定前面一定有危险，但你觉得危险的可能性比较大，为了安全起见，你就这样做了。

危机管理的不确定性主要表现在四个方面，分别是：管理对象的不确定性、危机预测的不确定性、危机预控的不确定性、危机处理计划的不确定性。

（二）应急性

当意外事件发生时，政府、企业和个人陷于困境，所面临的公众压力处于极限状态，其公共关系亦处于应急状态。危机管理便立足于应对政府、企业和个人突发的危机事件，通过有计划的专业处理系统将危机的损失降到最低。同时，成功的危机管理还能利用危机，使政府、企业和个人在危机过后树立更优秀的形象。

综合而言，危机管理的应急性主要表现在如下两个方面：一是在爆发阶段，危机的危害每分每秒都在增大，必须以极快的速度和不同于平时的方式进行管理；二是在紧急状态中进行危机管理，要克服由于时间紧急和形势危险而造成的心理压力，并在短暂的时间内迅速作出正确的决策，紧张而有序地实施各种处理措施。

（三）预防性

任何危机都可能带来一定的风险，这种风险在一定程度上是可以评估和预测的。在危机管理过程中，我们最重要的任务就是预防。应该说，危机管理的最佳境界就是避免危机发生，危机管理中应把预防放在首位。预防性是有效危机管理战略最重要的特征，对危机管理成效的影响最大。

综合危机管理的特征，可以看出，由于危机管理的不确定性，不同的危机有不同的管理艺术。对于政府、企业和个人来说，最重要的不是掌握危机管理的程序，而是懂得危机管理中的变通；由于危机管理的应急性，危机反应和处理速度始终是危机管理的核心部分，没有速度的危机管理肯定不是最理想的危机管理。由于危机管理具有预防性，危机并不是最可怕的，最可怕的是一个政府、企业或个人没有预防危机的意识，没有抵挡危机的预警机制。

三、危机管理的过程

对于危机管理过程，不同学者有不同的阐述，但通常都依据危机的生命周期特点设计相应的管理环节。本文采用罗伯特·希斯（Robert Heath）的危机管理理论，认为危机管理由"4R"组成，即缩减（Reduction）、预备（Readiness）、反应（Response）、恢复（Recovery）。第一个"R"意味着危机管理者对于危机情景要努力防患于未然，使危机影响减少到最低限度；第二个"R"意味着要在危机发生之前就作出反应计划并对有关人员进行危机处理培训;第三个"R"意味着危机一旦出现,危机管理者就要及时出击,迅速遏制危机蔓延的势头;第四个"R"意味着危机过后,管理者要对恢复和重建工作进行有效的管理。

四、危机领导

鉴于危机管理对领导者的挑战很大,危机管理的领导任务与策略受到极大关注。欧洲学者阿金·伯恩等认为,危机面前的公共领导者需要完成五项重要任务,即认识危机、作出决定、理解危机、终止危机以及从危机中学习。

(一)认识危机

领导者必须评价面临的威胁,确定究竟是什么样的危机。例如,"9·11"事件刚发生时,领导者必须确定这一事件的威胁有多大,针对什么事或什么人,以及接下来情况会如何发展。信息的来源多种多样,但如何分辨真伪,如何从复杂的危机信息中提取令人信服的部分,这些都需要领导者进行分析。

(二)作出决定

领导者回应危机时面临着多种选择的机会。危机发生所引发的需求和问题会非常复杂,但在危机条件下,对公共资源的需求与供给之间的不平衡比平时大了许多,且情况尚不清楚、不稳定,而领导者思考问题、向专家咨询和争取人民接受决策的时间却非常短促。

(三)理解危机

危机面前,权威机构往往不能立即提供正确的信息,领导者必须努力向公众解释发生了什么,为什么会发生这种情况,以及应该怎样负起责任。除了领导者以外,新闻机构也在通过各种渠道来阐释危机的含义。因此,面对各种各样的信息,领导者需要在一定程度上控制住有关危机的流言在公众中的传播。

(四)终止危机

政府不可能永远停留在危机状态,领导者的关键任务之一就是保证整个社会能及时有效地回归正常状态。但领导者不可能通过单方面颁布法令达到这个目的。提前终止危机甚至可能引火烧身。在持续紧张的氛围下,人们可能批评领导者低估甚至掩盖了危机,但拖沓也同样不可取。领导者必须通过对整个事件进行充分了解,采取有效措施来解决问题,从而终止危机。

(五)从危机中学习

危机的经历能够为人们以后的危机应对提供经验,领导者要引导政府和行政系统吸取经验教训。

第三节　应急管理生命周期理论

应急管理生命周期理论的发展经历了多个阶段。1978 年,美国全国州长联合会(NGA)通过编制应急准备项目最终报告《综合应急管理:州长指南》,提出了传统四阶段理论,将危机管理分为四个阶段工作的危机管理通用模式:危机前预防阶段、准备阶段、危机爆发期反应阶段和危机结束期恢复阶段。之后,美国联邦安全管理委员会对其加以修正,优化为减缓(Mitigation)、准备(Preparation)、响应(Response)、恢复(Recovery)。David Mcloughlin 的危机管理过程论认为,危机管理可以分解为危机前预防减灾和事前准备、危机中响应应对和危机后恢复四个阶段。此后,四阶段理论逐渐成为应急管理的基础理论被广泛应用,但在各阶段的内涵定义中存在一定差异。进入 21 世纪,美国对四阶段进行了如下扩充:

减缓阶段是"未雨绸缪"、预防突发公共事件的阶段,是应急管理全过程的起点阶段,也是基础性、前瞻性工作阶段,主要包括进行隐患排查、风险评估和脆弱性诊断,防控风险发生,减少灾害发生的机会,控制不能避免的灾害风险等;准备阶段是准备应对灾害的阶段,指发展应对各种突发公共事件的能力,包括为拯救生命财产和后期管理制订计划或准备的工作,如制订应急预案,建立预警系统,建设应急平台,进行事前演练、监测、监控与预警等。应对阶段是应急管理的关键阶段,是指在突发公共事件发生的事前、事中与事后采取有效措施以挽救生命和防止财产损害,减少损失的一系列应急行动。该阶段涉及众多的人员、救援救灾设备和应急物资资源,包括启动与实施应急预案,提供医疗及现场援助,组织疏散,等等。恢复阶段既包括重要系统复员到运作状态的短期行为,也包括使社会生活恢复到正常状态的长期治理优化过程,如提供临时住房、控制污染、重新规划和设计,学习总结应急经验教训再提高等。发生突发公共事件的系统恢复之后,仍需持续系统实施防灾减灾治理措施,控制风险,降低事件再次发生的可能性。总之,应急管理是一个闭合持续循环的改善优化升级过程,全面有效的应急管理工作应覆盖并贯穿始终。

一、灾害减缓

灾害减缓包括两重含义：一是指通过先期工作，将可以避免的灾害尽可能避免；二是指将不能避免的灾害尽可能减少影响。我国也称减灾防灾。

灾害减缓是应急管理周期的第一个阶段，指减小或消除各种突发公共事件对人员、经济和环境造成的不利影响，减少或消除各种灾害和危险的风险。

灾害减缓既强调通过强化建筑和基础设施对各种风险的抵抗能力，如提高建筑质量来增加抵抗风险的能力；也强调减少建筑设施对危险的暴露程度，如在各种灾害和危险评估的基础上作好公共安全规划，确定安全的建筑区域，合理确定避难场所，等等。同时，灾害减缓还包括修建各种防灾工程，如防洪工程、抗震防灾工程、人防工程等，以减少各种不可避免的灾害的风险。另外，灾害减缓还包括减少社会的脆弱性，增强恢复力，通过采取一系列公共工程项目和社会战略，提高民众的防灾减灾知识和意识。

二、灾害准备

灾害减缓措施并不能阻止灾害的发生，也不能完全消除社区或地区各种设施对所有危险的脆弱性，因而，对可能发生的各类危险作好充分的应对准备就是必需的。

首先是制订应急预案，包括各级、各类应急预案、演练、管理。制订突发公共事件应急预案是准备的基本标志。我国突发公共事件应急预案体系包括国家突发公共事件总体应急预案、突发公共事件专项应急预案、突发公共事件部门应急预案、突发公共事件地方应急预案、企事业单位根据有关法律法规制订的应急预案、举办大型活动时，主办单位制订的应急预案。

应急预案是为应对突发公共事件才启动的一种行动方案，是一个政府或组织针对突发公共事件所采取的全部行动方案，规定了政府或管理部门在紧急事态前、中、后的工作内容。简言之，它是突发公共事件发生时的处置方案，主要包括实施背景、实施行为人和部门、实施使用的资源、实施的行动几个要素，以"没有资源保障的预案是'假'预案，没有告诉受众的预案是'假'预案，没有经过演习的预案是'假'预案"作为三大原则。

在应急准备过程中，除了制订应急预案以外，应急资源的准备也至关重要，主要包括招募和培训相关人员，确定资源和供给，指派紧急事态发生时所需要的设备。

三、灾害应对（响应）

应对是"在事件中拯救生命、减少损失的全部行动"。应对行动的内容主要有：对（可能）受害者提供帮助，对事态进行控制，恢复重要基础设施（如公用事业），确保重要政府功能和服务的连续性（执法、公共工程）。

灾害应对过程,主要包括以下步骤:

一是预警与通告。预警是对灾害事件发生的时间、规模、后果等作出的提前预测。在预警阶段,公众首先应该保持对灾害信息了解渠道的畅通,随时掌握灾害的进展情况;其次应该做预先的准备性工作,如关闭电源、煤气,准备应急物品;再次应该随时准备在接到政府的命令时采取某些特别行动。

二是警示。警示是针对那些预警时间很短或几乎没有预警时间的灾害事件。如果没有时间发出预警和通告,紧急事态管理者所能做的就是对公众就即将到来的危险发出警示,通常用到的方法有媒体紧急警示、广播喇叭警示以及人员警示。

三是事件发生时(前)撤离人员。在第一时间接到灾害的预警与通告后,应采取一系列措施对公众进行警示,使大家意识到危险的来临,认识到事情的严重性,提高警惕。相关部门所要做的就是在事件发生时或者是事件发生前撤离人员,尽量避免或减少伤亡。

四是无论任何时候,在灾害面前,拯救生命始终是第一选择。灾害事件发生后,政府要采取有效措施积极应对,比如可以广泛动员社会力量参与,社会组织因其志愿性和公益性,在灾害发生后具备动员大众参与、整合社会资源用于救援和重建的能力,另外一些社会组织关注领域多元化,也许可以为紧急搜救和信息传达赢得宝贵时间,尽可能多地拯救生命。

五是为撤离者提供必要的生活条件。这里的必要条件主要是指:一要给撤离者提供相应的住所,住所要能到达到避难的条件,避免二次伤害;二要有食物保障,其中包括可饮用的水源;三要通电、通信应该有所保证,现代社会,电显得尤为重要,人们的饮食和交流很大程度上都要依靠电力;四要交通应该有所保障,便于和外界保持联系。

六是危险沟通。事件发生后,准确及时的公共信息至关重要。突发公共事件出现后,公众产生了对事件信息的强烈需求。鉴于现场与公众之间缺乏直接的沟通,如果没有公共信息的及时发布,就会出现一个时期的信息真空,各种消息和传言将不胫而走,造成虚假信息流传,人心不稳,社会动荡,影响对紧急事态的管理,而公共信息就是将真相及时告诉媒体和公众。

七是尽快恢复社会秩序。灾后重建是关键,地方要负起主体责任,做好受灾严重地区重建规划,房屋应重建和加固,毁坏的医院和学校等公共区域要维修恢复,另外公路等公共设施也要及时进行修复,尽快恢复好民众的生产生活秩序。

八是预防灾后疫情发生。俗语道"大灾之后会有大疫",意思是洪水、地震、战争等大的灾害之后,很容易出现传染性疾病的暴发,灾后防疫不可掉以轻心。以洪灾举例来说,洪水过后,不同类别的传染病可能会在灾后几个星期内暴发,包括胃肠道感染、呼吸道感染和一些蚊媒传播疾病等。胃肠道感染的原因是污水问题、饮用水不卫生和灾后秩序混乱导致的交叉感染。灾民要饮用开水或干净的瓶装水,不食用洪水浸泡过的食物、饮料,室内尽量使用蚊帐,勤喷洒消毒剂。

九是尽快恢复基础设施。灾后重建工作至关重要,重点是要尽快恢复当地基础设施。当地政府要第一时间采取行动,抢修交通、通信、电力等受损基础设施,尽快恢复正常生产生活秩序,进一步落实落细各项防灾措施,全力保障人民群众生命财产安全。

四、灾害恢复

灾害恢复是指在灾难事件结束之后,遭受灾难的社区和人们向灾前正常的生活和生产秩序的回归。按恢复主体主要包括家庭恢复、企业恢复、心理恢复,按恢复时间可分为短期恢复和长期恢复。

第四节 有准备的社区理论

有准备的社区(The Prepared Community)理论是澳大利亚应急事态管理总署所提出的理论,美国学者提出的类似理论是"有重建能力的社区"(Resilient Community)——此理论系针对西方国家社会组织结构情形所提出的。

美国学者认为,社区首先是一个特别的政治区域;其次,社区具有同政治区域不相同的两个特征——社区意识和社会互动作用。社区意识包括源自共同目标、价值和行为规范的共同身份观念,使人们能够将"我群"与"他群"加以区分。此外,社区也是一个经济网络,构成它的基本单元类型是家庭、企业和政府机构。社区作为社会的基层结构,不是拥有基层政权的行政区划,而是居民自治体,政府对它们的管理是指导、引导、建议和提倡,而非强制性的。因突发公共事件通常发生在社区,且严重影响社区安全,政府援助往往需要一段时间才能抵达受灾现场,这就要求社区对灾害具有一定的抵抗能力,拥有社区自己的救济能力,同时也要求社区具有一定的重建能力。由此衍生出"有重建能力的社区"这一概念。

美国联邦应急事态管理总署在许多档案和项目中都提到应加强社区的应急事态准备,如组织全国性的社区突发公共事件响应小组(Community Emergency Response Team,CERT)。美国应急事态管理学院教科书中对"有重建能力小区"的解释是:"有重建能力的社区"可能在自然灾害的极端重压下屈服,但它们基于以下原因而不会瓦解:第一,它们的道路、公用事业和其他辅助设施构成的生命线系统设计了持续运转功能,能够面对洪水、飓风和地震的袭击;第二,它们的邻里和企业、医院及公共安全中心坐落在安全地区,而不是已知的高风险区;第三,它们的建筑被建成或改建成符合建筑法典标准要求,能够面对自然灾害威胁；第四，它们的自然环境保护系统能针对诸如沙丘和湿地等地方加以充分保护。

第五节　全面应急管理理论

我国对突发公共事件的应急管理提出了"一案三制"的设想，国务院于 2006 年 1 月 8 日颁发了《国家突发公共事件总体应急预案》，还编写了《突发公共事件应急体系建设规划》，并在一些地区建立了"突发公共事件应急管理系统"，取得了较好的效果。为了进一步提高我国政府保障公共安全和处置突发公共事件的能力，加快政府职能转变的步伐，促进经济社会全面、协调、可持续发展，在借鉴美国、日本等发达国家经验的基础上，提出了针对突发公共事件开展"全面应急管理"的理念。

一、全面应急管理的含义

突发公共事件全面应急管理是指以科学发展观为指导，以构建社会主义和谐社会为目标，以现代科学技术为手段，以科学管理为支撑；前瞻我国国民经济和社会发展的长远需求，应以人为本，更新观念，全方位思考，系统规划，分步建设实施，完善应急管理制度，并对突发公共事件实施"六全"管理模式。

（一）全过程管理

狭义的应急管理主要是指应急处置这一环节，即为了应对突发公共事件而实施一系列计划、组织、指挥、协调、控制的过程。其主要任务是及时有效地处置各种突发公共事件，最大限度地减少突发公共事件的不良影响。突发公共事件全面应急管理则是在突发公共事件爆发前、爆发后、消亡后的整个时期内，用科学的方法对其加以干预和控制，使其造成的损失达到最小的全过程管理。它要求我们克服重应急、轻预警的传统观念，科学分析突发公共事件的形成与演变机理，对突发公共事件实施动态监测、风险评估和预警管理，并编制科学的预案，对突发公共事件的应急处置、善后处理进行系统设计，通过评估及时发现问题，改善应急管理全过程。

（二）全系统管理

突发公共事件的全系统管理是以"统一指挥、分工协作、预防为主、平战结合、及时灵活、科学有效"为原则，建设集预警预报、指挥调度、处置实施、信息管理、决策辅助、资源保障、通信保障等多功能于一体的突发公共事件全面应急管理系统。其中，指挥调度子系统是全系统管理体系中的最高决策机构，其他子系统分别对指挥调度提供不同功能的支持，为保证指挥调度子系统作出及时有效的决策。各子系统之间存在相互协作、相互支持的关系。

（三）全方位管理

突发公共事件的全方位管理指以规划为先导，加强应急项目和应急系统的建设，科学编制突发公共事件应急预案，重点解决处置突发公共事件的基本程序和责任分工问题，统筹考虑关键项目的布局和建设问题，强化应急响应中的薄弱环节。应急项目和应急系统是全方位应急管理的落脚点，重点是建设应急平台。要进一步深化应急预案体系建设，不断增强预案的针对性、操作性和实用性，科学编制和实施应急体系建设规划，实现应急资源优化配置，加快推进应急平台建设，提高应急处置效率和水平。

（四）全面应急响应

全面应急响应是指对突发公共事件实施分类分级管理和应急联动管理，对重大突发公共事件实施国际协调和全球合作管理。在对突发公共事件进行分类分级的同时，要对处置机构进行分类分级，使其和突发公共事件的分类分级相对应和匹配，建立重大突发公共事件的直接响应模式和快速垂直联动指挥机制。全面应急响应就是要打破原有多个应急指挥中心条块分割、各自为政的传统管理方式，综合各种应急服务资源，统一指挥，联合行动，为社会公众提供快捷的紧急救援服务，为国家公共安全提供强有力的保障。随着全球化趋势的加快，突发公共事件的应急管理也逐渐走向国际合作，在应对突发公共事件问题上，我们应致力于寻求全球合作管理，尤其要借助各相关领域国际组织的力量，形成最有效地管理。

（五）全手段管理

全手段管理指综合应用行政手段、法律手段、经济手段和技术手段进行突发公共事件的管理。全手段管理强调各种手段齐抓共管，尤其是发挥经济杠杆在全过程应急管理中对各方经济利益的调节、约束、补偿等功能，以及高新技术在全系统应急管理中的技术支撑作用，达到标本兼治的效果。

（六）全社会管理

突发公共事件的全社会管理要求针对突发公共事件建立全员参与、群防群治机制，加大宣传力度，充分依靠群众，实施全员培训，强化应急演练，动员社会各方面力量积极有序地参与突发公共事件应对工作，提高社会应急能力。同时，应充分利用社会资源和智力，大力培养应急管理专业人才，组建全面应急响应的职业队伍和志愿者群体、团队，尽快适应当前社会管理与服务的需要。

（七）全面应急管理体系

全面应急管理体系由国家或区域突发公共事件应急指挥中心统一指挥，下设两个重要的平台，即公众服务平台和应急信息与指挥平台。

公众服务平台主要处置非紧急求助事务，通过整合后的110报警系统，负责接受公众水、电、气、市政、城管、环境、医疗救助等具有公共服务性质的各种求助，通过指挥中心的信息分拣系统，借助计算机网络系统，向相应的职能部门、行业管理部门、企业等下达服务指令信息，并通过建立"一事一档、三级（用户、行业管理部门、应急管理部门）考核、百分之百回访"的管理和考核机制，监督服务质量。

应急信息与指挥平台是为保障各种预案的实施而建立的包括监测预警系统、应急指挥调度系统、决策辅助系统在内的系统平台。监测预警系统收集各种公共事件状态的数据，或接受公众关于突发公共事件的报警，通过风险评估，判断风险状态，自动或人机结合判断应急处置的级别，并启动相应级别的应急预案。应急指挥调度系统是借助大屏幕显示系统、视频会议系统和计算机指挥系统把握突发公共事件现场状态，调度各种应急资源，对突发公共事件进行应急处理的计算机、通信与网络系统；决策辅助系统包括GPS、GIS、RS、应急基础数据库等数据系统和专家系统，为指挥调度决策提供支撑。

二、全面应急管理的特点

全面应急管理与目前大多数应急体系相比，具有以下特点：

（一）以人为本

全面应急管理系统以政府为社会公众提供良好公共服务为目标，在常态下，通过公众服务平台，服务于社会公众的日常公共需求；在危机状态下，通过应急信息与指挥平台来保障人民的生命财产安全，最大限度地减少灾害损失，充分体现了以人为本、构建社会主义和谐社会的精神实质。

（二）快速反应

全面应急管理系统借助现代监控技术和信息技术，通过监测系统，实时了解公共事件所处状态，判断风险级别，并向指挥中心传递状态信息。一旦出现灾害状况，指挥中心可通过大屏幕显示系统了解的现场状况，及时作出应急反应。

（三）统一指挥

全面应急管理系统可根据突发公共事件实时状况和事件级别，自动或人机结合启动相应级别的应急预案，并在相应级别的指挥中心实行统一指挥并调度各种应急资源，避免职责不清造成的相互推诿、协调困难。

（四）科学决策

全面应急管理系统强调专家支撑：一是通过建立专家信息库，收录各类突发公共事件所属专家的信息资料，一旦灾害发生，可迅速通知专家到位，为事件处理提供专业意见；二是突出专家系统（决策辅助系统）的支撑，通过事先建立的各种数据系统和各种状态的专家处理意见，可生成突发公共事件的处置方案建议，供决策参考，从而大大提高决策的科学性。

（五）整合资源

全面应急管理系统强调"物理分散、信息集中、上级调度、协调配合"机制。"物理分散"是指各分指挥中心根据应急需要，建立本系统突发公共事件的应急体系，并为上级指挥中心提供接口；"信息集中"是指按照信息报送原则，各级分中心关于突发公共事件的状态信息、基础数据信息（包括应急资源信息、人口数据信息、地理数据信息、法人单位信息、建筑物现状信息和管线信息等）等信息。在同级别的相关指挥中心和上一级指挥中心实现共享，便于实现资源的统一计划安排和使用调度，可避免系统的重复建设，大大提高资源信息使用的效率。

（六）全面联动

突发公共事件的应急处理往往涉及多部门的协调配合问题，以全面应急管理系统平台建设为基础，以应急预案建立的机制为保障，通过统一指挥，可实现突发公共事件相关部门的全面联动，避免单一部门处理事件力量不足、专业性不强、资源不够等问题，也可避免因部门间的协调而延误时间。

📖 思考题

1. 如何认识风险管理在应急管理中的作用？
2. 在突发公共事件应急处理中如何运用全面应急管理理论？
3. 运用生命周期理论，谈谈某个灾害事件发生后主要应该采取哪些措施进行灾害应对。
4. 风险管理包括哪些过程？其中哪个过程最为关键？
5. 简述全面应急管理模式的特点。
6. 谈谈你对"有准备的社区"理论的认识。

第四章 应急预案与演练

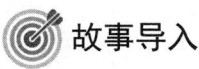故事导入

四川省凉山州冕宁县石龙镇马鞍村森林火灾[①]

2021年4月20日16时30分,四川省凉山州冕宁县石龙镇马鞍村发生森林火灾。在扑救过程中,受大风天气影响,23日傍晚火场发生飞火,在距北侧火线直线距离2.53千米山顶处形成新的火场,严重威胁到十几万人的冕宁县城和灵山寺景区。火情发生后,国家森防指挥办公室、应急管理部持续调度指导,连夜派出工作组赴四川指导支持地方开展火灾扑救工作;四川省政府负责同志带领工作组前往火场一线指挥扑救。

针对火势不断扩大蔓延的不利态势和县城、景区同时受到威胁的严峻局面,工作组指导联合指挥部及各方参战力量完整准确全面贯彻"两个至上"核心要义,深入践行训词精神,定下"力保县城、兼顾景区,积极扑救、解除风险,安全第一、严防伤亡"的战略战术,坚持"打早打小打了"的根本要求,针对久战不决的被动局面,每日开会研判火场态势,及时调整改变战略战术,抓住有利气象条件,早打快打坚决打,采取州县主要领导分方向指挥、各负责同志分片包干、工作组现场督战等举措,及时为火灾扑救赢得了转机。坚持"尽快形成封控圈"的作战原则,针对火场过火面积渐成规模的蔓延态势,充分利用防火道、隔离带、天然水系等形成封控合围兜底,先打外线火,再清内线火,以最小成本实现最大收益。坚持"专业指挥、地空配合、专群协同"的作战样式,针对火场瞬息万变的复杂形势,果断任命四川省森林消防总队主要负责人为火场总指挥,南航总站主要负责人为空中力量总调度,提升专业化指挥水平。灭火机群精准打点洒面,国家队打火头、攻险段,地方队及时

[①] 《2021年全国应急救援和生产安全事故十大典型案例公布》,光明网。https://m.gmw.cn/baijia/2022-01/20/1302771480.html。

> 跟进清理整固,当地群众用土办法就地取材保供水源,充分整合释放协同效能。
> 经森林消防队伍、消防救援队伍、航空救援力量、地方专业扑火队伍、解放军和武警部队等2300余人、6架直升机历时6天持续扑救,明火于26日13时成功扑灭,火场区域133户500人紧急避险,可能受影响的585户2611名群众安全转移。

第一节 应急预案的内涵

应急预案的使用最早体现在军事上。在我国春秋末期,著名军事家孙武在《孙子兵法》中就强调了谋略和计划对决定战争胜负的重要作用。应急预案是针对可能的重大事故(件)或灾害,为保证迅速、有序、有效地开展应急与救援行动,降低事故损失而预先制订的有关计划或方案,是在辨识和评估潜在的重大危险、事故类型、发生的可能性及发生过程、事故后果及影响严重程度的基础上,对应急机构职责、人员、技术、装备、设施(备)、物资、救援行动及其指挥与协调等方面预先作出的具体安排。

根据《突发事件应急预案管理办法》,应急预案是指各级政府及其部门、基层组织、企事业单位、社会团体等为依法、迅速、科学、有序应对突发事件,最大限度减少突发事件及其造成的损害而预先制订的工作方案,旨在解决"突发公共事件事前、事中、事后,谁来做、怎样做、做什么、何时做、用什么资源做"的问题。

应急预案的内涵包括以下两方面:

一是预防。在常态下,通过危险辨识和风险分析,采用技术和管理手段降低突发公共事件发生的可能性,或使已经发生的突发公共事件控制在局部或可控范围内,防止突发公共事件蔓延,并预防次生、衍生事件的发生;通过编制应急预案并开展相应培训,进一步提高各层次人员的安全意识;同时,通过编制应急预案,落实应急保障措施,加强人员锻炼等,在常态下达到预防突发公共事件的目的。

二是应对。突发公共事件往往是防不胜防的,在一定诱因或条件下,突发公共事件一旦发生,就要求必须采取及时有效的处置、救援,并按照有关规定和职责开展恢复重建工作等,实现对突发公共事件的有效应对。

第二节　应急预案的分类和特点

一、应急预案的分类

各类潜在的突发公共事件,其风险类型和规模有很大差异,因而,对应急预案进行分类与分级对于形成预案体系、编制应急预案工作具有重要的指导意义。在编制应急预案时,应当结合实际,做到重点突出,体现本地区的主要事故风险,并合理地划分各类预案的使用范围,保证各类预案之间的无缝联结。

《突发事件应急预案管理办法》规定,应急预案按照制定主体,分为政府及其部门应急预案、单位和基层组织应急预案两大类。

(一) 政府及其部门应急预案

政府及其部门应急预案由各级人民政府及其部门制订,包括总体应急预案、专项应急预案、部门应急预案、联合应急预案等。

总体应急预案是国家处置各类突发公共事件的纲领性文件,旨在从宏观角度规范突发公共事件的处置,规定政府对突发公共事件处置的原则、依据和一般程序,明确处置的责任者及其责任,确定处置行动的机制,等等。

专项应急预案是政府为应对某一类型或某几种类型突发公共事件,或者针对重要目标物保护、重大活动保障、应急资源保障等重要专项工作而预先制订的涉及多个部门职责的工作方案,由有关部门牵头制订,报本级人民政府批准后印发实施。专项应急预案必须在总体应急预案确定的规制下,具有明确的事件针对性和处置行为的具体性。

部门应急预案是政府有关部门根据总体应急预案、专项应急预案和部门职责,为应对本部门(行业、领域)突发公共事件,或者针对重要目标物保护、重大活动保障、应急资源保障等涉及部门工作问题的工作方案,由各级政府有关部门制订。

联合应急预案是相邻、相近的地方人民政府及其有关部门联合制订的应对区域性、流域性突发公共事件的应急预案。

(二) 单位和基层组织应急预案

单位和基层组织应急预案由机关、企业、事业单位、社会团体和居委会、村委会等法人和基层组织制订,侧重明确应急响应责任人、风险隐患监测、信息报告、预警响应、应急处置、人员疏散撤离组织和路线,可调用或可请求援助的应急资源情况及如何实施等,体现自救互救、信息报告和先期处置特点。

二、应急预案的特点

一是假设性:假设可能发生某类某种突发公共事件的情境或一些具体的标准,如国家自然灾害应急救助预案,假设了可能发生四个等级的突发自然灾害的具体标准。

二是应急性:制订应急预案的目的是应对突发公共事件,不是用来处理日常工作的。

三是程序性:告诉我们按照什么步骤来处置突发公共事件。

四是规范性:规定了应对突发公共事件时相关行政部门、事发地政府及有关单位的行为和职责。

五是可操作性:告诉我们在应对突发公共事件时,每一步、每一个环节如何做、谁去做等。

第三节 应急预案的编制

预案是基于对未来的研判和既往的经验而形成的。编制应急预案的目的是,明确突发公共事件预防与处置的具体措施,使突发公共事件的应对规范化、制度化。编制应急预案的主要意义在于:第一,明确应急管理相关利益主体的责任范围和角色期待与分工,保证应急管理工作有条不紊地进行。我国提倡突发公共事件应急管理的社会动员,主张应急管理主体多元化。如果没有预案,各相关主体就可能发生角色冲突或推诿扯皮,贻误战机。第二,有助于辨识潜在风险,避免或防止突发公共事件扩大或升级,从而最大限度地减少突发公共事件给社会公众的生命、健康和财产造成的损失。第三,有助于将突发公共事件处置与响应的步骤与措施"格式化",提高应对效率。第四,有利于培养全社会居安思危的忧患意识,塑造预防为主的安全文化氛围。当然,其前提是让社会公众参与预案的制订或向社会公众广泛宣传预案。

一、应急预案的编制原则

国务院于 2006 年 1 月颁布的《国家突发公共事件总体应急预案》规定的工作原则为:以人为本,减少危害;居安思危,预防为主;统一领导,分级负责;依法规范,加强管理;快速反应,协同应对;依靠科技,提高素质。

(一)组织上——统一领导,分级负责

预案管理与一切应急管理工作一样,要在党中央、国务院的统一领导下,坚持分类管理、分级负责、条块结合、属地管理为主的原则。要在国务院和各级政府统一领导下,组织制订国家和地方的总体预案、专项预案,有关部门、单位制订和修订本部门、本单位的突发公共事件应急预案。

应急预案的制订和修订是一项系统工程,要明确不同类型突发公共事件应急处置的牵头部门或单位,其他有关部门和单位要主动配合、密切协同、形成合力;涉及关系全局、跨部门、跨地区或多领域的,预案制订、修订部门要主动协调有关各方。

(二)内容上——以人为本,健全机制

要把保障人民生命安全和身体健康作为应急工作的出发点与落脚点,最大限度地减少突发公共事件造成的人员伤亡和危害;要不断改进和完善应急工作机制,切实加强应急救援人员的安全防护和科学指挥。

(三)方法上——依靠科学,依法规范

制订、修订应急预案要充分发挥社会各方面尤其是专家的作用,实行科学民主决策。预案要符合有关法律、法规、规章,与相关政策相衔接,与完善政府社会管理和公共服务职能、深化行政管理体制改革相结合,并按照有关程序进行制订和修订。

(四)创新上——博采众长,符合实际

借鉴国内外处置突发公共事件的有益经验,深入研究本地区本单位实际情况,预案注重强调在各级党委和政府的领导下,充分发挥基层组织和人民群众的作用,建立健全组织并动员人民群众参与应对突发公共事件的有效机制。

二、应急预案的编制方法

(一)模板法

广泛采用的预案编制方法是模板法。对于没有预案编制经验的部门来说,此方法更是行之有效,可以避免走弯路。应急预案编制模板是政府应急管理权威部门制订和发布的,规定应急预案基本结构和主要内容的框架性工具,是经过反复研究敲定和多次实践证明,能够代表突发公共事件应急处置标准程序和正确途径的指导性文件。

模板法是基于应急预案模板，按照规定的结构和内容的编制要求与做法，制订本部门（单位）应急预案的方法。这种方法的优点是：第一，不会遗漏或忽略应急处置的重要环节和内容，也不会出现程序性错误；第二，规定的每一项内容都有指导性或提示性导语，对具体的内涵作了要求和概述，编制者可以明确无误地填写，不会偏离方向；第三，为预案的规范化提供了保障，非常便于管理。从国务院办公厅2004年5月发布的《省（区、市）人民政府突发公共事件总体应急预案框架指南》中，我们可以清晰地看到这些显而易见的优点。国家安全生产监督管理总局（今应急管理部）颁布的《危险化学品单位事故应急预案编制通则》也具有同等的效力。

必须指出的是，应急预案编制模板只是指导性文件，多数只有做什么的内容，没有如何做的内容，许多工作必须由编制者按照规范认真分析研究，不能有丝毫忽略和敷衍。比如风险评估、资源保障、演习演练等各个环节的细节都不能忽视，都要经过严密的分析研究确定。

更需要说明的是，由于模板法依据的是模板，模板的科学性直接决定了编制预案的科学性。有的预案模板本身有诸多瑕疵或漏洞，如果编制者没有丰富的经验，就会在盲从中犯错误。因此，只有认真研究应急管理的理论和实践，总结本单位突发公共事件应对处置的经验教训，学习和借鉴国内外突发公共事件应急响应中的成功方法，才能编制出科学、适用的应急预案。

（二）比照法

由于中国目前发布的突发公共事件应急预案模板适用面较窄，很多人在预案编制中不得不采用比照法。具体做法是：拿一本同类的应急预案作参照，框架不变或做部分修改，内容可用的基本不变，不可用的自己重写，最后形成与原预案面孔基本一致的预案。这种方法编制出来的预案在中国占相当大的比例。

比照法的优点是将他人的预案作为模板和范例，使用起来非常简单、省力，但容易落入照搬或模仿的窠臼；况且如果选取的参照预案本身编写得不好，所编制的预案就可能是低水平仿制。所以，用比照法编制预案，在学习完善的同时，重点在于突破和创新，真正编制出符合应急需求的预案。

三、应急预案的编制过程

应急预案编制过程一般分为下面五个步骤。

（一）成立预案编制小组

这是应急预案编制工作的重要环节，对实行应急管理的基本原则具有很重要的作用。预案编制小组的成员一般包括行政首长或其代表，消防、公交、环保、卫生、建设、城管、通信、交通等部门,广播、电视等新闻媒体,法律顾问,有关企业、上级政府或应急机构代表,技术专家等。应急预案编制工作团队组成一般应具备以下几个特点:首先,参与人员必须有足够的级别,能够代表其部门或机构在预案编制过程中作出决策和承诺。牵头部门的代表应该是主管领导或分管领导。其次,参与人员最好参加过突发公共事件的处置,具有突发公共事件处置经验。此外,这些人员还应熟悉本部门的基本情况,如部门的人员、资源与职责范围。再次,参与人员应具备专业知识和应急管理知识。专业知识是指选派人员应具有本部门业务相关的专业知识。预案编制工作团队还可以约请特邀专家,特邀专家一般是突发公共事件应急处置的专家和应急预案编制的专家,既可以从当地选择,也可以从其他地区邀请。应急预案编制工作团队的成员确定后,应拟定编制计划,制订编制工作的管理规则,明确任务分工。

(二)风险分析和评估

风险分析是应急预案编制的基础。风险分析结果不仅有助于确定应急工作的重点,提供划分预案编制优先级别的依据,而且有助于为应急准备和应急响应提供必要的信息与资料。

风险分析和评估主要包括如下几个方面:

一是建立风险管理的框架,确定问题的性质、范围与社会可接受风险的水平。

二是识别风险,描述危险源的性质、范畴及社会环境。

三是分析风险,确定社会及环境的脆弱性。

四是评估风险,将风险进行排序,确定风险是否可以接受。

五是处置风险,确定减轻风险的措施。

(三)编写应急预案

应急预案的编制必须基于重大事故风险的分析结果、应急资源需求和现状以及有关法律法规要求。此外,还应充分搜集和参阅已有的应急预案,以尽可能减少工作量和避免重复与交叉,并确保与其他相关应急预案的协调和一致。

一个应急预案通常包括如下内容:

一是总则。包含编制目的、工作原则、编制依据、使用范围等内容。

二是组织指挥体系及职责。包含应急组织机构与职责、组织体系框架描述、应急联动机制等内容。

三是预警和预防机制。包含信息监测与报告、预警预防行动、预警支持系统、预警级别及发布。

四是应急响应。包含分级响应程序、信息共享和处理、协调指挥、处置流程、应急人员的安全防护、群众的安全防护、社会力量动员与参与、事件影响的调查评估、新闻报道、终止应急等内容。

五是后期处置。包含善后处置、社会救助、保险理赔、调查评估、经验教训总结等内容。

六是保障措施。包含通信与信息保障、应急支援与装备保障、技术储备与保障、宣传、培训和演习、监督检查等内容。

七是附则。包含名词术语、缩写语和编码的定义与说明、预案管理与更新、沟通与协作、奖励与责任、制订与解释部门、预案实施或生效时间等内容。

（四）应急预案评审与发布

为保证应急预案的科学性、合理性以及与实际情况的符合性，应急预案必须经过评审，包括组织内部评审和专家评审——必要时可邀请上级应急机构进行评审。应急预案经评审通过和批准后，按有关程序进行正式发布和备案。

应急预案评审的主要标准包括如下几个方面：

一是形式完备性。包括形式和用语的规范性，要件的完整性，即预案主体内容是否完备。

二是内容合规性。法律依据是否恰当与相符，即预案是否符合有关法律法规的要求。

三是目标的针对性。即情景构建的适当性，以及处置措施是否针对这一情景。

四是内容的实用性。即应急响应级别的设计是否合理，责任分工是否合理明确，应对措施是否具体简明、管用可行等。

五是内容的可操作性。即应急资源的落实与保障性。

六是与其他相关预案的兼容性。即是否与有关应急预案进行了衔接。

应急预案经评审通过后，应当报有关部门批准，批准后进行正式发布和备案。发布指预案的责任主体机关或主管部门对应急预案的批准、公布和宣布生效的法律程序。有的单位制订了应急预案，但没有履行发布程序，从法律意义上讲就没有效力。

（五）应急预案管理与完善

应急预案应及时进行修改、更新和升级，尤其是在每一次演练和应急响应后，应认真进行评审和总结，针对实际情况的变化以及预案中所暴露出的缺陷，不断地更新、完善，以持续改进其体系。

第四节 应急预案的演练

一、应急演练的目的

依据《突发事件应急演练指南》,演练的目的包括:

一是检验预案。通过开展应急演练,查找应急预案中存在的问题,进而完善应急预案,提高应急预案的实用性和可操作性。

二是完善准备。通过开展应急演练,检查应对突发公共事件所需应急队伍、物资、装备、技术等方面的准备情况,发现不足并及时予以调整补充,做好应急准备工作。

三是锻炼队伍。通过开展应急演练,增强演练组织单位、参与单位和人员等对应急预案的熟悉程度,提高其应急处置能力。

四是磨合机制。通过开展应急演练,进一步明确相关单位和人员的职责任务,理顺工作关系,完善应急机制。

五是科普宣教。演练是最好的培训,通过开展应急演练普及应急知识,提高公众风险防范意识和自救互救等灾害应对能力。

二、应急演练的分类

从形式上看,应急演练可以分为讨论演练、功能演练、实地演练、实操演练。在实践中,应急管理部门选择哪一种演练方式,主要取决于演练管理团队的技能或经验、培训需求、地点、参演者、时间、资源等因素。

讨论演练就是指有关人员围绕特定的场景展开讨论。这种方式可以为有关人员深入探讨问题提供一个平台。讨论演练对达成共识,密切应急人员之间的关系,评估演练的有效性,形成应急管理的创新思想都具有重要的意义。这种演练方式成本低廉,参加人数较少,不需要演练环境,只需要一间会议室和一块黑板。

功能演练又称桌面演练,或称为"无军队的战术演练"。指在假定外部发生突发公共事件的情况下,相关人员按照特定的角色履行自己的责任,演练组织方利用文字、图片、地图、沙盘、视频资料等方式描述突发公共事件场景,引导参演人员口头或书面提出应急决策意见或行动意见,通常在室内完成。在此过程中,导演向参演者提供有关信息。这种演练可以培养参演者的协同性,但准备与管理起来复杂。一般来说,功能演练特别适用于应急指挥、处置救援、基层公众等各类人员和组织的演练。

实地演练就是在模拟突发公共事件现场中部署人员。它对评估现场人员的能力、组织间的联动与协调、应急预案的激活等都有巨大的作用。

实操演练是指演练组织方构建或描述一定的突发公共事件场景,参演人员实际开展必要的处置与沟通。实操演练需要在模拟的或真实的突发公共事件处置或沟通的场地进行,适用于基层自救互救演练、救援队伍操练和拉练、媒体沟通演练、突发公共事件现场服务、突发公共事件信息报告演练等。

三、应急演练的过程

应急演练的过程可以分为需求确定、分析、设计、实施、总结、改进六个阶段:

所有的演练都源于需求,包括检验、评估应急规划、程序或体系。应急演练的动因也可能是评估应急组织的绩效或者检验应急技术、装备的性能。演练管理者必须尽早与其他管理人员及利益相关者商讨,以获取更多的支持。

在应急演练需求确定之后,有关部门要对需求进行分析,并据此确定演练的目标及预期的结果。演练的目的与动机确定后,应急管理部门应考虑的因素包括场景(演练的故事情节)、时间、规模、地点、参演人员与机构、费用、装备、参演部门的备勤情况、天气情况、后勤保障、法律规范等。

设计就是要确定应急演练的类型与规模,并制订、编写演练计划。设计的内容包括确定适当的演练方式,设定演练场景,选择、任命导演人员,确定演练控制需求,确定协调制度,确定管理及后勤需求。

在实施阶段,参演人员要根据演练计划的规定,分阶段地完成演练的各项任务。演练开始之前,应急管理部门要向参演人员简要、准确地通报演练的目的及预期结果、安全问题及制度安排、沟通程序与政策、突发情况的处理、事后总结的地点等。导演在确认沟通系统良好、参演人员就位后,宣布演练开始。演练过程中,导演按照计划控制演练过程。当然,导演也可以根据实际需要,临时改变演练进程,确保预期目标得以实现。演练任务完成后,导演宣布演练结束。

演练结束后,进入总结阶段,参演人员应聚集在一起,讨论演练的过程,向演练管理部门提出问题和建议。这是一个演练评估的过程,内容包括分析演练过程、查找差距、解决问题、提出改善性建议,等等。在此基础上,导演或导演指定人员完成演练报告。

演练管理人员根据参演人员的建议,采取相应的措施,纠正演练中暴露出来的问题,包括修正应急预案、未来举行新的演练、检验改进的结果等。

四、应急演练的评估

（一）演练前：演练评估准备

一是组建演练评估组。演练评估人员应当具有一定的突发公共事件应对知识和行为评估能力。演练前应对评估人员进行指导或培训。

二是编制演练评估手册。演练评估组应以应急演练目标为基础，研究确定应急演练评估的考核要点、评估标准和方法。为便于评估作业，可设计评估表格，内容包括应急演练目标、评估方法、评价标准与相关记录项等。

（二）演练中：观察搜集数据

在演练过程中，评估人员应在演练现场仔细观察参演人员行为，认真做好记录。评估人员一般不应在演练过程中与参演人员交流或实施其他干扰参演人员活动的行为。如有需要向参演人员澄清的事项，应在演练结束后进行。

（三）演练后：完成评估报告

一是，应急演练结束后，应尽快召开应急演练评估会议，汇总情况，收集信息（包括现场点评情况），讨论交流意见建议，确定评估报告框架与内容。

二是，演练评估组应全面分析应急演练记录及相关资料，对应急演练目标实现情况及其组织过程作出客观评价，并起草应急演练评估报告。

三是，完成评估报告初稿后，演练组织方应召集各参与机构和人员对演练过程进行全面系统总结，并对演练评估报告提出修改意见。

四是，应急演练主办单位负责收集汇总各单位的意见建议，修改完善评估报告。评估报告的内容应包括应急演练基本情况和特点、主要收获和经验、存在问题及原因、工作改进意见及建议等。

演练评估工作完成后，应及时安排演练评估成果的运用。其主要任务是改进相关工作，明确近期、中期与远期的改进工作任务，修订完善应急预案，进行督查与反馈等。通常，在本轮演练发现的问题没有整改完成之前，不启动下一轮演练。

总之，应急演练要与提高实战能力有机结合，与普及应急知识有机结合，并与提高忧患意识和应急能力有机结合。针对目前演练的主要问题，一要突出重点，不要求大求全；二要注重实效，不要流于形式；三要厉行节约，不要铺张浪费；四要不怕在演练过程中发现问题；五要确保演练过程中的安全。

第五节　应急预案的修订

一、修订条件

应急预案编制是一个持续的过程,即使在公布、实施之后,还需要根据不断变化的情况经常修订。

这些情况包括:(1)经历了突发公共事件并启动了应急响应,发现了预案中的缺陷和不足;(2)经历了演练,发现了预案中存在的问题;(3)应急组织体系和职责发生了改变,如调整了责任部门,建立了新的机制;(4)应急管理相关法律法规作了修改,或出台了新的法律法规;(5)应急资源发生了重大变化,如设施和装备的构成,储存地和管理者发生了改变;(6)辖区的危险源、人口分布、重要设施和要害部门发生了改变;(7)预案体系和预案规范需要调整;(8)其他需要修订预案的情况。

即使没有上述这些必须修订预案的条件,预案也应该定期检查和修订,如重庆市政府就规定:"全市各级政府及部门(单位)应急预案原则上每三年修订一次,乡镇(街道)、村(社区)的应急预案原则上每年修订一次。"

二、修订程序

(一)修订发起

修订预案并加强演练是一个不断总结经验的过程,一个查找薄弱环节的过程,一个改进工作的过程,一个与时俱进的过程。

应急预案的修订主体是预案制订部门。修订发起人和修订程序在政府的应急预案管理办法中通常都有规定。一般情况下,预案修订申请人或建议人包括:

一是预案制订部门。对政府来说,提请预案修订的责任人应该是牵头单位或本级政府的应急管理部门(应急管理办公室或其他部门)。适用的情况包括:启动了应急响应或者举行了应急演练,应急组织体系和职责发生了改变,相关法律法规作了修改或出台了新的法律法规,预案体系和预案规范需要调整,等等。

二是应急响应的参与部门。预案中确定的应急响应的参与部门,在经过启动应急响应或者举行了应急演练之后,发现本部门不能和不便履行某些职责的,可以以书面形式告知应急预案制订单位提请修订预案。

三是其他部门。政府的规划部门、社会上的安全评价机构、预案评估机构和其他科研机构,以及相关专家学者,在工作中发现了预案需要修订的地方,如危险源、人口分布、重要设施和要害部门发生了改变及应急资源方面的变化,或其他潜在的影响因素,可以提请应急预案制订单位提请修订预案,但要附上相关证明材料。

（二）修订实施

一是修订机构。修订也是预案编制的过程,原则上应由原编制委员会承担。但由于修订任务不大,且不作重大改变,可以抽调原编制委员会的部分成员,特别是修订内容涉及的部门成员,组成修订小组。

二是修订流程。如果是根据修订建议作预案修订,一般流程是：分析修订建议；确定修订内容；审查修订内容与预案的一致性；调整；报批修订内容；发布修订内容、完成修订。

如果是定期修订预案,一般流程是：逐条分析预案；识别预案问题；确定修订内容；审查修订内容与预案的一致性；调整；报批修订内容；发布修订预案、完成修订。

📖 思考题

1. 请简述应急管理的基本内涵。
2. 请简述应急预案的分类。
3. 请简述应急预案的特点。
4. 请谈谈如何做好应急预案编制。
5. 请谈谈应急预案的演练有哪些步骤。
6. 请谈谈如何作好应急预案评估。
7. 请谈谈如何作好应急预案编制。

第五章 应急监测与预警

故事导入

2018年第22号台风"山竹"[①]

超强台风"山竹"是2018年第22号强热带风暴。9月16日17时,"山竹"在广东台山海宴镇登陆,登陆中心附近最大风力14级,给广东、广西、海南、湖南、贵州5省(区)造成严重的影响。应急管理部加强应急值守,及时研判预测灾情,事先已密集调度台风影响省份的救援部署和救灾准备,向广东、广西、海南派出应急工作组。还在9月15日,应急管理部就派出消防救援局一名副局长和救灾司司长赶赴广东,指导协助地方做好防台风工作。

9月16日上午,应急管理部与国家防汛抗旱总指挥部、交通运输部、中国气象局进行会商研判,确定台风登陆时间、地点和风力,并提出要求:第一,各单位按照气象部门研判信息,做好防台风应急准备工作;第二,盯紧盯牢重点工程、重点地区和可能引发次生事故灾害的环节,精准投放应急救援力量,充分做好各类突发公共事件应急救援准备工作;第三,消防救援要增强机动性、有效性,全力减少人民群众生命财产损失。

根据应急管理部统一部署,广东、海南、广西、云南、福建等受台风影响省(区)2万余名消防员提前作好了应急救援各项准备,将相关储备救灾物资提前调运,应急避难场所提前开放,危险区域人员提前转移安置。

在对"山竹"的应对中,防范救援一体化机制运行得更为成熟——这个机制的成功运行正是以精准、有效预警为前提的。

"聪者听于无声,明者见于未形。"监测预警是指突发公共事件"将发未发、一

[①]《应急管理部:2万余名消防战士进入核心区 做好救援准备》,《人民日报》。https://baijiahao.baidu.com/s?id=1611748434354894826&wfr=spider&for=pc

> 触即发"的窗口期，做好动态监测、准确研判，实时发布警示信息，提醒相关人员做好防范，从而最大限度避免或减少危害。

第一节 监测机制

一、监测的定义

一些突发公共事件特别是自然灾害发生往往具有一定的前兆。"山雨欲来风满楼""月晕而风，础润而雨"等古语，都反映出人们对灾害风险前兆的认知，其基础是生产生活中积累起来的经验。随着现代技术的发展，人类监测、预报风险的手段更加先进。对于可以预警的突发公共事件，社会公众可以事前响应，采取紧急抗灾或避险行动。

广义的监测是对潜在风险、危险源、危险区域等进行实时跟踪，获取相关信息后及时报送、处理并发出预警的整个流程。狭义的监测是指以科学的方法，收集重大危险源、危险区域、关键基础设施和重要防护目标等的空间分布、运行状况以及社会安全形势等有关信息，对可能引起突发公共事件的各种因素进行严密的监测，搜集有关风险和突发公共事件的资料，及时掌握风险和突发公共事件变化的第一手信息，为科学预警和及时采取有效措施提供重要信息基础。监测是一项从源头上治理危害的保障工作。简言之，监测通过对某些可能引发不利事件的风险源进行观察和测量，预防不利事件的发生，是一个实时的动态过程。

二、监测机制的定义

监测机制是由一定监测目的所决定的监测系统内各组成要素之间的相互关系和运行方式。监测机制的核心是相互关系和运行方式，关联要素是监测主体和监测对象，支持要素是时间、空间及介质。其中，监测系统是指由监测主体、监测对象和监测介质组成的用于实现监测目的的系统；监测主体指实施监测的个人或者组织；监测对象既可分为直接对象和间接对象，也可分为数据对象和实体对象；监测介质可以分为软介质和硬介质，分别指监测技术和监测设备。

三、监测机制的设计原则

监测机制在应急管理中需要遵循目的性第一原则、及时性原则以及稳健性原则。目的性第一原则要求在进行监测机制设计时，首先要明确监测的目的——监测的目的决定了监测机制的设计,从而决定了监测机制的组成和运行模式;及时性原则要求在突发公共事件发生前,监测机制能及时、快速地识别突发公共事件的预兆和早期信号,避免事件的发生;稳健性原则要求监测机制的运行不能因某个环节的错误而中断,因而,在监测机制的设计环节中要考虑监测信息传递的多渠道模式。

四、监测机制的主要内容

(一)构建突发公共事件监测网络

突发公共事件监测网络包括各种类型突发公共事件的专业监测网络以及综合性的监测网络。根据自然灾害、事故灾难、公共卫生事件和社会安全事件的种类与特点,建立健全基础信息数据库,完善监测网络,划分监测区域,确定监测点,明确监测项目,加大监测设施、设备建设,配备专职或者兼职的监测人员,对可能发生的突发公共事件进行监测。

(二)完善突发公共事件监控系统

对危险源、危险区域采用实时监控系统和危险品跨区域流动监控系统。运用现代安全管理理论和现代科技手段,通过重大危险源、危险区域现场实时监测与视频监控系统以及危险品跨区域流动监控系统,对重大危险源、危险区域进行实时监控或远程监视、预警和控制,维护重大危险源和危险区域、关键基础设施与重点防护目标的数据,预防重大事故的发生,确保重大危险源、危险区域的安全运行。

(三)健全突发公共事件信息监测制度

加强应急值守,并将其作为常态和非常态工作的基础与保障。严格执行24小时值班制度和领导带班制度;明确领导带班职责和相应的考核奖惩办法;选调政治敏锐、责任心强、熟悉业务的人员充实到值班工作岗位上去;严格岗位责任制,值班领导和值班人员要恪尽职守,认真履行职责,做到不脱岗、不漏岗,确保值班的连续性、有效性,实现突发公共事件的快速应对。

(四)推进信息报告员队伍建设

各信息报告责任主体要指定专门的信息报告员,负责应急管理有关信息的收集、整理、汇总、汇报;充分利用互联网、报刊等媒体信息资源优势,不断加强和完善社区、乡村、学校、企业等基层单位的专职或兼职信息报告员制度,扩大信息来源;每年组织信息报告员轮训,建立信息报告员培训机制,普及应急管理知识,提高信息报告质量。

五、监测的方法

监测通常要经过收集、传输和处理三个步骤，监测过程中各种常规方法常常与新兴科技手段相结合。在传统的信息监测中，如地震监测中的地震仪、水利监测中的水位标尺、山体滑坡监测中的钻孔测斜仪、气象监测中的风速仪等，都是进行相关物理监测工作必不可少的工具。监控技术、遥感技术与定位技术的不断发展，使得视频图像监测、卫星遥感监测、雷达遥感监测、地理信息系统（GIS）、全球定位系统（GPS）得到了广泛的应用；伴随着时代的发展，大数据、互联网技术在突发公共事件监测、预警方面也得到了更多的应用，使得监测、预警更加有效、快捷。

（一）视频图像监测

利用突发公共事件现场的固定或移动摄像头，对特定区域内的监测对象进行不定期、定期或实时动态监视，将采集到的现场图像、语音或视频等资料，通过有线或无线网络迅速传送到后方监视中心，由值班人员进行汇总处理。视频图像监测直观可视，现场情形一目了然，可以有效减少人力奔波，提高决策指挥的科学性与效率。摄像机可分为网络数字摄像机和模拟摄像机，用作前端视频图像信号的采集。视频图像监测系统以其直观、准确、及时和信息内容丰富而得到广泛应用。

（二）卫星遥感监测

卫星遥感技术广泛应用于对各种自然灾害类突发公共事件的监测，具有范围广、周期短和全天候观测等特点，对灾害的监视评估、预测预警、应急响应、恢复重建等方面发挥了非常重要的作用。我国是世界上少数几个同时拥有极轨气象卫星和静止气象卫星的国家之一，这些卫星为资源、环境研究和国民经济建设提供了宝贵的空间图像数据。

（三）雷达遥感监测

在事发现场比较混乱、抢险压力极大的情况下，如泥石流、地震、森林草原火灾、洪涝等大型突发性灾害发生时，常规监测手段难以快速、准确、全面地监测预报，而利用雷达遥感技术可以弥补常规监测手段的缺陷，迅速获取灾区的全面景象，及时展开自然灾害成因研究与灾情调查，为抢险救灾行动提供第一手资料。特别是在地震、泥石流等突发性灾害中，有关部门使用雷达遥感技术搜集灾区数据信息，为抢险救灾指挥部的决策提供了重要的参考资料。

(四)地理信息系统

地理信息系统结合地理学与地图学以及遥感和计算机科学,已经广泛应用在不同领域,是用于输入、存储、查询、分析和显示地理数据的计算机系统。GIS 是一种基于计算机的工具,可以对空间信息进行分析和处理——简而言之,是对地球上存在的现象和发生的事件进行成图和分析。

GIS 技术把地图这种独特的视觉化效果和地理分析功能与一般的数据库操作(例如查询和统计分析等)集成在一起。地理信息系统在与空间信息相关的众多领域应用广泛,如交通运输、资源调查、农林牧业、城市规划等。通过绘制风险地图等行为,地理信息系统在自然灾害和环境类突发公共事件的风险评估与管理方面有着重大作用。

(五)全球定位系统

全球定位系统是一种以空中卫星为基础的高精度无线电导航的定位系统。该系统利用多颗卫星对地面物体测距,经过汇总计算分析之后得出物体的具体方位。全球定位系统最初主要用于军事,现广泛应用于民用飞机、船舶、汽车等交通工具的定位导航,具有精度高、实时、多功能、全天候、操作简便等优点,可以很好地监测地壳变动与位移情况。在灾区应急救援中,可以快速定位相关的地理位置与搜索救援目标。

在信息化和大数据时代,突发公共事件信息监测较以往有了巨大的改变。突发公共事件发生后,数量巨大的网民通过微博、微信、百度贴吧、论坛等各种途径方便、快捷、自由地发表自己的言论和观点,利用大数据技术采集和分析这些信息,可以帮助政府有关部门掌握突发公共事件的舆情信息。

第二节 信息报告机制

一、信息报告的主体

突发公共事件的信息报告主体包括政府、企业、媒体、非政府机构、公众等。在突发公共事件的信息沟通机制中,处于主导地位的是政府,媒体起着桥梁沟通作用,民众是风险信息的最终接受者。

从应急管理主体的角度看,突发公共事件所在地的人民政府是信息报告的主体,专业机构、监测网点和信息报告员是所在地政府及有关部门的重要信息源。《突发事件应对法》规定："地方各级人民政府应当按照国家有关规定向上级人民政府报送突发事件信息。""专业机构、监测网点和信息报告员应当及时向所在地人民政府及其有关主管部门报告突发事件信息"。另外，《突发事件应对法》还规定："获悉突发事件信息的公民、法人或者其他组织，应当立即向所在地人民政府、有关主管部门或者指定的专业机构报告。"也就是说，所有个人和组织都有义务向政府及有关部门报告突发公共事件信息。

我国突发公共事件信息报告主体及责任制的建立，为突发公共事件信息收集的多渠道、责任化提供了保障机制：一方面，分类管理原则和属地管理原则为突发公共事件信息上报提供了双渠道、双保险，使信息报告主体之间形成一定的竞争关系，确保了突发公共事件信息报告渠道的畅通；另一方面，信息报告主体责任制则明确了信息报告的责任是人民政府渠道，而非有关行政主管部门渠道，行政主管部门渠道上报的信息在一定程度上是对人民政府渠道的督促、补充和核证。

二、信息报告的原则

做好信息报告工作是维护社会稳定的重要条件。随着群众安全意识的提高，新闻媒体、社会舆论对突发公共事件的关注度越来越高，稍有不慎，就有可能造成社会恐慌，影响社会稳定。信息报告处理得当，有利于快速有效处置事件，避免造成严重的不良社会影响。为更好地发挥突发公共事件信息报告的作用，信息报告应遵循以下五大原则。

（一）分级报告原则

分级报告是指根据突发公共事件的大小逐级上报突发公共事件信息。分级报告原则为突发公共事件信息报告和管理的程序化奠定了基础。根据《突发事件应对法》，我国突发公共事件一般分为"一般""较大""重大"和"特别重大"四个级别。其中，特别重大、重大突发公共事件信息要向国务院报告，可能引发特别重大、重大突发公共事件的预测预警信息也要向国务院报告。省级人民政府负责向应急管理部报告特别重大、重大突发公共事件信息，国务院有关部门按照各自职责，负责向国务院报告相关类别的特别重大、重大突发公共事件信息。

我国《自然灾害情况统计调查制度》要求："本行政区域内发生自然灾害后，县级应急管理部门应在灾害发生后的2小时内，将反映灾害基本情况的主要指标向地（市）级应急管理部门报告（含分乡镇数据），包括灾害种类、发生时间、受灾人口、因灾死亡失踪人口、紧急转移安置人口、需紧急生活救助人口。地（市）级应急管理部门在接到县级报表后，应在2小时内审核、汇总数据，并将本行政区域汇总数据（含分县数据）向省级应急管理部门报告。省级应急管理部门在接到地（市）级报表后，应在2小时内审核、汇总数据，并将本行政区域汇总数据（含地市、县、乡镇数据）向应急管理部报告。"这些要求中，从县级至地（市）级再至省级应急管理部门的报告过程，正是分级报告原则的体现。

（二）主动性原则

主动性原则是指信息报告主体获知突发公共事件线索后，要及时主动调查核实与上报。对达到或可能达到突发公共事件标准的情况，要立即电话报告，同时编报书面信息上报；处置过程中，要密切跟踪事态进展，全面掌握相关情况，加大续报工作力度；处置结束后，要及时核报。对于敏感信息、预警预测信息、可能引发重大以上突发公共事件的信息，以及社会舆论广泛关注的热点、焦点事件，要加强分析研判并及时报告，不拘泥于分级标准的相关规定。

（三）准确性原则

突发公共事件信息报告的准确性是指，突发公共事件的知情人报告的信息在内容上必须符合完整性、真实性和有效性要求，不得有重大遗漏、虚假或不可利用性。我国《统计法》第7条规定："国家机关、企业事业单位和其他组织及个体工商户和个人等统计调查对象，必须依照本法和国家有关规定，真实、准确、完整、及时地提供统计调查所需的资料，不得提供不真实或者不完整的统计资料，不得迟报、拒报统计资料。"我国《特别重大自然灾害损失统计调查制度》要求按照《统计法》所规定，为保障源头数据质量，做到数出有据，调查单位应该"设置原始记录、统计台账，建立健全统计资料的审核、签署、交接、归档等管理制度。"以上要求均体现了突发公共事件信息报告的准确性原则。

（四）时效性原则

时效性原则是指各地区、各部门要确立首报意识，突发公共事件发生后，要采取一切措施尽快掌握情况，报告信息。根据《突发事件应对法》《国家突发公共事件总体应急预案》等有关规定，特殊情况下，事发地市、县级人民政府在向上级人民政府报告突发公共事件信息的同时，可直接向国务院及有关部门报告情况。例如，《自然灾害情况统计调查制度》要求，本行政区域内发生自然灾害后，县级应急管理部门应在灾害发生后的2小时内向地（市）级应急管理部门报告；地（市）级应急管理部门在接到县级报表后，应在2小时内向省级应急管理部门报告；省级应急管理部门在接到地（市）级报表后，应在2小时内向应急管理部报告。上述要求均是时效性原则的体现。思则有备，有备无患，突发公共事件信息报告在某种程度上就是和时间赛跑，只有更快速便捷地获取信息，才能准确地研判灾情，调度救援力量和资源，降低灾害事故对人们产生的影响。

(五)"零报告"原则

"零报告"是指无论实际是否有新情况、新变化、新进展,都要进行报告。"零报告"原则或制度,一般用于突发公共事件发生之后到事态稳定之前,进行持续报告。《自然灾害情况统计调查制度》要求:"在灾情稳定前,省、地(市)、县三级应急管理部门均须执行24小时零报告制度。24小时零报告制度是指在灾害发展过程中,地方各级应急管理部门每24小时须上报一次灾情和救援救灾工作动态,即使数据没有变化也须上报,直至灾害过程结束。"

第三节 研判机制

一、研判的定义和目标

研判是指借助现代先进信息技术和经验教训,在及时、准确、全面捕捉突发公共事件征兆后,对已采集、整合的信息进行分析研究,多角度、多层次、全方位地评估本地区、本单位、本部门的公共安全形势,及时发现倾向性、苗头性问题,为预警信息发布和采取预警措施提供决策依据。

研判的目标是从思路、方法、程序等各个环节整体把握、统筹考虑,以制度规范为约束,以程序操作为重点,以科学评判为目的,建立立体化、多层次、全方位的信息收集和分析网络,运用科学的信息评估方法,提高信息评估的及时性和准确性,实现对突发公共事件的早发现、早研判,为科学决策提供依据。

研判是信息采集和整合的后续,也是数据分析和判定的结合。突发公共事件形势研判是处置突发公共事件前期工作的重要手段,其目的在于通过反馈各种有关突发公共事件处理工作的评价、意见或建议,对突发公共事件处理过程进行干预和影响,促进突发公共事件应急管理水平的提高。如果缺乏必要的研判环节,或者研判出现偏差和错误,必然会影响后期的应急响应工作。《突发事件应对法》规定,发布三级、四级警报,宣布进入预警期后,县级以上地方各级人民政府应当根据即将发生的突发事件的特点和可能造成的危害,组织有关部门和机构、专业技术人员、有关专家学者,随时对突发事件信息进行分析评估,预测发生突发事件可能性的大小、影响范围和强度,以及可能发生的突发事件的级别。

二、研判的内容

研判的内容包括判断突发公共事件是否发生及其发展态势,次生、衍生灾害是否发生及其发展态势,以及突发公共事件发生后可能造成的后果等。

三、研判的流程

突发公共事件形势研判的流程主要包括信息收集、信息筛选、研判分析、预警决策。信息收集是有效防范和处置各种突发公共事件的前提,也是进行形势研判的基础。《突发事件应对法》规定,县级以上人民政府及其有关部门、专业机构应当通过多种途径收集突发公共事件信息。只有全面收集汇总信息,才能准确认识突发公共事件的现状,进而进行深入细致的分析。由于新媒体时代信息传输速度极快,很多突发公共事件信息都是通过移动终端在网络社交媒体上发布的,可能会存在许多歪曲事实和不实信息掺杂在真实的信息中,真实的信息中也存在一些无用的信息。因此,在收集信息后需要分类和筛选,确保信息的真实可靠和后期研判的科学性。研判分析是突发公共事件形势研判的关键环节,需要组织有关部门和机构、专业技术人员、有关专家学者对采集、筛选过的信息进行分析研究,预测发生突发公共事件可能性的大小、影响范围和强度,以及可能发生的突发公共事件的级别,为预警信息的发布和采取预警措施提供决策依据。经过研判分析之后,应急响应机构根据研判的结果,确定相应的预警级别,及时发布预警信息,并采取相应的预警措施,将突发公共事件可能造成的损失降到最低。

四、研判的注意事项

(一)完善信息收集制度,注重对信息的分析

首先需要建立健全灾害信息收集制度。灾害信息的收集是进行研判的信息基础,必须建立各种历史数据、各类统计数据、各种现场监测监控信息的收集制度;完善政府突发公共事件信息报告制度和相关部门单位突发公共事件的信息直报制度;强化基层单位的信息巡查力度,提高信息报告质量;完善相关部门和地区之间的横向信息通报制度,建立突发公共事件信息共享机制;加强对热线受理的举报投诉信息、专家群众来信来访信息以及报刊、互联网登载信息的收集力度,特别是信息化时代新兴媒体海量信息的收集和分析力度。

(二)加强专业研判机制建设,注重多部门、多学科的综合研判

建立健全灾害信息评估研判制度,为灾害预警提供依据。根据突发公共事件的发生发展规律,分析重大危险源和危险区域、关键基础设施和重点防护目标,对省、市部门的监测

数据以及案例库、知识库、空间信息等数据进行隐患分析和风险评估，对突发公共事件发生后形成的各种物理参数的强度与时空进行分析，预测事件可能的影响范围、影响方式、持续时间和危害程度等，综合研判事件后果（包括人员伤亡、经济损失、重要工程受损情况、生命线系统受损情况、重点防护目标及次生、衍生灾害发生的可能性等），为灾害预警提供科学依据。

（三）加强预测能力机制建设，注重对次生、衍生灾害的分析

在研判过程中，应注重预测能力，掌握知识和技能，比如地震后对次生、衍生灾害的研判问题；同时注重基础资料的收集（包括居民状况、自然地理、文化风俗、民族宗教、文化教育和经济发展等），以及灾害链之间的关系和影响。

（四）完善研判组织机制建设，注重动态与全过程研判

研判的组织体系是保证研判成功的关键。单部门的研判会受到部门职责和专业知识的局限，难以对突发公共事件进行全面评估，因此，必须建立多部门与多专业相结合、政府与专家群众相结合的综合研判机制，保证研判组织建设的科学性。同时，研判活动是贯穿突发公共事件全过程的，要注重根据收集的信息及时按需进行动态研判。

第四节　预警机制

预警是应急管理的重要环节之一。科学的预警可以使应急管理人员和公众及时了解与掌握灾害的类型、强度及演变态势，为抑制灾害的进一步发展和防范次生、衍生灾害的发生提供客观依据，为实现"预防为主、关口前移"的应急管理提供科学支撑。

一、预警的目标

预警的目的有两个：一是及时搜集和发现信息，对搜集到的信息进行快速分析处理，然后根据科学的信息判断标准和信息确认程序，对爆发突发公共事件的可能性作出准确预测和判断；二是及时向有关人员和公众发布突发公共事件可能发生或即将发生的信息，以引起有关人员和全社会的警惕。

围绕预警的目的，预警的目标主要是及时发布预警信息，确定科学有效的预警措施，有效降低即将发生的突发公共事件的危害。具体来说，是通过迅捷、有效地将预警信息传递给

广大受突发公共事件影响的区域和人员,提高这些区域和人员在灾情爆发扩大前采取有效对策的能力,从而实现超前部署和及时部署,防患于未然。

二、预警的原则

(一)时效性原则

从突发公共事件征兆到全面爆发具有很高的不确定性,事态演变极其迅速,需要借助现代先进技术,及时、准确、全面捕捉信息,并对各类信息进行多角度、多层面研判,及时向特定的群体传递并发出警示。因此,预警工作的开展一般需要建立灵敏、快速的信息搜集、信息传递、信息处理、信息识别和信息发布系统,这一系统的任何一个环节都必须建立在快速的基础上,失去了时效性,预警就失去了意义。

(二)准确性原则

预警不仅要求快速搜集和处理信息,更重要的是要对复杂多变的信息尽可能作出准确或比较准确的判断,这关系到整个应急管理的成败。要在短时间内对复杂的信息作出正确判断,必须事先针对各种突发公共事件制定出科学、实用的信息判断标准和确认程序,并严格按照制定的标准和程序进行判断,避免信息判断及其过程的随意性。当然,提高预警准确性的关键是提高科学技术水平。

(三)动态性原则

预警信息的收集和发布是一个动态过程。由于预警信息采样的时效性特征和突发公共事件本身的动态性,使得某一时间发布的预警仅能针对当时的研判结果。然而,突发公共事件是在不断变化的,必须根据动态的研判结论对预警信息进行相应的调整。

(四)多途径原则

突发公共事件预警机制建设必须综合考虑各种潜在的不稳定因素及其相互的关联等复杂问题与状况。同时,突发公共事件预警涉及政府、企业、公民等多个组织和多个系统,是一个复杂的、综合的系统工程,需要彼此协调配合。以典型气象预报——地质灾害预警为例,气象部门发布预警时应及时向自然资源部门、应急管理部门传递相关气象数据,以便于进行综合预警。建立有效的协同预警机制,开展综合预警,能够提高重大突发公共事件的处置效率。

三、预警信息发布、报告、通告和解除

预警信息的主要内容应该具体、明确,要向公众讲清楚突发公共事件的类别、预警级别、起始时间、可能影响范围、警示事项、应采取的措施和发布机关等。

为了使更多的公众接收到预警信息,并能够及早做好相关的应对、准备工作,预警信息的发布、调整和解除要通过广播、电视、报刊、通信、信息网络、警报器、宣传车或组织人员逐户通知等方式进行。对老、幼、病、残、孕等特殊人群以及学校等特殊场所和警报盲区,要视具体情形采取有针对性的公告方式。

全面、准确地收集、传递、处理和发布突发公共事件预警信息,既有利于应急处置机构对事态发展进行科学分析并最终作出准确判断,从而采取有效措施将危机消灭在萌芽状态,为突发公共事件发生后具体应急工作的开展赢得宝贵的准备时间;有利于社会公众知晓突发公共事件的发展态势,以便及时采取有效防护措施避免损失,并作好有关自救、他救准备。

突发公共事件预警信息的发布、报告和通报工作,是建立健全突发公共事件预警机制的关键性环节。建立突发公共事件预警信息制度,主要包括:

(一)完善信息监控制度

有关政府要针对各种可能发生的突发公共事件,不断完善监控方法和程序,建立完善事故隐患和危险源监控制度,并及时维护更新,确保监控质量。

(二)建立健全信息报告制度

一方面要加强地方各级政府与上级政府、当地驻军、相邻地区政府的信息报告、通报工作,使信息能够在有效时间内传递到行政组织内部的相应层级,有效发挥应急预警的作用;另一方面要拓宽信息报告渠道,建立社会公众信息报告和举报制度,鼓励任何单位和个人向政府及有关部门报告突发公共事件隐患。同时,要不断尝试新的社会公众信息反馈渠道,如开通网上论坛,设立专门的接待日、民情热线、直通有关领导的紧急事件专线连接等。

(三)建立严格的信息发布制度

一方面要完善预警信息发布标准,对可能发生和可以预警的突发公共事件进行预警规范预警标志,制定相应的发布标准,同时明确规定相关政府、主要负责单位及协作单位应当履行的职责和义务;另一方面要建立广泛的预警信息发布渠道,因地制宜,充分利用口哨、喇叭、铜锣、警笛、广播、电视、报纸、电话、手机短信、街区显示屏和互联网等多种形式发布预警信息,确保广大人民群众在第一时间掌握预警信息,使其及时采取有效防御措施,达到减少人员伤亡和财产损失的目的。

预警信息的发布和解除需要按照相关规定填写发布单与解除单。

另外,单一事件在发生、发展到应对完毕的整个过程中,存在预警级别动态变化的情况,突发公共事件初起时的预警级别可能较低,随着事态进一步扩大,预警级别可能上升,反之亦然。如果有关部门不及时更新、调整预警级别,很可能造成重大损失或付出不应有的代价。随着突发公共事件的演变及相关处置手段的干预,突发公共事件的发展态势可能逐渐变弱,这就需要及时解除预警,避免民众长时间的恐慌心理而带来不必要的影响。

思考题

1. 监测的基本内涵是什么?
2. 应急监测有哪些方法?
3. 大数据背景下如何做好应急监测?
4. 应急监测与预警包含哪些过程与环节?
5. 信息报告的基本原则有哪些?
6. 应急研判机制包含哪些内容?
7. 应急预警机制的基本内容有哪些?

第六章　应急响应管理

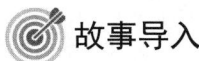故事导入

2020年全国新冠疫情响应[①]

2020年1月下旬，面对突然暴发的新冠疫情，全国31个省（区、市）先后启动了突发公共卫生事件应急响应：22日，湖北省启动突发公共卫生事件二级响应；23日，浙江、广东、湖南3个省份启动突发公共卫生事件一级响应；24日，湖北省启动突发公共卫生事件一级响应。同时，安徽、天津、北京、上海、重庆、四川、江西、云南、贵州、山东、福建、广西、河北等13个省（区、市）也相应启动了突发公共卫生事件一级响应，海南省启动突发公共卫生事件二级响应；25日，江苏、海南、新疆、河南、黑龙江、甘肃、辽宁、山西、陕西、青海、吉林、宁夏、内蒙古等13个省（区、市）启动突发公共卫生事件一级响应；30日，西藏自治区启动突发公共卫生事件一级响应。

从应急管理专业视角看，各地最初启动的应急响应级别虽然有所不同，但对于提高应急预案体系建设与运行效能，提升应急处突能力与水平发挥了重要作用。突发公共事件进行有效的响应，其活动主要包括：确保受突发公共事件影响区域的安全，对受突发公共事件影响威胁的地区进行疏散，对突发公共事件现场进行搜索和救援，对伤者提供应急医疗救助，为被疏散者及其他社会公众提供应急避难场所。在应急响应阶段，需要做到以下几点：一是要最大限度地保障社会公众的生命和健康安全；二是在接到突发公共事件预警信息后，立即采取相应措施，化解险情于萌芽状态；三是在突发公共事件发生之后，启动相关应急预案，采取相应措施，及时控制突发公共事件的恶化或扩大，最终将其控制并恢复到常态，严防次生灾害的发生。

[①]《全国应急响应级别汇总：5省份处于二级 24地降为三级》，人民网。http://society.people.com.cn/n1/2020/0508/c1008-31701312.html

第一节　应急响应的类型及功能

对于应急响应来说，不仅包括突发公共事件发生后才进行的响应，还包括可以预警的突发公共事件即将发生时，相关职能部门采取的补充性减缓措施或疏散人民群众的行动，这也都属于应急响应的范畴。

一、应急响应的类型

（一）基于预警的应急响应

响应行动是在突发公共事件的事态趋于稳定前所采取的一系列紧急处置措施，旨在保护公众，减轻原生灾害的损失，最大限度地减轻二次灾害的损失。应急响应不仅仅要解决当前紧迫的问题，比如展开急救、搜索与救援，提供避难场所等，还包括对相关问题的协调处理。另外，对于关键基础设施的快速恢复也属于应急响应的范畴，比如恢复供电、通信及打通交通要道等。

应急响应并非开始在突发公共事件发生后再进行，当突发公共事件即将来临且不可避免时就应开展应急响应。在此阶段，主要采取的应急响应措施有：一是预警与疏散，应急管理部门应向可能受到突发公共事件影响区域内的社会公众发出预警警报，确保其采取正确的避灾措施；二是预置资源及其相关配套装备下发到受灾影响区域；三是补充性减缓或者准备措施。

（二）基于处置的应急响应

突发公共事件发生后，应急管理部门应迅速采取处置措施，主要措施包括：（1）搜索与救援。搜救可分为农村搜救、城市搜救、水上搜救及空中搜救等，主要目的是寻找被困者，并将其转移到远离危险的地带。具体来说主要包括以下具体活动：寻找失踪者，确定被困者位置，制订、实施搜救战略，将被困者安全解救出来；提供初步的急救处理；将被困者转移到安全地带，并进一步治疗。（2）医疗急救。在伤者众多、医疗资源有限的情况下，应急响应者应对伤者进行检伤分类，分轻重缓急予以救治。（3）疏散。疏散要求预先指定集结地点，使人们沿着安全的疏散路线到达安全的避难场所。（4）开展灾害事故评估。包括灾情评估和需求评估。应急管理者在响应阶段必须经常进行损失评估，以便协调装备及物资，并将其送达最需要的地方。此外,应急响应者需要对恢复阶段进行预测,根据损失评估,确定恢复阶段的资金、政策需求。(5)处置危险源影响,如灭火、抗洪、除雪铲冰等。(6)提供水、食品及避难场所。(7)进行卫生管理。包括对人与动物尸体进行妥善处理,防止传染病疫情的发生。(8)维持治安。包括维持社会秩序,避免出现趁火打劫等刑事犯罪的发生。(9)提供社会心理咨询服务。突发公共事件发生后,人的情感、认知、生理及人际关系都会出现问题,如恐惧、易怒、焦虑、不自信、疲惫、头痛、人际冲突增多等,应急响应者应提供心理咨询服务,以解决这些问题。(10)恢复关键性基础设施。主要是交通、通信、供水、供电、供气等基础设施的服务应尽快恢复。(11)对捐赠进行管理。(12)协调。应急管理者需要与专业人员、志愿者进行良好的合作,形成应急响应合力。需要注意的是,应急响应活动除了对突发公共事件造成的直接影响进行处置外,还要预防和控制次生致灾因子,比如,扑灭地震引发的火灾、净化洪水过后被污染的供水等。

二、应急响应功能

应急响应的功能主要包括应急评估、影响处置、安全保护、调度资源四个方面。首先,响应要在对可能受到的威胁进行探查的基础上,预测其潜在的影响,决定如何进行应对;其次,响应需要采取适当的行动,限制灾害影响的范围,避免突发公共事件的扩大、升级;再次,响应要采取保护性措施,最大限度地避免人员的伤亡;最后,动员、调度各种资源,对突发公共事件进行处置。

应急评估主要包括灾情评估和需求评估两类。灾情评估又称损失评估,主要显示突发公共事件的影响结果,内容包括影响范围、影响人数、伤亡人数、伤病类型、影响特征与条件,医疗、健康、营养、水、卫生情况,风险源影响,基础设施与关键设施的损坏程度,民宅及商业建筑的损失,农业及食物配送系统的损失,受灾公众的脆弱性,正在进行的响应行动,等等。需求评估主要显示为应对突发公共事件所需要的服务与资源。需求评估主要采取以下方法:收集内部信息;观察,包括使用卫星图像、航拍、驱车巡视等手段;抽样调查,访谈受灾公众代表;监测,某些灾害特征或预警信号预示着更大的风险;持续访谈,指定专人不断收集支撑评估的数据;采访信息员,一些受灾人士可以提供有关灾情和需求的信息,需要被确定为信息员,职责是经常报告掌握的最新情况。经过灾情评估和需求评估,应急决策者可以对突发公共事件的情势进行正确把握,从而作出清晰的判断和应急决策。

影响处置简单来说就是指对危险源的影响进行处置。危险源的影响可分为三类:第一类是响应行动开展前,影响已经结束,如地震;第二类是影响持续,但相应行动不能限制或消除影响,如寒潮或热浪;第三类是影响持续,但响应行动可以对其进行限制或消除。影响处置就是应对第三类影响。

在应急响应中,人们采取的安全保护性措施主要包括以下内容:(1)选择采取何种类型的保护性行动。例如,在突发公共事件发生时,确定不同地区的居民应该原地避险还是转移。(2)向可能受到影响的公众发出警报。确保信息源的权威性、传播渠道的多样性和信息的简洁性、通俗性。(3)实施保护性行动。(4)对危险区域进行封锁、控制,主要目的是防止突发公共事件影响扩大,并为顺利处置创造有利的环境。(5)开展搜救行动。为了避免发生次生灾害,搜救应由专业人员携带专业工具进行。(6)接收、照顾灾民,解决灾民的食物、饮水、衣服、住宿、医疗问题,保证他们有饭吃、有水喝、有衣穿、有地方住、有病能看医生。(7)远离危险源。社会公众与应急响应人员要尽量远离危险源。特别是在响应过程中,应急响应人员要采取防护措施,避免产生更多的损失。(8)减轻环境影响,确保环境污染得到消除,防止社会公众健康受到损害。

应急响应需要多个部门之间协调,动员外部资源形成应急响应合力。因此,应急资源的动员与调度非常重要。主要活动如下:通知或动员相关机构,动员有关应急装备和设施,沟通、分析或规划,内部指挥与控制,公共信息发布,财务保障,后勤,外部协调。

第二节 应急响应的监测预警

《中华人民共和国突发事件应对法》明确提出了应对突发公共事件的必要措施是建立监测预警响应系统。监测预警系统通过太空站、专门仪器设备、各种媒体等途径,随时收集、处理相关灾害信息,对突发公共事件发生可能性较大的领域所发生的各种异常情况进行连续监测,从而在各种信号显示突发公共事件危机来临时及时向组织和个人发出警报,提醒组织和个人对突发公共事件危机采取响应行动。通过充分利用各种高科技手段,建立全天候运行的突发公共事件监测预警网络,可以及时收集信息,预防和减少突发公共事件的发生,控制、减轻和消除突发公共事件引起的社会危害,规范突发公共事件的应对活动,保护人民群众的生命财产安全,维护国家安全、公共安全、环境安全和社会秩序等。

从应急管理过程角度来看,可以把应急管理分为事前、事中、事后三大环节,并将监测预警响应系统归入应急响应体系的事前响应,而全面应急响应管理下的监测预警响应系统建设将监测预警响应渗透应急管理全过程,进而提高应急响应效率。

一、监测预警响应系统建设的特点及结构

应急管理过程的监测预警响应系统通过借助先进的信息技术,可以增强应对能力,保持信息畅通,有效监控事态的发展,减少损失,保持社会稳定。该系统的特点主要是:个案快

速上报,应对响应及时,信息交流通畅,联络指挥高效,信息发布权威,提供基于互联网的信息平台,进而建立针对各类事件的案例数据库、预案知识库、预警模型数据库,为预防、监控和妥善处理突发公共事件提供科学依据。其监测预警对象包括自然灾害、事故灾难、公共卫生事件和社会安全事件等。

监测预警响应系统主要由突发公共事件信息收集与动态监测系统、预测预警评估系统、事件上报处理和信息发布系统三个子系统构成。

该系统的平时管理功能是为满足应急指挥中心在非应急状态下的日常工作需要而实现的,通过对国内外灾害事件汇总分析、预警准备、突发公共事件管理、综合查询、预案管理、知识库管理、方法库管理、情报管理、日常办公、外事管理等功能的执行管理,达到预测、预防突发公共事件的目的。

二、信息收集与动态监测系统

突发公共事件的发生具有分散性、隐蔽性、积聚性和突发性的特点,因此,根据这些特点建立了基于呼叫中心的信息收集和上报动态监测系统,通过互联网、短信、电话、传真等手段上报监测数据,并且系统分析日常管理的系统数据、日常管理作业流程及其他相关的应用系统是否存在突发公共事件的隐患,随后将监测数据存储到数据仓库中,利用各种数据挖掘工具,进行突发公共事件信息的挖掘分析,做到对突发公共事件及早发现、消灭,提前预防、及时处理。

(一)指标体系的管理

突发公共事件信息收集系统与动态监测系统对监测和预警中用到的指标体系进行管理,根据系统需要对指标体系进行动态修改和完善,保证监测预警的有效进行。指标管理子系统对指标的确定进行决策支持,以信息手段提高指标体系的科学性、合理性和可行性。

(二)通过呼叫中心获取监测数据

突发公共事件应对监测预警系统必须建立在多样化、可扩展的可靠信息渠道上,采用呼叫中心的形式收集相关信息以解决预警系统中必需的数据来源问题,各地信息采集站、应急指挥分中心和公众通过呼叫中心报告紧急事件信息——报告形式可以是互联网、短信、电话传真等手段。通过基于互联网的信息平台将上报的信息保存在应急指挥中心的数据库中。呼叫中心通过互联网、短信、电话、传真等多种手段将各级各类监测机构采集的信息收集,突破了以往单纯依赖电话或者网站等单一手段采集信息的局限性;并采用多种方式对收集到的数据或者报警信息及时记录,使各种信息有据可查,杜绝谎报警情的行为发生,保证了数据和报警信息的有效准确,从而做到实时响应和全方位监测预警;同时将呼叫中心嵌入信息系统,实现了信息资源的整合。

(三)动态监测

系统依据选择的动态监测指标,采用实时取值方法,对一定时期内的指标进行实时监测,并形成监测报告。监测子系统能够完成指标的即时查询、汇总、对比、分析等功能,并将监测结果以柱状图、折线图的形式进行表达。

三、预测预警评估系统

(一)预测预警评估系统

根据坚持预防为主的原则,突发公共事件应急系统需要根据不同专业特点建立各种突发公共事件预测预警系统,分析预警监测对象,在预警值接近安全同值时发出相应级别警报,决定并宣布有关地区进入预警期,同时报告上级人民政府;并对预警指标进行分析,找出警情产生的根源,以便启动应急预案。灾情评估是突发公共事件预警系统的重要环节,是制订减灾对策的科学依据。建立科学有效的评估方法可有效减少灾情的损失,其内容包括:建立完整的评价体系,由评估主体(主要由各类突发公共事件研究的专家组成)、评价目标(分析突发公共事件的严重程度,确定相应级别)、评价指标体系、评价模式、评价结构、评价全体等构成,开展灾前评估和灾后评价;主要对突发公共事件的发生原因、发展趋势以及当前形势进行分析,得出控制突发公共事件的有效方法,最大限度地减少人员伤亡和财产损失。

(二)预警级别的确定与预警信息显示

在突发公共事件动态监测预警系统中可采用景气灯号模型进行预警。所谓景气灯号,就是采用类似于交通管制信号系统的方法(即灯号显示法)来反映不同类型突发公共事件预警指标的变化状况与变化趋势。按照突发公共事件发生的紧急程度、发展态势和可能造成的危害程度,将预警级别分为Ⅰ级、Ⅱ级、Ⅲ级、Ⅳ级,分别用红色、橙色、黄色和蓝色表示,Ⅰ级为最高级别。

第三节　应急响应的协同联动机制

由于当前大多数城市实行的是分灾种、分部门的单一城市灾害应急管理模式,各个城市都需要储备大量的应急资源。但由于突发公共事件日益常态化,应急资源很难满足非常规突发公共事件应急救援的要求,这就需要在区域间构建突发公共事件应急协同联动机制,将优势资源共享并进行优化组合,以降低应急资源配置成本,减少因重复建设而导致的应急资源浪费,提高社会整体应急救援水平。

一、协同联动机制的内涵及形式

应急响应管理过程的协同联动机制,就是在应急管理过程中有效地组织多部门或多区域政府良好沟通,实现信息共享,整合应急资源,联合行动,协同处置突发公共事件的规范化运作模式。突发公共事件协同联动机制的内涵可以从四个方面来理解:一是突发公共事件协同联动指两个或两个以上部门或区域政府之间的合作;二是协同联动机制的建立以合作为基础,协同联动是提升突发公共事件应急保障能力的有效方略;三是突发公共事件管理协同联动是由合作博弈引发的,根本目的是实现应急管理的优势共享与资源互补;四是突发公共事件协同联动需要有约束双方或多方的协定。突发公共事件协同联动的响应是应对突发公共事件、增强应急处置能力的一种新理念,是地方政府为充分发挥自身优势和弥补劣势而作出的战略选择。突发公共事件协同联动响应是一个动态过程,要想使突发公共事件协同联动系统演化状态趋于稳定,就要依靠突发公共事件协同联动主体间的协同合作机制。同时,突发公共事件协同联动响应是一个复杂的组织系统,具有自组织特征:首先,协同联动响应位于开放环境中,需要与外界发生物质、能量和信息交换。突发公共事件发生后,应急管理主体需要从外界获取相关信息,调运大型应急装备,也需要专业救援队伍和志愿者队伍的协助。其次,应急管理联动区域的子区域内部以及子区域之间存在竞争与合作关系,而合作与竞争本质上是非线性的,其结果是应急管理联动区域内各子系统之间发展不平衡,系统处于远离平衡的状态。最后,应急管理联动区域中存在着调节物质循环和能量流动的负反馈与正反馈,系统内复杂的相互作用可能产生协同效应,推动区域突发公共事件联动机制有序发展。

二、协同联动机制构建的基本原则

一是效率性原则。突发公共事件协同联动的效率性至关重要,突发公共事件一旦发生,须迅速调集应急资源进行应急处置。只有合理有效地使用应急资源,不断降低耗费与占用应急资源所产生的无效成本和沉没成本等,才符合效率性原则的要求。

二是管控结合原则。突发公共事件协同联动要求坚持统一指挥,注重重点资源的统筹管理,全面提高资源配置效率。应急管理部门必须集中时间、精力和有限资源,确保对突发公共事件的控制,实现优化配置与快速调度。

三是协调性原则。突发公共事件协同联动本身是一个根据突发公共事件的属性对多区域进行供需协调的过程,必须坚持协调性原则,整合各类资源,并进行统一指挥、有效管理,发挥整体功效,提高资源配置和运行效率。

思考题

1. 应急响应活动的内容是什么?
2. 应急响应的功能主要包括哪些方面的内容?
3. 简述监测预警响应系统的特点。
4. 阐述突发公共事件协同联动机制的内涵。

第七章 应急处置与救援

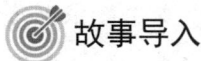 **故事导入**

东航波音737客机在广西梧州坠毁[1][2][3]

2022年3月21日,东航一架波音737客机MU5735在执行昆明—广州航班任务时,于梧州上空失联。后确认该飞机坠毁。机上人员共132人,其中旅客123人、机组9人。民航局立即启动应急机制,派出工作组赶赴现场。

截至当日24时,发现了失事飞机的部分残骸碎片,以及散落和烧坏的身份证件、钱包等物品。

23日16时30分左右,MU5735航班的一部黑匣子被找到——初步判定为驾驶舱话音记录器(CVR),并连夜送往北京的民航专业机构进行译码。

27日上午9时20分许,第二个黑匣子被找到。

此前,3月24日下午,第四场新闻发布会通报:已经基本确定了事故的主要撞击点,飞机大部分残骸集中在主要撞击点周围半径30米左右的核心区域内,深度从地表向下延伸大约至20米左右。

26日晚,"3·21"东航MU5735航空器飞行事故国家应急处置指挥部确认,机上123名乘客和9名机组人员已全部遇难。

27日下午,"3·21"东航MU5735航空器飞行事故遇难者集体哀悼活动在事

---

[1] 《一架搭载133人的客机在广西藤县发生事故 伤亡情况未明》。https://baijiahao.baidu.com/s?id=1727896967446865935&wfr=spider&for=pc

[2] 《东航坠机事故:已基本确定坠机事故主要撞击点,最深处约20米》。https://www.chunlin.tech/news/66102.html

[3] 《"3·21"东航MU5735航空器飞行事故发布会现场为机上遇难人员默哀》,央视新闻。http://content-static.cctvnews.cctv.com/snow-book/index.html?item_id=17520650986453523810&share_to=wechat&track_id=b1596f3a-dce3-4ded-a0a1-a7b0294b8508

发地搜救现场举行，现场工作人员全体面向遇难飞机方向肃穆而立，默哀三分钟，以此寄托对遇难者的哀思。

4月6日，民航局召开全国民航航空安全电视电话会议，深刻反思"3·21"东航MU5735航空器飞行事故。

在中国共产党第十九次全国代表大会上，习近平总书记庄严而郑重地宣告了我国经过长期的艰苦奋斗进入了新时代，这既是对中华人民共和国成立以来国家发展和建设的肯定，也是对我国进入新的发展历史方位的具体体现。在我国长期的社会发展历程中，经济迅速增长的同时给人们赖以生存的地球家园造成了很多破坏，从而导致很多突发性事件的频频发生，给人民群众的生命财产带来了很大的损害，无论是1976年唐山大地震、1998年的特大洪水、2003年的非典，还是2008年的汶川大地震、天津港大爆炸，抑或2019年的新型冠状病毒，这些突发性的应急事件中有政治应急、经济应急、社会应急、生产应急以及自然应急事件，但不管是什么应急事件，其影响带来的破坏性都给国家、社会和人民的生活带来了极大的损害，这些突发性事件如何有效去预防、减缓、处置、恢复是我们应该深思的问题。面对突发公共事件的突发性、随机性、不确定性、破坏性，我们怎样能够在第一时间做到正确处理？这无疑需要一个完整、有序、科学、保障有力的应急处置决策方案和处理策略。

第一节　应急决策

随着人类社会的不断发展，我国工业化和城市化进程发展速度进一步提高，人民生活质量也逐步提升，但各种突发公共事件如影随形，公共安全形势严峻复杂，重大自然灾害、生产安全事故、社会安全事故、公共卫生事件等时有发生，人民生命财产受到严重的伤害和威胁，同时也制约着我国经济社会的发展。当突发公共事件发生时，如何能够快速、有效、科学、全面地进行事后应急处理，更快地做好减灾和灾后重建，最大限度地做到灾害损失最小化，科学有效的应急决策至关重要。

一、应急决策的概念

应急决策是指当各类突发公共应急事件发生后，为了减小突发公共事件所带来的损失，根据突发公共事件的现场实时信息数据和应急资源,再结合决策者解决问题的思路,制订恰当的应急事件处理决策。其中,突发公共事件爆发之前,为了有效应对事故而编制预案、装备相应的应急设施、管理和控制危险因素过程中的决策,称为广义的应急决策;突发公共事件爆发之时,获取险情现场数据、分析面临问题和制订实施救援抢险方案的决策,称为狭义的应急决策。应急管理是由预防、装备、响应和恢复四个过程组成,而应急决策在四个过程中的应急响应阶段起着主导作用。应急响应即是对突发公共事件的及时反应,通过应急预案的制订,结合实时信息的反馈,制订应急决策,进而对应急资源协调配置、实现应急管理的过程。有效、合理、全面、科学的应急决策,需要有针对性、可行性、及时性处理应急事件的应急预案来作支撑与保障。应急决策一般都有较大的风险,属于风险型决策,需要采取特殊的非程序化的办法进行决策。所以,应急决策制订后并不意味着一成不变、按部就班地落实在整个应急救援过程中,它是一个动态纠正的决策过程,决策者必须根据突发公共事件的形势走向进行实时的监控、改进、完善,这样的应急决策更具适用性,更能够有效解决应急事件的事后处理,将突发公共事件所带来的损失最小化,对事故潜在的二次灾害进行及时预防、治理、杜绝。所以,针对不同的突发公共事件迅速地作出有效、及时、科学的应急决策能够减少人员伤亡和财产损失,但由于事件的突发性、不确定性等因素,应急决策往往是在信息不畅通、资源匮乏的环境下作出的,这就要求决策者在应急处理时必须全方位、多角度、宽领域地综合衡量各项影响因素,快速敏捷地集思广益。

二、应急决策的特点

随着人类社会文明的不断发展,人类经济活动的日益频繁,现代社会无时无刻不面临着各种各样的社会危机,这些危机起因复杂,不明确因素较多,且发生时总是悄无声息,征兆不明或者无任何预警式征兆,而爆发速度极快,对于作出有效、及时、全面的应急决策带来了很大的难度。为了更好地应对危机,应急决策也应运而生出很多特点,决策者必须熟练掌握这些特点,作出相应的应急决策,制订紧急应急方案,从而达到应急管理的最佳目的。具体来说,应急决策具有如下几个特点。

(一)无序性

突发公共事件发生时,其起因往往是复杂多变的,且爆发后的因素也相对较多,决策者在制订决策的过程中,受时间等因素的影响,往往只能根据事件起因而制订相应的处置措施,应急决策便会显现出无序性。

(二)紧迫性

突发公共事件的发生往往是一瞬间的事情,不会提前给人们充分的时间做事前的应急准备,而且事件发生之后留给人们作出应对反应的时间往往是很紧急、很急促的,为了人民群众的生命财产尽最大限度地减少损失,决策者必须在有限的时间里作出正确、全面的反应,这就决定了应急决策具有紧迫性的特点。

(三)灵活性

由于突发公共事件发生于一瞬间,决策者在事件发生后作出的应急决策往往受到时间、救援物资等影响,应急决策往往是一个动态变化的过程,要求决策者要有以不变应万变的决策思维,机动灵活地对应急决策作出相应的调整、修正。

(四)非程序化

突发公共事件的发生往往是急促、迅速、不可预估的,在处置过程中,处置决策自然而然地不像其他决策一样,按部就班走流程。决策者在制订应急决策时,一切以挽救人民群众生命财产为重,往往会特事特办,高效快速联动地协调各种救援资源,按非常规程序进行处理。

(五)风险性

突发公共事件发生后事态的发展是复杂的,致使应急决策的过程也是复杂多变的,再加上决策者在制订应急决策时往往会根据个人的智慧、经验,结合当时现有的应急资源作出适合当时具体情况的处置决策。但当一个阶段的应急决策制订后,随着事件的不断演变,有可能满足了当时急切的需要而现在解决不了问题,这就导致所有的应急决策并不能达到绝对的安全可靠,从而存在着一定的风险性。

(六)科学性

由于应急决策受时间紧迫的严格要求,作决策时不能一味地操之过急,如果只单纯为了打赢时间战而不顾决策的科学性,那么有可能作出的应急决策会事与愿违,正确的决策往往是决策者根据所遇到的事件的实际情况和实际性质,结合必须作出的决策时限,然后在不失时机的前提下,尽量使决策更符合科学性的要求。

三、应急决策的研究思路

突发公共事件的发生具有突发性、破坏性、不可预估性、紧迫性等社会危害性,当事件发生时,在应急管理过程中,决策者作出决策所具备的有效性、及时性对应急事件造成的损失是成反比的。及时有效地开展应急救援能够大幅度减少人民群众的生命财产安全,安抚人民群众在事件发生后的恐惧心理。从宏观的角度来看,应急决策的研究思路可以从目的和实际出发,结合事件发生时周边可调配资源所进行的应对模式展开,通过宏观层面的研究分析，更能够明确在事件应对过程中什么阶段应该调动周边什么资源来合理分配，从而达到何种目的，解决何种困难，达到更快速化、合理化地化解危机，减轻突发公共事件给人类社会带来的损失；从微观的角度来看，应急决策的研究思路可以通过大数据、云计算等现代高科技技术对以往经验进行合理的总结归纳，研究制订出相应的数据模型，决策者再根据所面对的实际情况选择相应的应急对策。当然，在应急决策选择过程中，决策者必须克服时间紧迫性、事件多变性的情况，进行充分调研考证后，借鉴相似数据模型来构建新的数据模型。总之，应急决策的研究思路，主要集中在决策者决策方法、制度体制和处置决策信息平台建设等方面。

（一）专业化人才队伍的培养

随着我国经济的高速发展，人民群众的生活水平逐步提高，我国正处于百年未有之大变局中，各种急难险重的突发公共事件随时有可能在我们身边悄无声息地发生，对突发应急事件的处置尤为重要。要想更好更快更高效地处理好突发应急事件，对决策者能力的提升就势在必行。我国应急管理体系的建设正处于初级阶段，与较为发达的西方国家相比还处于落后阶段，要想在这个领域的研究与应对实现突破，必须利用我国的国策优势，后发制人，实现弯道超车；必须在现有的人才结构和人才队伍建设上实现突破性发展，建设一支综合素质好、专业知识强的现代化应急人才队伍，以专业化的水平，充分地为国家经济水平和社会稳定高质量发展保驾护航。通过借鉴发达国家先进的管理水平，引进或交流应急管理人才，实行专项的应急人才队伍专项培养和教育，进一步提高应急决策者的应急管理专业水平，使其能够在应急突发公共事件发生时快速适应应急信息管理工作的实际需要；同时必须学会自力更生，建立适合我国国情需求的应急管理专家队伍，储备应急管理人才，总结应急管理成功经验，确保应急事件发生时的决策管理需求。

（二）建立健全应急决策制度体系

制度建设是保障，是根基，是一切决策的定磐石。对突发公共事件应急管理的研究，不仅集中在国家政治体制与突发公共事件应急管理的政策和立法上，还集中在应急管理效果研究、技术性政策研究两个方面。在西方国家，应急管理体系的研究起步较早，其体系建设较为成熟，制度保障较为完善。如美国早在二战后就已开展应急管理和应急管理支持技术的研究与实践，通过一事一议的方式对突发公共事件的处置进行研判。我国突发公共事件应急管理的研究虽起步较晚，但国家对该领域的研究十分重视，支持力度很大。中华人民共和国成立之初，我国就成立了中央救灾委员会；1949年12月，政务院颁布了《关于生产救灾的指示》；"十五"初期，科技部就在重大事故灾难应急预案上开展集中力量进行研究，并且在接下来的两年之内，从国务院的高度出发，规定了国家层面应对突发公共安全事件的总原则,以及相应的运行机制,相继审议通过了《国家突发公共事件总体应急预案》和《国务院关于全面加强应急管理工作的意见》,同时还提出了要建立国家应急平台体系。并于 2006 年开始建设,为此出台了《国家安全生产应急平台体系建设指导意见》;2007 年,科技部在《国家科技支撑计划"十一五"发展纲要》中,明确提出了"国家公共安全应急平台关键技术研究与示范"重点发展项目,同年颁布了《中华人民共和国突发事件应对法》;2016 年,《中共中央、国务院关于推进防灾减灾救灾体制机制改革意见》明确指出,要建立中央统筹指导、地方作为主体、群众广泛参与的防灾减灾新机制,要有效对接社会资源,鼓励引导志愿者、社会组织等社会力量依法有序参与常态减灾、应急救援、过渡安置、恢复重建等工作,构建多方参与的社会化防灾减灾救灾格局;2018 年,国家将原武警消防部队改制,组建了应急管理部,并组织起草了一系列社会应急力量管理补偿办法;2019 年,习近平总书记在中央政治局第十九次集体学习时强调,应急管理是国家治理体系和治理能力的重要组成部分,要积极推进我国应急管理体系和应急管理能力现代化,坚持群众观点和群众路线,坚持社会共治,支持引导社区居民参与防灾减灾救灾等工作,筑牢防灾减灾救灾的人民防线。党和政府通过以上科研及法案,为我国有序推动应急管理社会化指明了发展方向,提供了重要遵循,注入了思想动力,实现了针对公共安全风险的被动应对到主动防范,并且一步一步提升了科技含量,促进了国家公共安全领域的战略转变。2020 年 10 月 10 日,习近平总书记在中央党校中青年干部培训班开班式上的重要讲话中强调:"要努力成为所在工作领域的行家里手,不断提高应急处突的见识和胆识,对可能发生的各种风险挑战,要做到心中有数、分类施策、精准拆弹、有效掌控局势、化解危机。"

(三)强化构建应急决策信息平台建设

随着工业技术革命的改革,人工智能技术不断的发展与完善,应急决策智能化发展将逐渐走进人们的视野。由于突发公共事件的发生不可预估,而发生后的黄金救援时间较为紧迫,在紧急情况的干扰下,决策者有序的平衡思维、思路更易被打破,为更好地开展应急管理工作,紧急决策在应急决策信息平台智能化的辅助下,应急决策的科学合理性更能够得到提高。应急管理要在最短的时间内作出最快的决策,资源获取的速度尤为重要。随着大数据技术的研究不断深入,填补到应急管理领域发展的大局之中,作为重要的战略资源正在应急管理领域开展出全新的数据新模式。所谓"大数据",实则就是在短时间内,通过互联网等媒介,进行数据分析与挖掘从而实现虚拟的数据集合,具有体量巨大、来源多样、种类复杂、动态多变等特性。在应急决策中,将大数据引入是应急决策智能化的大势所趋,通过大数据进行海量数据的收集与分析,在海量数据库中找出与处置应急事件较为相似的历史事件,结合以往经验,以数据驱动决策,更能使应急决策科学化和合理化。2019 年 6 月 6 日,工信部正式发布第五代移动通信技术运营牌照,简称 5G 或 5G 技术,是最新一代蜂窝移动通信技术,是 2G、3G 和 4G 系统的扩展与发展。5G 作为通信基础设施,具有高速率、低延时、大容量、泛在网等特点,一方面能够为应急管理部门提供强大的基础通信保障;另一方面通过大数据技术对 5G 通信基础设施承载的数据进行分析和挖掘,能够有针对性地为各类应急场景提供专业数据支撑。

为解决应急管理的迫切需求,根据大数据具有实时性的特点,可以提高应急决策对象的反应能力。而建立在 5G 基础上的大数据分析,具有提高数据传播速度、减少数据延迟时间差、降低成本等优势。一方面,通过实时的摄像数据把移动设备、传感器平台上收集的数据汇集到平台上,利用云计算手段对这些大数据进行各维度的量化分析并分类处理归纳,抓取重点或关键信息,将原本杂乱无序的信息转变为对决策者有用的决策依据。通过平台数据信息的快速共享,能够帮助决策者在面临突发公共事件时减少决策反应时间,在一定程度上减少信息处理的金钱成本和时间成本,提高了决策者的决策质量。另一方面,大数据的 5G 云计算对数据的处理,不仅仅是停留在数据表面的分类工作,而更重要的是分析数据之间可能存在的联系,从整体的角度进行分析,剖析数据背后的潜在关联性,进而建立一套完整的预测模型,对公共危机事件客观事态进行科学预测,由被动接受变为主动预测。

同时,5G 网络技术还可以完善解决 VR、AI(Artificial Intelligence,人工智能)、云计算等新技术大数据量传输的需求,搭建应急决策智能化应用基础平台,利用通信与人工智能技术建设现代化的应急管理体系决策新模式,并以通信基础设施为基础探索通信大数据在应急管理过程中的应用。利用通信大数据,能够分析基站负荷、移动终端通信等信息,结合地理信息系统、城市楼宇 BIM 模型等,梳理用户信息、位置信息、通信信息等网络数据,综合分析大规模人群的聚集密度、流动性、时空分布特性等关键指标,在合理时间内实现各类数据的撷取、存储、提炼和处理,同时结合应急管理工作对人群流动及聚集的典型场景需求,进行分析统计、风险预测、提前布防、及时预警、合理疏导,从中挖掘出有价值的应急预警、人流趋势、应急疏导等信息,提升应急管理疏通工作的效率和功效。

四、应急决策的难点

应急决策是突发应急事件发生时,处理者为了应对危机,减少人民生命财产损失,综合事件发生态势和可调配救援资源而作出的行动策略决策。决策者作出应急决策是非常复杂和困难的,要制订一个科学合理高效的应急决策,必须克服以下几个难点:

一是克服时间紧迫性,在短时间内制订出高效合理的应急决策。应急事件的发生往往是不可预估的,不给救援部门和救援人员任何提前准备时间,事发往往很突然,救援往往很急切,决策者往往得在相对急切的时间内作出相应的决策部署。二是掌握事态发展多变性,灵活调整应急决策。应急事件的发展趋势是无可预估的,发展方向也难以预料,决策者作出应急决策时必须眼光长远,通盘考虑,顾全大局,以不变应万变的处理思维和心态积极应对,灵活运用，充分合理调配资源，保障决策部署；三是杜绝信息滞后性，掌握决策部署主动权。应急决策最重要的就是信息保障，决策者只有第一时间掌握最前沿的事态发展趋势，获取第一手信息资源，才能更好地制订处置决策，部署决策方案。换言之，如果消息滞后，决策者不能够第一时间掌握一线信息，那么制订出来的应急决策就有可能不适用于最新应急事态发展趋势的合理处置。四是避免决策者主观经验性，以科学手段制订合理决策方案。应急决策的制订是一类非程序化的决策方案制订，受应急事件的紧急态势影响，决策者往往会在高度紧张的情况下依据自身经验作出应急决策，又或者会在不损害决策合理化的前提下简化决策问题，这些都会给整个应急事件的处置造成不全面、不科学的影响，会导致某些细节方面的疏忽。所以，决策者在紧急态势情况下，必须拥有冷静的思维，充分利用现代化技术和手段对整个应急事件进行研判、调研、分析，最后再借鉴数据库成功处理经验，综合制订出科学合理高效的应急决策。

第二节　应急指挥

随着经济社会的不断发展，我国经济已经成为世界第二大经济体。在多元化发展的今天，城市现代化进程不断加快，人民群众对美好生活的向往和追求日益增加，突发公共事件的发生也日渐频繁。事件的处置不仅需要制订应急策略，应急指挥也至关重要。

我国应急指挥系统的建立目前已逐步启动，并在不断探索的过程中逐渐完善。为全面适应信息化、智能化时代下的应急指挥需求，现阶段已经基本形成利用云计算、大数据、物联网、人工智能、移动互联网等新技术，建设城市综合应急指挥系统，形成处置流程规范化、数据标准化、操作便捷化的应急指挥模式，达到了提高公共安全领域预防预警和打防控管控能力。

一、应急指挥的概念

从广义上讲，应急指挥是应急管理体系的中枢，扮演"大脑中枢"和"发令调度"的重要角色，是应急响应和突发公共事件处置的重要环节，以及应急行动中联系决策者、执行者和应急资源的关键纽带。应急指挥涉及面广，影响主体多，是政府与市场、社会等多元主体协同治理的过程，承担着信息收集、情况汇总、态势分析、综合研判、辅助决策、指令发布等诸多功能。

从本质上讲，应急指挥是一种多主体参与应急资源生产、配置、监控的复杂性组织行为和社会活动,通过指挥机构、指挥层级、资源调配、信息传输等要素协同合作,实现对特定突发公共事件的全周期控制。作为一项核心能力,政府应急指挥已嵌入应急系统的多个层面,强调实现整体性思维下的协同工作成效。

二、突发公共事件应急指挥体系的中国经验

应急指挥是突发公共事件应急管理的重要组成部分,其现实架构及运行模式与政治、社会体制密切关联。我国自"非典"事件以来加快了包括指挥机制在内的应急体系建设,在领导机制、组织网络、应急预案、基层动员、协调联动等层面形成了若干指导性思路及运行特色。总体上,我国突发公共事件应急指挥机制以各级党委和政府主导为核心,以广泛社会动员为基本特征,以国家强大的物质和精神资源为依托,围绕破除组织、体制、资源、观念等层面藩篱为重点,实施集中统一的任务调度体系。

(一)应急指挥的法制基石

强化应急管理的法制保障,运用法治思维和法治方式应对和化解风险,是我国突发公共事件应急体系建设的基本理念。经过十余年发展,我国形成了覆盖法律法规、地方规章、各层级应急预案和相关配套政策的总体框架,为突发公共事件应急指挥提供了制度支持。在国家法律层面,《中华人民共和国突发事件应对法》(2007)明确规定了突发公共事件应急指挥协调职能、工作原则及要求。与之配合的《突发公共卫生事件应急条例》(2011)和《生产安全事故应急条例》(2018)则补充了指挥协调功能的具体规范和要求。比如,领导制度方面规定:"突发公共卫生事件发生后,国务院设立全国突发公共事件应急处理指挥部,由国务院有关部门和军队有关部门组成,国务院主管领导人担任总指挥,负责对全国突发公共事件应急处理的统一领导、统一指挥,省、自治区、直辖市人民政府成立地方突发公共卫生事件应急处理指挥部,省、自治区、直辖市人民政府主要领导人担任总指挥,负责领导、指挥本行政区域内突发公共卫生事件应急处理工作。"在应急指挥领域,突发公共卫生事件主要授权各级卫生行政部门(2018年国家机构改革后为卫健委系统)来具体应对,国家应急管理部则主要面向自然灾害与事故灾害。此外,在信息公开发布、人员及应急资源调配、部门协作等方面,相关法律法规也进行了规范,赋予应急指挥部门相应权限和职能,由其组织协调地方及基层部门开展应急救援、灾害救助等活动,同时开展防灾减灾科研攻关与国际合作。在2020年全国抗击新冠肺炎疫情的行动中,习近平总书记强调"全面提高依法防控依法治理能力",从立法、执法、司法、守法各环节发力统筹疫情防控工作,再次凸显了重大突发公共事件应急防控集中统一领导指挥的法治理念。

(二)中国突发公共事件应急指挥特色

第一,集中统一领导是最突出的制度优势。在我国,各级党委政府是突发公共事件应急响应和指挥协调的领导力量。依托集中力量办大事的制度优势,党和政府通过一系列层级指挥和靠前指挥途径,统筹各方面应急资源,以组织功能重组和统一指挥、统一调配为手段,在较短时间内释放强大的资源整合和社会动员能量,使应急决策、指挥和管理系统快速进入实战状态,服从和服务于突发公共事件应急行动。譬如,在2020年的新冠肺炎疫情防控过程中,我国建立起从中央到省、市、县(区)、乡镇、街道、社区的应急指挥系统,在信息汇总、综合协调、联合调度等方面对口传输,有力推动了重点工作的跟踪落实与衔接,确保了政令的一致性和稳定性;同时,按照国家统一决策部署,武汉火神山、雷神山定点隔离医院仅用十余天时间迅速建成并投入使用,19个省、市医疗队驰援湖北各地市,16家方舱医院火速启动运行,彰显应对重大突发公共事件集中统一领导体制的强大效能和制度威力。从地方层面看,党的领导和统一指挥是基层应急工作的根本保证,能有效推动各级组织落实国家总体要求,把社会各方力量动员起来相互支持,最终发挥统筹高效的应急效能。实践表明,统一领导、统一指挥是立足中国政治行政环境下的制度特色,有助于迅速弥补和纠正工作中可能的过失漏洞,有力支撑紧急状态下的大联动、大应急,是我国应对重大突发公共事件的最典型特征。

第二,分级负责、属地管理是职能实施要求。依据《国家突发事件应对法》,突发事件应对实行分级响应,地方政府承担相应级别的应急指挥协调功能,相关部门按照预案规定在各自职责范围内组织开展应急工作。目前,在应急指挥协调的组织架构层面,我国各级政府多采取领导小组(指挥部、办公室)运作模式,从相关职能部门临时抽调人员组成专项小组进行应对处置。如湖北省在2020年的新冠肺炎疫情防控工作中,组建了以省委书记和省长任联合指挥长的领导工作组,形成由分管省领导牵头的"一办五组"架构,统筹应急协调工作。全国其他省、市区新冠肺炎疫情联防联控指挥部架构与湖北省大体相似。属地管理原则突出应急工作的管辖范围和责权范畴,明确具体的管理对象(人、财、物、事等)和要求,既突出上下层级指挥规则,也强调基层部门靠前指挥的必要功能,赋予基层部门一定指挥自主权,在特定范围内有针对性地启动及实施应急指挥活动。

第三,综合调度、分工协作是主要运行原则。应急指挥的最基本功能在于整合各参与主体力量,实现各层级机构的统筹、协调和配合,发挥整体应急效能,这也是突发公共事件应急指挥系统的重点环节。立足中国本土实践,一方面,应急指挥机构依托权威及政治行政资源集聚优势推动工作,使组织、决策、执行、监督等过程紧紧围绕应急目标展开,如准确传递信息,组织不同部门会商及形势研判,向一线派出指导/督查组,加快跨部门物资生产及调度,推进对口支援行动等。另一方面,党、政、军、民、社等不同力量和部门共同参与,是我国重大突发公共事件应急指挥和社会动员的重要内容。如在2020年新冠肺炎疫情应对工作中,各地政府、企业、社会组织、基层社区服从党中央统一指挥部署,以不同形式支援配合疫情联防联控工作;跨省、市医疗救护队和公安、应急消防等综合性救援力量发挥专业优势投入一线救助活动;军队、军事院校卫生救援突击队奔赴武汉等疫区开展救援救助。此外,社会慈善机构、志愿者组织、民间团体、公民个人等响应号召,积极投入疫情联防联控支援和物资捐助服务等支持性工作。上述实践为重大事件应急指挥功能发挥提供了宝贵经验。

第四,相较于国外,我国突发公共事件应急指挥体制具有鲜明的社会动员特征,"集中力量办大事"和"对口支援"的互动模式显示出独特的体制优势。在风险社会特征愈加明显和信息化高速发展时代,各类风险灾害危机交叉渗透,突发公共事件发生演化的内外环境更趋复杂,不确定性和防控难度增大,更加彰显高水平应急指挥的价值。高水平应急指挥价值主要表现在:一是有助于打破或减少应急系统内部"碎片化",在共同应急目标基础上,通过组织结构重塑或制度安排,实现高效边际产出和资源整合;二是有助于统一思想,促成紧急甚至"战时"状态形成,快速凝聚有利于联防联控、快速响应的外部环境;三是有助于把社会各方面的积极性和能动性调动起来,抑制和减少不同利益主体冲突对整体性应急行动的负面影响(如应急物资配置失当);四是有助于增强基层行动公开透明,培育"一方有难、八方支援"的社会互助氛围和公共参与意识。

第三节　应急救援

随着社会进步,工业化的高速发展创造了前所未有的财富,同时也对环境产生了难以弥补的创伤,自然灾害发生频率一年比一年频繁,损害程度更为严重。为了减少社会财产受到的损失,提升应急救援能力刻不容缓。党和国家在应对国际恐怖活动、民族分裂等不稳定、不安全环境因素,以及重大自然灾害、严重安全事故、新型冠状病毒等突发状况时,均作出了快速、准确、有效的应对措施,无论是人员的调动、物资的配备,还是措施的制订、政策的落地,均彰显伟大祖国的强大实力。

一、应急救援的概念

应急救援一般是指针对突发公共事件或具有破坏力的灾害事故而采取的预防、组织、响应和恢复的相关活动与计划。根据紧急事件类型的不同,应急救援分为消防、交通、卫生、地震、企业和家庭等领域的救援,目的是防止并控制突发公共事件或灾害事故的发生和扩大,通过开展救援减少损失,迅速组织恢复正常状态。抢险救援救助的对象通常指会造成影响及后果严重的公共安全事故或灾害。这些事故或灾害通常具有突发性、不确定性和复杂性,危害性极强,处理难度大,往往会给人类社会带来巨大的负面影响,对救援指挥等各方面均提出了较高的要求。

二、应急救援的组织架构

应急救援的组织架构可以很好地指导救援队伍有条不紊地组织救援,使指挥和操作密切配合,完成分工与合作。其架构是应急救援大队设置指挥部,大队下设分队。指挥部主要负责救援队伍的总指挥和总负责,面对救援工作进行统一管理和主持全面工作。指挥需要由经验丰富且从事过救援工作的人员担任。指挥部首先要负责和下属分队进行沟通,做好任务交接,指定救援目标、主次顺序,遇到问题及时调整,确保救援任务能够顺利进行;其次要做好抢险救援的宣传工作,传递社会正能量。由于下属救援人员任务繁忙,无法及时对社会复杂的信息进行正确判断,指挥部需对庞大的信息进行筛选,剔除谣言,稳定救援人员的情绪,及时汇报救援情况。救援分队主要任务是执行救援大队下发的任务,协调各个队伍之间的工作,是应急救援的中流砥柱。分队长负责所有下属人员的安全,细化抢险救援任务,任务分工安排到个人身上。救援分队由救援实施班组、后勤保障、通信班组、医疗救护班组等专业团队组成。救援分队应优先选择专业性较强或受过相关培训的人员,尽量不选择身体条件差的人员。除此之外,对内需配备具有抢险救援经验的同志,让老同志带新同志熟悉情况。救援分队指挥员鼓励各班组人员与家属、朋友沟通,稳定好他们的情绪,解决救援人员的后顾之忧,让各项任务得以顺利进行。

三、应急救援的组织建设

(一)培养专业救援人才,制订应急预案

应急救援需要专业人员进行操作,应对这些人员进行重点培训,多组织救援人员参加地方政府、单位组织的联合应急预案演习,提高实战经验;参观救援经验丰富的队伍,学习交流经验。在保证人员培训的同时,还应提高人员在位率,以便自然灾害发生时队伍能立即响应,及时赶往救援现场。之后根据实际情况,制订相应的抢险救援应急预案。应急预案应遵循以下原则:(1)重点突出,针对性强,结合现场发生的实际原因制订出突发情况处理方案。(2)统一指挥,明确责任。明确各个小组之间、人员之间的分工及责任,协调好队伍之间的分工与配合。(3)简化程序,步骤明确。救援程序不得过于冗余复杂,保证发生情况时能及时启动,有序实施。

（二）完善应急救援通信系统

整个应急救援通信系统的建立应始终以救援大队指挥中心为核心，自接收到现场的实际情况到大数据分析，直至任务结束都应如此。通信当以无线电通信为主，网络为辅，建立一套全面的通信救援系统。基于这个庞大完整的救援系统，应保证系统的完整性，使数据保持流通。数据应包括应急救援人员的身体情况、被救援人员的健康情况。在通信系统所覆盖的区域内有效地接收救援数据，可以更好地指挥救援活动的开展。

（三）配备应急救援设备

自然灾害会破坏原有的通信设备，因此，应急救援大队系统应拥有自己独立的无线通信系统设备，各救援分队应拥有自己的无线电台，救援小组应配备无人机、便携式卫星电话、北斗导航等关键装备，保证在常规通信手段无效的情况下，仍然能保持通信能力。参照发达国家已经配备机械外骨骼，给救援人员配备，可以极大地加强救援能力。机械外骨骼不仅可以增强人体功能，还有一定的防护性和对外界环境的适应性。假设有伤员被压在废墟底下，装有机械外骨骼的救援人员能轻而易举地挖开废墟救出伤者，从而大大地提高救援效率，节省救援资源。

📖 思考题

1. 在实践过程中，如何运用应急决策的特点制订出有效的应急处置方案？
2. 应急决策失灵的原因是什么？
3. 应急救援过程中如何提高应急救援的时效性？
4. 应急救援目前存在的问题有哪些？
5. 应急决策的制订思路是什么？
6. 高效的应急救援体系建立所需支撑的平台保障是什么？

第八章 应急舆情管理

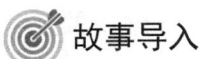 故事导入

天津港"8·12"火灾爆炸事故[①]

  伴随着人类文明的发展,人类社会的复杂性与日俱增,影响这一巨大庞杂系统的内部构成要素与外部环境变量亦处于动态变化之中,其中蕴含的风险也逐渐增加。正因如此,德国著名社会学者乌尔里希·贝克(Ulrich Beck)曾郑重地告诫人们,全球已经步入一个"风险社会"(Risk Society)。风险社会的来临,社会发展的不确定性和不可预测性日趋增多,突发公共事件的风险治理正日益受到当今世界诸多国家的高度重视,并成为其政府职能体系的重要构成部分。中国目前正处于实现中华民族伟大复兴的战略机遇期,但同时亦面临着改革开放以来40余年经济持续增长之后发展方式的转变问题,以及如何避免一些其他国家在发展过程中曾经遭遇的"陷阱"(如"塔西佗陷阱"和"中等收入陷阱")等问题。在当前中国经济正经历增长速度换挡期、结构调整阵痛期、前期刺激政策消化期"三期叠加"的态势之下,中国共产党和中国政府不仅要面对"四大危险"和"四大考验"等命运性问题,也要面对前进道路上的诸多拦路虎。突发公共事件的风险治理无疑是一项复杂的系统工程,其中既涉及理念层面的方向性抉择和制度层面的体系建构,又涉及治理模式的设计与工具方法的甄选,还须充分考量一些关键风险因子的有效疏解。

  2015年8月12日,天津港发生火灾爆炸事故,导致165人遇难,8人失踪,798人受伤。因新闻发布不及时,引起了群众恐慌。事发当夜,自媒体便疯狂转发爆炸现场视频,吸引了大量网民讨论,舆情热度迅速攀升,事故原因、伤亡情况等焦点问题亟待政府部门及时回应。令人不解的是,至事发翌日上午,当地主流媒体还未报

[①] 蒋瑛:《突发事件舆情导控:风险治理的视域》,社会科学文献出版社,2020。

道事故消息，天津卫视在爆炸发生10小时后仍在播韩剧，引发网民强烈不满。一时间，"全世界都在看天津，天津却在看韩剧""天津，一座没有新闻的城市"之类的讥讽弥漫网络。直至13日16时30分，事发17小时后，政府部门才举行首场新闻发布会，对救援和善后工作做了回应。但仍因信息发布不透明，分管市领导未露面，记者提问环节直播中断等，引发了舆论"大爆炸"，助长了"700吨氰化钠泄漏将毒死全中国人""爆炸物有毒气体飘到市区""爆炸与恐怖分子有关"等可怕谣言的疯传，给公众心理和舆情应对带来了严重冲击，对事故处置造成了极大干扰。

这次火灾爆炸突发公共事件中，新闻发布会所引起的一系列严重舆情次生问题让我们深刻反思：突发公共事件产生时，如果相关部门不及时发声，或者试图隐瞒真相，不慎重对待舆情，会引发一系列社会危机事件。特别是在当今时代各类新媒体迅猛发展的情况下，突发公共事件的舆情传播有了迥异于传统的载体，烽烟报警、鸿雁传书已经永远停留在历史的记忆之中，取而代之的是微信、微博、短视频等新媒体手段的实时互动。网络技术的应用和发展促使社会舆论迈向"多中心"时代，同时使人们随时处于一个由多种媒体建构起来的社会空间之中。这个空间不仅赋予了人们表达心声的权利，而且其本身就是一个开放的公共舆论场。当这一舆论场汇入数量庞大的参与主体时，其社会影响力便可能会以几何级方式增长。根据中国互联网络信息中心（CNNIC）发布的《中国互联网络发展状况统计报告》，截至2021年6月，我国网民规模高达10.11亿人，互联网普及率达到71.6%。毋庸置疑，这种网络传播环境极大地增加了突发公共事件舆情管理的复杂性和难度。

然而，包括突发公共事件舆情风险在内的各类风险的不确定性并不代表其完全不可知或不可控，也不代表人们在风险面前无能为力。任何风险都是在一定条件下产生和发展起来的，其存在以及演化有其内在逻辑，人类社会也正是在不断应对和化解风险中逐渐成长和发展的。中国共产党第十八届中央委员会第三次全体会议提出了"健全坚持正确舆论导向的体制机制""健全网络事件处置机制，形成正面引导和依法管理相结合的网络舆论工作格局"的纲领性意见。以此精神为指导，在突发公共事件风险治理过程中，如果能够比较全面而准确地把握舆情信息的传播特点和传播规律，并建立与之契合的管理模式进行舆情风险监测和处理，无疑可以有效减小事件所诱发的风险压力。由这一逻辑所引申出来的关键问题是，在新媒体时代，突发公共事件舆情具有哪些主要特征，突发公共事件舆情存在哪些风险，针对突发公共事件舆情特点应该如何对其进行有效管理。

第一节　舆情的定义、类型和特征

一、舆情的定义

"舆情"中的"舆"字原初字意为车厢,转义为车,出现于春秋末期。舆与人连用而形成的"舆人"一词喻指造车之人(《周礼·考工记·舆人》中有"舆人为车"之说),其词意在使用过程中逐步演化为与坐车官吏相对应的一般百姓("舆者,众也",《左传·僖公二八年》)。"舆情"一词最早见于唐代李中所作《献乔侍郎》中"格论思名士,舆情渴直臣"的诗句,其含义为民众的意见。在西方,法国思想家卢梭在其著作《社会契约论》(1762)中第一次将拉丁文中的"公众"与"意见"两词联系起来使用,并将其定义为"人们对于公共事务或社会性事务的意见",后来演变为"舆论"(public opinion)一词。《辞海》和《现代汉语词典》分别将舆情解释为"群情、民情"和"群众的意见、看法"。与之近似的概念还有"政情","社情"和"社情民意"等,都分别从不同角度触及了民众意愿问题。可见,在词源学意义上,舆情是指普通民众关于公共事务的观点态度所形成的舆论情势。

在理论研究层面,国内不同时期关于舆情的学术定义有很多。《舆情研究概论》是我国第一部舆情基础理论专著,作者王来华对舆情进行了如下定义:舆情是指在一定的社会空间内,围绕中介性社会事项的发生、发展和变化,作为主体的民众对作为客体的国家管理者产生和持有的社会政治态度。如果把中间的一些定语省略,舆情就是民众的社会政治态度。张克生在其专著中认为,舆情可以认为是国家决策主体在决策活动中必然涉及的、关乎民众利益的民众生活(民情)、社会生产(民力)和民众中蕴涵的知识和智力(民智)等社会客观情况,以及民众在认知、情感和意志基础上,对社会客观情况以及国家决策产生的主观社会政治态度,简单地讲,就是社会客观情况与民众主观意愿,即社情民意。刘毅在《网络舆情研究概论》中指出,舆情是由个人及各种社会群体构成的公众对与本身利益息息相关的权利者和社会管理者决定的事件反映出来的民意的集合,包括情感、意愿、态度、意见的表达等。综合这些不同定义并结合应急管理所指涉的特定中介事项,本文将舆情定义为:在突发公共事件的发生与后续发展过程中,公众对于事件本身以及管理部门的决策反应和处置行为的意见、态度和情绪表达的总和。

二、舆情的类型

类型是一种具有共同特征的种类,由类别(class)和范型(pattern)构成——类别偏向于种类,范型偏向于模式。舆情类型既指向舆情的内容种类,也指向其共同的发展特征、影响特征等。

目前的舆情分类无论学界还是各类舆情网站或监测中心,均存在不同的划分标准。学界关于舆情类型的研究多注重内容分类,其间夹杂舆情性质、表现特征等模式化的划分。最常见的是按照舆情的发生领域划分,有政治性网络舆情、经济性网络舆情、文化性网络舆情、社会性网络舆情和复合性网络舆情。舆情监测部门的划分又各自不同,如人民网舆情频道的导航栏目有教育舆情观察、金融舆情观察、能源舆情观察、央企舆情观察、医药舆情观察、环保舆情观察、司法舆情观察等——基本按行业领域划分。综上,除了按常见的舆情发生领域划分外,还有按照热点程度、发生时间、空间等的划分。一般来讲,按照热点排序总有主观判定的成分,按照时间如月度舆情进行的舆情通报或舆情分析客观性较强,按照舆情发生地进行的划分在国际、国内层面界限相对清晰。值得注意的是,国内舆情与地方舆情的划分方法常常会有交叠现象——新媒体背景下的舆情往往因为舆情的共鸣程度及新媒体的开放性、迅速传播性而呈现跨地域的特征,舆情越来越容易突破地域的限制而成为全民话题。

(一)按舆情形成的过程分类

从形成过程看,舆情可分为自发网络舆情和自觉网络舆情。自发与自觉意味着舆情形成过程中的无意扩散和有意为之。无意扩散是慢慢生长的,加上新媒体开放性的特征,每个人都握有一个"麦克风",都可以成为信息或情绪的发布者。信息发布之后,新媒体的交互性又会影响到普通大众对相关信息参与讨论或情绪互动,伴随讨论的加深或情绪的传染,舆情的规模逐渐形成,原本自发与随意的讨论与情绪发泄便容易形成话题的集中性与情绪的汇聚性,如果在讨论过程中有意见领袖的介入,话题便容易乘积式扩大,原本的局部性无意话题就容易演变成有意的话题"龙卷风"——舆情风暴由此形成。

(二)按情绪浓度或影响力程度分类

依据情绪程度对舆情分类也是常见现象。如根据舆情主体的情绪程度,可将舆情归纳为理性温和型、情绪波动型和极端过激型。这些划分方式有明显的主观成分,舆情传播的情绪程度如情绪波动型与极端过激型之间并非彼此分明的情绪表现;再者,一些舆情参与者也许会表现出情绪的温和,另一些也许会表现得情绪过激,舆情的复杂性使得这样的划分方法会"仁者见仁,智者见智"。

(三) 按舆情效果分类

按照舆情效果进行分类有正面舆情和负面舆情。正面舆情指正面的、积极的舆情，这类舆情涉及正面情绪，易缓和社会矛盾；负面舆情与之相反，往往包含负面情绪如冲突与怨怼，易对社会稳定造成冲击。

关于正面和负面舆情有三点值得注意：一是正面舆情与负面舆情所关联的价值评判，二是传统大众传媒的宣传话语与新媒体的宣泄话语，三是引导与疏导的关系问题。

对于管理者而言，正面舆情似乎总是需要倡导好事，负面舆情总是需要防范坏事。事实上，正面舆情固然利于团结民众，传播社会主义核心价值观；但负面舆情也并非就此失去其推动治理水平与社会进步的意义，负面舆情也可以缓解社会的焦虑情绪，发现社会治理中存在的问题，并通过合理的应对而使社会更趋稳定和谐。以2014年呼格吉勒图沉冤得雪为例，从案件的重审到改判都引发了舆论热议，这当中既有对及时纠正案件错误、努力践行依法治国的称许，也有对当年办案不公、贪赃枉法的谴责。强大的舆论热议在总体上会推动政府与法制的公信力，负面的舆情过程也会有效转化为正面的舆情效果。因此，对正面或负面舆情的价值评判并不能准确界定舆情的有效价值。

从媒体介质讲，正面舆情似乎总与传统大众媒介有关，负面舆情又似乎成为新媒体背景下舆情的基因特征，所谓"两个舆论场"就是对这一现象的总结。新华社原总编南振中认为："在当下的中国，客观存在两个舆论场，一个是党报、国家电视台、国家通讯社等'主流媒体舆论场'，忠实宣传党和政府的方针政策，传播社会主义核心价值观；一个是依托于口口相传特别是互联网的'民间舆论场'。"传统传媒的宣传话语与新媒体的宣泄话语似乎形成当下舆论舆情的大致格局，前者以引导式的正面舆情为主，后者以发泄式的负面舆情为主。两个舆论场中前者仍旧希望引导舆论，后者试图反映现实改变现实，如同传统媒体对警察的正面塑造，这与新媒体领域中多数处于负面舆情中的警察形象形成鲜明对照。但实际情况却是，近年的舆情热潮并非只是由于新媒体的便捷性所引起，民众对于自身权利、政府治理、法制公平等议题的关注是舆情多发的主要原因。因此，二元对立式的两个舆论场是既有情况，但政府部门并不能只宣传引导与监管控制分而治之。如何把正面引导与应对疏导灵活应用于两个舆论场，是政府职能部门无法回避也无从回避的。

(四) 综合舆情的层级与分类

从舆情的分类讲，可以从中介性社会事项的内容和性质两个维度展开：按照中介性社会事项分类，可以以国家行使管理职能的主要领域作为划分依据。如根据党的十八大报告有关"五位一体"的总体布局，可以将社会舆情划分成经济、政治、文化、社会、生态等五大方面，这是第二大类的舆情概念。基于中介性社会事项性质分类，可以划分为法律法规、政策、社会管理行为等,相应的舆情概念也可以依此划分为若干类。

把纵向层级与横向类型结合起来进行舆情分类,避免了舆情划分常见的顾此失彼、左支右绌,但也会因前后左右的照应而有失简洁明了,这也是舆情类型划分的两难所在。

总之,目前舆情类型的划分主要有四种:一是按舆情的形成过程分类,如分为自发网络舆情和自觉网络舆情;二是按情绪浓度或影响程度分类,如理性温和型、情绪波动型、极端过激型,或弱型网络舆情、强型网络舆情和波动型网络舆情;三是按舆情效果分类,有正面舆情和负面舆情;四是按层级与类型综合性分类。

舆情类型不同,应对就不同。掌握舆情的应对方法应联系具体情况,了解该类舆情的特征与性质,根据具体的舆情类型,有针对性地增强舆情的预警能力、研判能力和应对能力,以期更准确地把握民众的情绪与态度。

三、舆情形成的特征

从系统论视角来看,任何舆情的形成和传播过程均会涉及舆情主体、中介性事项和舆情空间三个基本要素。其中,舆情主体是指相对于国家管理者而言处于被管理者位置的民众,包括一般民众(特定区域的人口总体)、热心民众(关心公共事务的民众)和议题民众(围绕某一问题发表观点的松散集体);中介性事项是民众意见表达即舆情的刺激物,当其主动或被动地传送到民众之中时,就会对其产生一定的刺激作用,促使他们产生某种情绪、态度或发表自己的意见、观点;舆情空间是民众情绪、态度、意见、观点等形成、发展的作用情境,既包括舆情生成的物理空间,亦包括民族文化传统、法律道德秩序等影响舆情产生和变化的各种非物理环境空间。

舆情形成是一个复杂的动态过程,除了要以中介性事项作为必需的基础外,还需具备三个特征:第一,要具备一定的社会心理基础,尤其是在某种社会信任结构状态下所形成的公众心理结构、心理行为倾向、风险认知水平等因素,在突发公共事件的刺激下,极易成为舆情发育的土壤。第二,舆情主体构成成分决定其构建过程中的舆情倾向和基本走向。通常情况下,舆情事件直接当事者由于掌握一手信息而拥有更多发言权,其基本态度直接影响着其他舆情主体的看法。占绝大多数的一般公众更容易对舆情事件中的弱者产生情感共鸣,有时甚至会缺乏理性地表达观点;意见领袖虽然人数不多,但在舆情形成过程中却发挥着"动员"和"引导"的作用。第三,舆情形成需要借助一定的动力才能保持持续的发展趋势。对于突发公共事件而言,由于其本身具有突发性、破坏性、不确定性等特点,容易受到社会关注而成为舆情生成的现实根源,同时现代社会信息传播渠道的多元化与便捷化为舆情的形成和发展提供了客观条件——据研究者对一些影响较大的社会舆情事件传播时效性所进行的统计表明,52.5%的舆情事件在发生后的1天之内便被媒体曝光,13.1%的舆情事件在发生后当即便被曝光。此外,政府的管理行为亦是影响舆情变化的重要因素,在舆情事件发生之后,政府是否需要介入、如何介入以及介入程度如何都会影响舆情的走向。

第二节 突发公共事件舆情管理的必要性

由突发公共事件引发的突发事件舆情,其形成迅速、突然,极易转化、恶化,形成次生舆情,并且传播渠道多元、快捷,具有积聚性、关联性、爆发性的特点,其形成的阶段性、风险性和难控性十分突出和棘手。如仅仅针对一般传统专业媒体的研究范围狭隘、局限,仅仅针对一般政府组织而言的研究系统封闭、片面,仅仅针对一般性新闻受众与传播者的研究目标分散、肤浅,这些都没有找准突发公共事件舆情研究的真正矛盾和对立面。要降低整个社会的公共风险,一方面要加快改革,加快制度创新,使制度和风险之间形成一种良好匹配;另一方面则应该强化及时化解、防范风险的功能,总结对危机事件的认识规律,避免风险累积。当经济、社会的不确定性程度总体下降时,公共风险才会降低。世界银行2006年发布的《东亚经济发展报告》指出:在20世纪后期的工业化浪潮中,鲜有中等收入的经济体成功跻身高收入国家,很多国家往往在经历一段时间的高速增长之后便陷入经济增长的停滞期。而判定是否陷入中等收入陷阱的标准之一,就是看是否有太多的社会危机陷阱。"中等收入陷阱"实际上是国家治理的陷阱,考验着一个国家政府的管理水平,同时也反映出一个国家政治经济社会的文明程度。危机事件不仅会影响社会稳定,有时甚至还会影响整个国家和社会的进步。

中国虽没有陷入这种陷阱,但突发公共事件舆情大多会促使危机事件不断爆发,这应该引起足够警惕。突发公共事件舆情往往会成为社会危机事件的火药桶,有的还会成为助推突发公共事件升级的催化剂,更有的直接成为点燃社会危机事件的导火索。在突发公共事件中,传统专业媒体可以反映并代表舆论、引导舆论,但也会引发舆论;社交媒体、自媒体在内的新媒体在突发公共事件中可以形成有效社会舆论的一部分,但其非理性和盲动表达、不可避免的网络谣言与多向度发展、舆情焦点的不稳定和多变,也可引发舆情危机;各级政府、部门的新闻发言人可以成为平息舆情的定海神针,也可以成为引爆舆论、形成舆情危机的始作俑者。在互联网时代,我们已经不能以过去一成不变的立场和观点去给传统专业媒体、新媒体及新闻发言人下定义,因为它们都会随着社会实践的变化而发生变化,正如恩格斯所说:"在科学上,一切定义都只有微小的价值。"

瞬息万变的舆情态势,五花八门的舆情类型,盘根错节的舆情结构,在信息时代都给我们提出了新的挑战。突发公共事件舆情不仅会影响社会的稳定发展,也会形成次生灾害,并且还会形成公共危机,给人民群众的生产和生活带来严重的损害,突发公共事件的舆情管理迫在眉睫。

第三节 新媒体与突发公共事件舆情

研究者普遍认为,媒体是突发公共事件风险的重要放大站。突发公共事件风险是在日常生活中,以媒体、个人经验和生活阅历、本人记忆、道德信念以及个人判断的话语为依据而建构起来的。媒体不仅传递风险信息而且建构着风险,媒体的风险报道是风险放大的主要驱动因素,在风险认知和风险行为塑造过程中发挥着重要作用,影响着风险评估、风险控制、风险治理等环节,媒体既是形成风险认知的核心,也是解释人们风险行为的核心。随着以网络媒体为代表的新媒体的普及和发展,新媒体对公共危机管理,对突发公共事件处置的各重点要素和各关键环节都产生了深远的影响,相关部门需要认真研究应对。

一、新媒体背景下舆情的特点

新媒体背景下的舆情有时间节点与空间分布的特点与热点。从时间节点讲,有全年舆情的月度变化、舆情持续时间及不同媒介平台活跃时段的变化等。喻国明等人经过研究发现,舆情热点事件的月度数量分布中 7 月和 11 月是高峰值,而且从全年看,5—7 月的春夏之交和 11—12 月的年底,均是舆情发生的相对高峰期,这和历年舆情年度报告的结论基本一致。从每个话题的活跃时间看,近年来 50% 以上的舆情事件的活跃周期大概为两周,基本上两周内都可以解决或者转到其他社会议题上。从不同新媒体平台的舆情活跃时间段看,微博、微信、抖音、视频号等公众平台的活跃时段遵循"朝九晚五"的规律,这也一定程度上反映出上班族的阅读高峰期主要集中在 10 点新闻"早高峰"。

以上关于舆情的时间分布特点并不一定适用于所有新媒体舆情事件,但一定程度上可以说明在时间维度上舆情发生、演变的一些特点;同时,关于新媒体舆情的预警、监测与应对也可以考虑以上特点,以期更好地掌握舆情动向,避免舆情升级。另外,从新媒体迅速传播的特点讲,舆情的时效性也考验着应对舆情的时间观念。例如,从官方处置突发事件的"黄金 24 小时"转变为新媒体背景下舆情处置的"黄金 4 小时"原则——人民网舆情监测室基于互联网环境提出了"黄金 4 小时"原则,即考虑到从厘清事实真相、政府各部门协调工作和完成信息披露等环节所花的最短时间,政府管理部门要做到第一时间发布准确信息,处理舆情事件,面对民众质疑积极参与到舆情的应对过程中。

二、媒体角色与舆情传播

关于怎样的事件与信息特征才会成为舆情，没有完全客观的依据与标准，但大体上，从媒体的角度讲，舆情的"成蛹"与"出茧"即舆情的孵化与爆发离不开社交新媒体与传统大众媒体这两个"左膀右臂"。比如，山东疫苗案的舆情"成蛹"与"出茧"也经历了弗朗索瓦丝·勒莫关于"幼虫""成蛹"及"出茧"这一谣言传播主要阶段的类似特点：即在舆情的"幼虫"阶段，人们就积聚着对现实的一些不安——这些不安以集体无意识的形式潜伏着；"幼虫"到"成蛹"则主要因导火线的出现而触发记忆；"出茧"是指群体性增强，舆情风暴蔓延。这三个阶段分别对应的是信息的传播、孵化与爆炸。山东疫苗案的舆情传播中，通过梳理，容易发现一个事实——不可忽视的媒体角色。

三、新媒体与谣言传播

1994年4月20日，我国通过一条64K的国际专线，全功能接入国际互联网，中国的互联网时代从此开启。随着我国互联网基础设施建设的不断完善、利好政策的出台及互联网对各个行业的渗透，网民规模持续增长，根据中国互联网络信息中心（CNNIC）发布的《中国互联网络发展状况统计报告》显示："截至2021年6月，中国网民规模高达10.11亿人，互联网普及率达到71.6%，网民中使用手机上网提升至97.5%。"互联网和新媒体的发展使4A传播成为可能，即任何人（Anyone），在任何时间（Anytime），在任何地点（Anywhere），用任何方式（Anyway）。技术门槛的消失或降低使个人表达有了前所未有的空间，实现了对媒介普遍的使用权。但互联网和新媒体的发展存在着网络把关、社会责任、传统伦理等的缺失，这就给谣言传播带来了可乘之机。据《人民日报》在2014年12月的调查显示，"你遇到过网络谣言吗？"46.91%的民众表示经常遇到，37.97%的民众表示有时遇到，15.12%的民众表示极少遇到。"你常在哪里遇到谣言？"（多选题）67.78%的民众表示常在微信上遇到，48.11%的民众表示经常在论坛贴吧上遇到，而47.42%的民众表示经常在微博遇到谣言。可见，网络谣言是现今互联网上的一大危害，网络谣言最常传播的渠道是微信、论坛贴吧和微博。

四、新媒体与意见领袖

意见领袖这一概念由美国哥伦比亚大学拉扎斯菲尔德等人于1948年在《人民的选择》一书中提出，并在其《个人影响》一书中加以进一步阐释。意见领袖是一些看起来对议题持有兴趣并且擅长表达的选民，他们不仅能够给出政治性的建议，甚至还竭力改变其他人的想法，这些意见领袖存在于所有的职业群体中。从受众的角度看，大众传播的信息并没有直达受众，而是按照"媒介——意见领袖——受众"的方式进行。意见领袖有充当大众传媒和群体中其他人的中介的功能，多数人往往通过与其所属的群体中的意见领袖的人际交往获取更多的信息和观点。

通过新媒体上呈现的大大小小舆情事件,我们不难发现,有两个因素在每起网络舆情事件中都发挥着作用:一个是传统媒体与新媒体互动,另一个就是意见领袖的作用。意见领袖的存在有必然的现实意义。根据伯内斯的观点,我们很少会意识到,对于我们群体生活机能的有序性来说,这些隐形的管理者是多么的必要。从理论上讲,每位公民都可以在公共议题和私人事务上作出自己的决定,而实际情况却是,如果人民必须卷入艰深的经济、政治、道德方面的数据,对所有问题进行考量,他们会发现自己什么结论也得不出来。我们已经自发达成了共识,允许一种隐蔽的治理为我们筛选数据、突出重点,最终让我们的选择范围被缩小到可操作的程度。意见领袖如同黏合剂,将具有相同看法的普通网民聚合在一起,为可能形成的舆论提供了群聚的可能。

综上,在新媒体环境下,信息传播具有很强的交互性,任何人都可以通过新媒体将信息方便迅捷地传播至社会的各个角落。新媒体传播权力分散到平民阶层,传播者日益平民化,这样,突发公共事件信息传播的不确定性成倍增长,任何人都可以出于各自目的进行传播,甚至达到政府难以控制的地步。因此,善待、善管、善用新媒体,对于公共危机的有效管理,对于突发公共事件的有效处置具有非常重要的意义。从危机的发展周期来看,随着网络媒体等新媒体的广泛应用,公共危机管理的阶段性特征有了新的变化,危机的潜伏期与爆发期的界限逐渐模糊。由于新媒体信息传播的及时性,许多突发公共事件信息在传播后,公众可能已经迅速对事件作出了推测或判断,并利用新媒体迅速交流,形成强大的信息规模效应和舆论声势。从危机应对与舆论引导来看,网络媒体等新媒体具有较强的群体暗示和群体感染机制,并体现出了较强的群体集合行为特征,即集合行为中传播的一个重要部分是与信息相伴随的情绪或感情,这种情绪和感情通过群体暗示和感染机制不断得到加强,就容易形成某种导向。突发公共事件信息一旦通过网络媒体等新媒体进行传播,意见领袖最初的评论很容易影响受众,形成先入为主的导向,并且产生一定数量的"一致意见支持群体",他们之间相互呼应、相互支援。政府部门在危机事件发生后发布的官方消息和开展的舆论引导,如果与"一致意见支持群体"原有的猜测和设想不一致,他们就会对政府部门发布信息的真实性和准确性产生怀疑。

在新媒体环境下,突发公共事件处置手段需要更加丰富和多样化。政府部门在突发公共事件处置过程中,要充分认识网络媒体等新媒体的重要性,加强网络舆情的应对与处置;要注重危机快速反应机制的建立,及时发布权威信息,避免危机的进一步激化;要注重网络媒体等新媒体的适度监管,开展有效的舆论引导;要注重新媒体手段的充分运用,及时消除危机的不良影响。

第四节　突发公共事件舆情风险管理过程

舆情应对，考验的是涉事主体把控纷繁信息、主导舆论议程、平复公众情绪、凝聚社会共识的能力和水平。重大突发敏感事件发生后，面对社会关切的汹涌舆情，涉事主体不光要有稳妥、高效的处置措施，也要定出回应关切、化解舆情的锦囊妙计，以求达到事件处置与舆情应对相得益彰的理想效果；否则，舆情应对不当，势必干扰事件处置。换言之，舆情应对是事件处置的另一个战场，两者相辅相成、共损共荣、缺一不可，必须有机衔接、统筹推进、同向发力，防止引发次生舆情，促进事件顺利处置。

突发公共事件网络舆情的演化一般经历舆情产生期、舆情扩散和高涨期、舆情衰退期。与之对应的突发公共事件网络舆情管理过程是治理主体参与网络舆情应对并采取决策和行动的一系列过程，包括信息报送、舆情研判、新闻发布、正面回应、舆论引导、媒体公关等。当前，社会思想多元，利益诉求多样，网络监督活跃，舆情危机频发，迫切需要务实管用的应对策略和技巧。方法对头，事半功倍；方法不对，努力白费，甚至事与愿违，平添负面舆情，加大处置难度。

一、新闻发布遵循事项

当今新媒体时代，每个人的手机都成了便捷的信息接发端，体制内媒体的话语权垄断被打破，原先"沉默的大多数"被"去中心化"的网络传播所激活，催生出难以计数的业余记者，到处都是信息的出口和舆情的温床。因此，重大突发敏感事件一旦发生，几乎都捂不住，往往随即就有目击者用手机将现场图片、视频和相关信息发到微博、微信及各种短视频平台上，几分钟后就有网媒转载，几个小时就能形成爆发式传播、亿量级关注，对舆论场造成很大影响。新华网舆情监测显示，当今80%以上的重大社会热点事件均始于自媒体首发扩散，"微博＋微信＋视频号"传播已成为引爆舆情的标配。

传播学告诉我们，突发公共事件的发生往往伴随谣言传播。如2020年初新冠肺炎疫情在武汉暴发伊始，网络谣传四起：一会造谣说武汉华南海鲜市场的老板余×是湖北省政协某副主席的儿媳，一会又炮制所谓"病毒从武汉病毒所泄漏""病毒是人为制造"的阴谋论，接着又出现"我国粮食短缺，赶紧抢购囤积"的虚假警示，随后更冒出"5G造成新冠病毒传播"的荒诞说法……由于这些谣言大都呼应着人们的现实感受、心理预期、情感共鸣，一旦假信息和真知识相互混杂，比真相更有冲击力、传播力，严重加剧社会恐慌，破坏公共秩序，干扰抗疫大局,危害不可小觑。正如世界卫生组织总干事谭德塞所言:"谣言疫情在很多时候造成的影响和病毒疫情的严重程度相当,所以需要在防控病毒传播的同时也破除谣言。"因此,重大敏感事件发生后,只有快报事实,抢占先机,才能跑赢谣言,掌握舆论主动权,避免带来次生舆情风险。

(一)两小时内务必发声

《国家突发公共事件总体应急预案》对各级政府发布突发公共事件信息提出明确要求:"事件发生的第一时间要向社会发布简要信息,随后发布初步核实情况、政府应对措施和公众防范措施等,并根据事件处置情况做好后续发布工作。"《预案》对事件发生后的"第一时间""随后""后续"等不同时段,规定了相应的信息发布内容,对政府的指导性、操作性较强,但对"第一时间"没有作出明确的时限要求。习近平总书记在党的新闻舆论工作座谈会上指出:"时效决定实效,速度赢得先机。""早说比晚说好,自己说比别人说好。"明确"第一时间"的发声时限对于抢占舆论先机至关重要。传统媒体时代,突发公共事件新闻发布奉行"黄金24小时法则",2010年上半年,人民网舆情监测室提出了"黄金4小时法则"。随着移动互联网的快速发展,发声时限还应更短,特别是"手机随拍上网""手机+微博直播""抖音"已成潮流的趋势。曾胜泉提出的"黄金两小时法则",指的是突发公共事件从发生到网上传播扩散、进入公众视野,所需时间大概1~2小时——这是新闻发布和舆情回应的最佳时机,一旦错过,就会被不实信息和有害言论抢占网络,迷惑人心,再想纠正过来就很困难,因为人们接受信息具有先入为主的"首因效应",最先获悉的信息很大程度上决定了人们对事件的基本认识和判断。故此,处置部门要在"黄金两小时"内尽快发声,力求成为突发公共事件的第一信息源、第一定义者和第一解释者,主导网上议题走向,营造良好舆情环境。

突发公共事件首发新闻的时效性越短,越有可能抢占信息传播第一落点,影响受众对事件的第一印象和基本判断,赢得事件定义权和舆论主导权;在两小时内,即使自媒体抢先发声,受众也有耐心等待政府部门作出回应;在两小时后,如果政府部门仍迟迟沉默不语,就会有人在焦急等待中打探小道消息,很可能耳闻或传播不实信息乃至谣言,干扰事件处置。特别是事关群众生命财产安全、影响社会公共秩序、容易引起舆论高度关注甚至揣测的重大突发敏感事件,更要快速抢占信息发布先机和话语主动权。如果信息发布晚了,不但无助于挤压谣言猜测空间,消除公众疑虑恐慌,还可能会造成更大的生命财产损失,引发更严重的次生舆情危机,加大舆论引导难度,给救援、调查、善后、追责等关键处置工作带来极大干扰。令人欣喜的是,国家对政务舆情回应有了时限要求:2016年8月,国务院办公厅印发了《关于在政务公开工作中进一步做好政务舆情回应的通知》,要求各地各部门对重特大政务舆情最迟应在24小时内举行新闻发布会,对其他政务舆情应在48小时内予以回应,并根据工作进展情况,持续发布权威信息。同年11月,国务院办公厅又出台实施细则,明确规定涉及特别重大和突发公共事件的政务舆情,最迟要在 5 小时内发布权威信息。须知,这 5 小时内是不逾越、违者得咎的底线时限,而非争分夺秒、实效至上的黄金时间。但需提醒的是,公布事件原因时,时效性要服从准确性,否则,仓促公布了不准确的原因,就会平添舆论质疑。如 2011 年温州"7·23"动车追尾事故发生后,处置部门未经缜密调查,就草率地公布事故原因为雷击。而事实上,雷击造成轨道电路发送器和列控中心通信故障只是诱因,列控中心设备存在严重设计缺陷和重大安全隐患才是主因。该说法被众多网民指责为推卸责任,使处置工作陷入极为被动的局面。故此,要快报事实,慎报原因。

总之,新媒体时代,发布权决定话语权,话语权决定主导权,时效性决定实效性,透明度决定公信度。只有及时主动公开信息,充分回应社会所关切的,才能实现"首发定调""先入为主",最大限度挤压谣言生存空间,减少无谓的猜测、质疑、焦虑与恐慌,为事件处置营造良好的舆情环境。

(二)依法公开发布信息

李克强总理在 2013 年 3 月 26 日召开的国务院廉政工作会议上指出:"现在社会已经是一个透明度很高的社会,我国微博的用户数以亿计,有些政府信息不及时公开,社会上就议论纷纷,甚至无端猜测,容易引起群众不满,产生负面影响,给政府工作造成被动。与其如此,还不如主动及时地公开,向群众说真话、交实底,让群众了解真实情况,接受群众和媒体的监督。"政府信息公开不仅是建设廉洁型、服务型政府的需要,也是政府的一项法定职责。早在 2007 年颁布实施的《政府信息公开条例》就明确规定,"行政机关公开政府信息,应当坚持以公开为常态、不公开为例外",除涉及国家秘密、商业秘密、个人隐私以及公开后可能危及国家安全、公共安全、经济安全、社会稳定等"例外"情形,其他政府信息均应当公开"。《条例》还列举了包括"突发公共事件的应急预案、预警信息及应对情况"在内的政府应主动公开的 15 项信息。而对于突发公共事件的信息发布,相关法律法规的规定更为详细、具体。如《突发事件应对法》规定:"履行统一领导职责或者组织处置突发事件的人民政府,应当按照有关规定统一、准确、及时发布有关突发事件事态发展和应急处置工作的信息。"2016 年 8 月国务院办公厅下发的《关于在政务公开工作中进一步做好政务舆情回应的通知》规定:"突发事件的政务舆情回应内容,应围绕舆论关注的焦点、热点和关键问题,实事求是、言之有据、有的放矢。"根据上述法律法规和有关文件精神,突发公共事件发生后,事发地政府和主管部门应当把时间、地点、信源、原因、性质、危害程度、事态发展、政府态度、处置措施等基本情况如实发布,依法充分满足社会公众的信息需求。

以 2020 年初发生的新冠肺炎疫情为例,政府应当履行法定公开职责,及时发布病例数据、医疗救治进展、场所防控举措、患者活动轨迹、密切接触者等公众关注的焦点信息。但在疫情暴发初期,由于有关地方政府认识和经验不足,未能及时、充分公开信息,助长了谣言惑众,加剧了社会恐慌。1月20日,钟南山院士毅然向媒体指出此次肺炎"存在人传人现象"。同日,习近平总书记作出重要指示,强调要把人民生命安全和身体健康放在第一位,坚决遏制疫情蔓延势头,及时发布疫情信息。于是,从1月21日起,国家卫生健康委每日在官方网站、政务新媒体平台发布前一天全国疫情信息;22日,国务院新闻办公室举行第一场疫情新闻发布会,通报病例数据、防控工作部署等情况。随后,从1月22日至5月31日,国务院联防联控机制、国务院新闻办公室共举行新闻发布会161场,平均每天1.24场。全国各级政府和卫健部门参照国家做法,密集发布当地疫情信息。主动、及时、充分的信息发布,不仅消除了公众前期因信息饥渴产生的疑虑不安情绪,更获得了广大网民乃至境外人士的由衷点赞。

公开透明、真实准确,是政府信息发布的基本要求,也是突发公共事件新闻处理的首要原则,是释疑止谣的关键前提。故此,不能对本地区本单位有利的信息就公开,不利的就隐瞒;也不能低估公众的承受力,纠结于是否把最坏的结果说出来。如果遮遮掩掩当鸵鸟,漠视公众知情权和监督权,反而会激起网民的怀疑心理。

然而,公开不等于没有节制,透明不等于没有秘密,要辩证理解公开透明的含义,准确把握信息发布的量与度。根据《政府信息公开条例》,依法确定为国家秘密的政府信息,法律、行政法规禁止公开的政府信息,以及公开后可能危及国家安全、公共安全、经济安全、社会稳定的政府信息,不予公开;涉及商业秘密、个人隐私等公开后会对第三方合法权益造成损害的政府信息,不得公开(第三方同意公开或者行政机关认为不公开会对公共利益造成重大影响的除外);行政机关的内部事务信息,包括人事管理、后勤管理、内部工作流程等方面的信息,可以不予公开。政府官员必须保持清醒头脑,守住这些"红线""底线",严防因信息公开不当而危害国家安全和社会稳定。

(三)信息必须真实客观

真实客观是新闻和信息的生命,也是政务公开、信息发布的命根子。唯其真实准确、完整客观,才会权威公信、定向定调,赢得公众的理解、信任和支持。如今,公众对政府公开信息的真实准确度要求越来越高,尤其是那些抱有"仇官"心态、喜欢"挑刺找茬"的网民,一旦发现政府公布不实信息,就会趁机大做文章、添油加醋、口诛笔伐,导致各种质疑攻击类信息不胫而走,令政府公信力和权威性大打折扣。因此,政府发布的信息必须真实准确,确保每个数据、细节、观点和结论都经得起公众挑剔的目光,经得起任何放大镜、显微镜的检验。

二、舆情应对理念

对舆情的应对面临两个层面的问题:一是应对法则的问题,是舆情应对中"术"的问题;二是现在所讲的应对理念的问题,是舆情应对中总体思路的问题。舆情应对的基本宗旨是法治理念、治理理念和沟通理念。

（一）法治理念

舆情治理中政府的权力边界与民众呼声的权利边界均是新媒体舆情生态下需要认真定位的，法治思路可以扼制权力任性与言论任性。从政府职能部门的角度讲，治理思路的一个基本前提是法治思路，政府新媒体应对要有法必依、有法可依，法律面前人人平等是长期有效的舆情治理的基本前提。从网民的角度讲，网络言论自由也需要法律的保驾护航，需要有言论自由的边界意识，杜绝网络暴力、网络暴民等现象的出现。但新媒体环境下的信息应对法案在全球范围内也并不完善，而且往往存在相对滞后的现象。新媒体的迅猛发展及其"病毒式传播"的特征加上匿名性的低门槛，均加大了法治治理的难度，向新媒体的法治化建设之路提出了挑战。并且，互联网的跨地域特征也使原本的条块分割、政府管制面临挑战，跨越国界的互联网信息、互联网犯罪更是增加了地域治理的难度，例如近年恐怖主义在一些国家和地区的发展及蔓延就是利用了互联网技术。

互联网不是法外之地，自互联网出现以来，国内关于互联网的相关规定就在逐步完善之中。现有的《全国人民代表大会常务委员会关于维护互联网安全的决定》《全国人民代表大会常务委员会关手加强网络信息保护的决定》《互联网电子公告服务管理规定》等，均涉及网络言论自由、名誉权、隐私权、社会秩序、法律等权利边界的限定问题。从 2017 年 6 月 1 日起实施的《中华人民共和国网络安全》的实施可以看出，关于新媒体的各种立法加快了步伐，互联网的监管体系与法治化建设正在走向正轨。

舆情治理中的法治思路一般涉及政府权力部门、媒体及大量普通网民三方。各种法律条文打破了常见的"政府/民众"二元对立的模式，使舆情治理有法可依，不论是政府权力部门、各路媒体，还是普通个体，都应该在法律的框架下行事。

（二）治理理念

首先，舆情是社会情绪的晴雨表，是人心所向的问题，对社会舆情的治理不只是管理与控制那么简单。每一次舆情的发生、发展均是既有具体事由，也有更深层次的舆论氛围所在，这就是前面屡次提到的舆情"成蛹""出茧"之前的"幼虫"的存在。换句话说，简单的舆情应对只是解决了"燃烧物"的问题，但潜伏状态的"易燃物"并非就此死寂。

正视舆情传递出来的社会情绪和根本原因，需要由之前的管理思路转向治理思路。习近平总书记在中共中央政治局第三十六次集体学习时强调，随着互联网特别是移动互联网的发展，社会治理模式正在从单向管理转向双向互动，从线下转向线上线下融合，从单纯的政府监管向更加注重社会协同治理转变，应进一步促进提升政府的良好形象，引导公民了解国家大政方针，积极参与社会共治，维护社会和谐稳定，进一步促进政府职能的转变，使国家治理体系和治理能力逐步实现现代化。管理思路就是政府本位,而非社会本位。政府本位的舆情管理思路之下,视舆情为惹麻烦、为非理性,视民众为惹是生非者,这种管理思路与一些舆情所表现出的官—民对立情绪相呼应,互相助推舆情的情绪性堆积,容易使舆情生成次生灾害,不利于长久的舆情治理。

尤其重大突发公共事件发生时,应对这类舆情便不只是简单的一事对一事的处理,而是在治标之外反思如何治本。在舆情治理中,权力机构要为自己设置限度与范围,"要在政府控制和网络舆情表达之间寻求平衡:既通过政府控制,确保公共利益和私人利益不受侵害;又要注意政府的控制活动边界不能无限扩大或任意作为。"同时还能在舆情应对时失察、失声、失态——失察就是对社会情绪并不了解,了解后失声,就是错失发言或引导舆论的良机,引发社会秩序更加混乱;失态就是舆情应对的理念与方法有误,引发更激烈尖锐的矛盾冲突。

关于舆论氛围中存在的对于公权力的不信任,2014 年习近平总书记在兰考县委常委扩大会议上的讲话中提到了"塔西佗陷阱"。他说,古罗马历史学家塔西佗提出了一个理论:当公权力失去公信力时,无论发表什么言论,无论做什么事,社会都会给予负面评价,这也是涉及政府职能部门的舆情频繁以及民众通过舆论风潮自我赋权的基本原因。

社会治理的思路,强调管理理念的创新,更强调各方协作、协商,各方话语权力的协调,治理主体也比先前的管理主体相对分散多元。"治理"强调"过程""调和""多元""和"互动"等,不同于传统的管理。治理是指"政府行政系统作为治理主体,对社会公共事务的治理。就其治理对象和基本内容而言,其包含着政府对于自身、对于市场及对于社会实施的公共管理活动"。舆情的治理理念首先要落实的是管理者的立场——站在民众的利益,互利、调和、互动,把民众的利益与政府的利益放在一起考虑,是合作式的,而不是命令式的,在这样的立场前提下,"晓之以理,动之以情"才能发挥作用。治理思路不仅是去除家长式思路,以平等、协作、协商的方式处理舆情的态度问题,更应该讲求法治理念,在秉持有法可依、有法必依、执法必严、违法必究的前提下秉公行事,才是舆情治理的根本前提。

(三)沟通理念

顺应治理思路而来的就是沟通的思路。如果说传统媒体时代是以宣传为主引领舆论的话,那么新媒体时代就是以互动沟通为要。沟通思路与开放思路必然面临经验不足的风险,但政府职能部门如果依旧故步自封,依旧止步于过去的管控模式、管理思维,社会舆情只会继续蔓延发酵甚至"破茧而出"。沟通思路讲究沟通方式,具体讲,就是舆情过程中诚恳的对话态度、正面的信息公开、抓住时机的沟通,以及具体舆情发生之前和之后的正面宣传与引导。诚恳的对话态度需要改变"只唯上、不为下"的作风,放低姿态倾听意见。正面的信息公开虽然受制于《保密法》《安全法》等法律条令,但在法律允许范围内的信息公开透明是沟通过程的必要方式,这可以疏解舆情过程中的情绪浓度,增强普通民众对职能部门的信任并遏制谣言的产生。

舆情应对中,沟通思路除了面对事态中的舆情,还要关注舆情过程的"两头"——具体舆情发生之前和之后的预警、引导,以及整体上或系统上的舆情分析、总结,这需要大数据的支持和多方协调应对。具体来讲,就是抢滩新媒体,发力新媒体,创新沟通方式,坚持正确舆论导向,利用大数据多方协调、事后总结。

舆情应对之前的舆情风向预测是建立舆情预警机制的目的。新媒体的信息传播已经从"人人都有麦克风"发展为"人人都有摄像头"的阶段,发出声音、发出图像、发出视频已经不仅是民众手握话筒自我发声的表现,也是各级职能部门沟通民意、引导舆论目的之所在。为此,政府职能部门的信息传播不仅要通过政务微博、公众号等方式进行,而且也要以视频直播等方式主动设置议题,疏导民意,而不是被动地"潜水或旁观"。2016年2月19日,习近平总书记主持召开党的新闻舆论工作座谈会时强调,"党的新闻舆论工作是党的一项重要工作,治国理政、定国安邦的大事,要适应国内外形势发展,从党的工作全局出发把握定位,坚持党的领导,坚持正确政治方向,坚持以人民为中心的工作导向,尊重新闻传播规律,创新方法手段,切实提高党的新闻舆论传播力、引导力、影响力、公信力。"2017年2月19日,中央电视台"央视移动新闻网"推出。该平台除了供央视记者完成现场采集(拍摄)、编码、传输等环节外,还设置了矩阵号板块,吸引入驻机构协同进行内容发布、视频直播,目前已有央视新闻、四川观察、江苏新时空等多家广电机构入驻。

三、大数据及多方协调

舆情治理需要法治理念、治理理念和沟通理念。此外,新媒体语境下的舆情治理还需要借助技术手段,比如大数据的支持。需要指出的是,大数据并不等于全数据和真数据——数据对象、数据分析等依赖于对媒体形态的全面认识,依赖于对分析对象的全局把握,比如网民的情绪、态度、信念、意志等的流动性或不确定性等,这些未必是大数据能够包含的内容,"技术决定论""技术依赖论"的理念并不可取。

(一)大数据与突发公共事件舆情管理风险化解

基于大数据在经济、社会发展领域和公共管理领域的独特价值,世界主要国家都给予了充分的关注并制订了相关的发展计划。如2012年,美国政府提出了"大数据的研究与开发计划"——该计划包括美国国防部在内的六个联邦政府部门和机构宣布新的2亿美元投资,以提高从大量数据中收集、访问、组织和发现知识的工具与技术水平。2016年5月,随着《联邦大数据研究与开发战略计划》的发布,大数据的研究、开发与应用又获得了来自政府的实质性推动。我国将大数据纳入基础性战略资源是在2016年3月,《国民经济和社会发展第十三个五年规划纲要》提出了国家大数据战略的实施计划。2017年12月,习近平总书记在中共中央政治局第二次集体学习时强调,"要运用大数据提升国家治理现代化水平""要充分利用大数据平台,综合分析大数据风险因素,提高对风险因素的感知、预测、防范能力"。

仔细分析突发公共事件舆情可以发现,其具有典型的大数据特征。

一是突发公共事件舆情的数据量巨大。随着互联网技术的发展和智能手机等手持设备的广泛使用,人们越来越习惯于随时随地通过微博、微信、抖音、博客、论坛等各种平台分享信息、表达诉求、建言献策,每天产生于这些平台的数据量高达几百亿条甚至几千亿条,而突发公共事件本身又具有较强的社会冲击力,其传播产生的数据会更多。

二是突发公共事件舆情数据产生速度极快。微信、微博、短视频等新兴社交媒体平台的裂变式传播特性,以及各种平台之间方便快捷的互联互通功能,使信息传播、网民之间交互速度越来越快,突发公共事件的舆情新数据不断涌现,舆情态势处于动态变化之中,舆论形成的速度越来越快,留给管理者应对处置的时间越来越短,已从2010年的"黄金4小时"缩短到2015年的"黄金1小时"。

三是突发公共事件舆情数据类型多种多样。突发公共事件舆情数据类型各异,网民对同一突发事件的意见、情绪和态度表达可以借助文本、图像形式,也可以使用视频、音频、动画等形式,甚至搜索、传播这些行为数据也是一种表达形式,这极大地拓展和延伸了传统的以文本和图像为主导的表达形式。

四是突发公共事件舆情数据价值密度低。突发事件发生后,产生的舆情数据可能分散在各类媒体平台上,以各种数据类型存在,从单一平台、单一数据类型中分析与挖掘都不足以掌握舆情整体态势,只有立体化、全局化、动态化分析与挖掘这些大数据,才能全面、准确地把握舆情。

综合突发公共事件舆情的这些特征可以发现,要对其进行有效的风险防控,就有必要借助大数据平台。

(二)大数据为突发公共事件舆情管理风险化解提供的机遇

各行各业对大数据的需求、应用推动了信息技术的快速发展,产生了一系列针对大数据的信息处理技术。大数据信息处理技术应用到突发公共事件舆情管理领域,能够为管理者提供全时域、多维度、深层次的舆情态势信息,有利于提升舆情态势感知能力,为有效化解原生风险提供信息保障。

第一,大数据平台可为突发公共事件舆情管理提供全时域舆情信息。

在以博客、论坛、电子邮件为主的网络媒体条件下,信息传播速度较慢,民众对管理者的舆情反应速度要求不是很高。随着大数据时代的到来,以微博、微信、抖音为代表的社交新媒体平台的出现,使信息传播速度越来越快,尤其对于突发公共事件,其信息几乎可以零延迟地向线上虚拟社会、线下现实社会扩散,这就要求管理者必须提升舆情发现速度,为提高舆情反应速度争取时间。

以往突发公共事件出现后,管理者通常委托第三方采用问卷调查、电话调查等方式获取舆情信息,再通过层层上报反映情况,这样获取的舆情信息不仅具有延迟性,而且在舆情上报过程中可能存在人为"扭曲"舆情的情况,使其真实性无法保证。在大数据时代,民众围绕突发公共事件会迅速通过网络进行传播扩散、评论互动,网络成为获得第一手真实、及时信息的重要来源,同时民众发布信息可能会使用各种媒体平台,因此,舆情的信息载体不仅包括文字,还包括图像、音频、符号、视频等。随着硬件成本的大幅度降低,大数据处理框架的不断完善,数据采集和数据抽取等技术不断优化,利用大数据处理相关技术可以无限拓展信息收集的广度,实现全网络、多媒体平台数据的 24 小时不间断采集;同时可以利用大数据并行处理速度快的优势,对数据中包含的敏感舆情信息、指定舆情信息可以进行实时检测,保证管理者能够在第一时间获得全面的舆情数据,及时发现已有或潜在的原生风险,为化解风险争取宝贵时间。

第二,大数据平台可为突发公共事件舆情管理提供多维度舆情信息。

任何舆情(包括突发公共事件舆情)的形成和传播过程均包括舆情主体、舆情客体、中介性事项和舆情空间等要素。还原和展示突发公共事件舆情的各要素态势,有利于管理者全面、客观地掌握突发公共事件舆情整体态势,为科学管理、化解原生风险提供信息保障;同时管理者在回应民众质疑时能够多维度还原事件全貌,提升民众对管理者的信任度,避免陷入新一轮舆情次生风险。

大数据处理技术是新型技术架构的代表,是一种通过对海量和形式各异的信息进行高速获取、多层分析、深度挖掘,从而筛选出高价值信息的技术架构。突发公共事件大数据是体量大、类型多,承载着舆情主体、舆情客体、中介性事项、舆情空间等要素的态势数据,但这些数据只是舆情要素态势的载体,不能直接表达要素态势,更不能还原和展示突发公共事件舆情整体态势,不断拓展的大数据技术可以从这些数据中还原、展示要素态势和整体态势信息,为舆情管理提供多维度舆情信息。如利用自然语言处理技术,从新闻评论数据、社交评论数据中挖掘舆情主体所要表达的意见、观点以及聚焦的主要问题;利用行为分析技术,从关注行为、信息传播行为等数据中发现舆情主体中存在的意见领袖;利用多媒体语义识别技术,从文本、音频、视频数据中发现和追踪中介性事项;利用可视化、地理信息系统等技术,将舆情要素态势、舆情整体态势从虚拟空间向物理空间映射并动态展示于大屏幕。

第三,大数据平台可为突发公共事件舆情管理提供深层次舆情信息。

Google 首席经济学家哈尔·瓦里安(Hal Varian)这样阐述大数据的作用:"海量数据可以广泛获得,所稀缺的是如何从中挖掘出智慧和观点。"可见,大数据重要性的核心不在于数据量大小,而在于人类如何利用大数据,使之产生价值,提高对世界多层次、深层次的理解,从而更好地对其进行预测和改造。管理者在全面掌握突发公共事件舆情整体态势的同时，还要关注态势形成的动因，这样才能更早地预知舆情态势发展。过去舆情态势监测只关注分析网民发言的内容，而忽视了对背后复杂多变的社会关系网络的分析；只关注如何掌握舆情传播态势，而忽视了对背后信息传播网络、网民传播动机等深层次信息的分析挖掘。因此，虽然分析挖掘出了舆情态势信息，但缺少对产生这些态势信息的苗头信息、机制信息的挖掘，自然就不能及时、准确地发现舆情，预测舆情走向，无法给出科学、精准的管理和疏导方法，大大影响了管理工作的科学性和有效性，原生风险化解能力也得不到更好的提升。

在大数据时代，舆情数据更加多样、全面，技术方法更加丰富和成熟，这给舆情趋势的准确预测带来了机会。针对突发公共事件舆情大数据特点，采用大数据技术不间断地实时获取网站、论坛、微博、平面媒体、微信、短视频等平台上的舆情大数据，从多类型舆情大数据中及时、全面地发现公众关注、关心的话题，分析公众的意见、建议、态度、情绪等舆情态势信息，发现可能产生舆情的苗头信息，挖掘机制性深层次舆情信息，实现舆情走势的准确预测，提出可行性应对和引导建议。

（三）大数据有利于提升突发事件舆情协同处置能力

大数据能够提升管理者对突发事件舆情态势的感知能力，在技术上可以实现为管理者提供全时域、多维度和深层次的舆情信息，为化解突发公共事件舆情的原生风险提供信息保障。但在实际工作中，要想获得能够全面反映突发公共事件舆情全貌的大数据，不仅需要从网络中获取大数据，还需要整合其他线下数据，如政府相关部门、非政府组织、企业等的数据。数据来源不同，表示数据所属的主体不同，将不同主体之间的数据进行汇聚共享，是开展科学、有针对性舆情管控工作的前提性数据保障。突发公共事件舆情大数据若获取得不够全面，就无法获得客观准确的舆情态势信息并对其进行客观分析，继而会影响到管理方案制订的科学性。

由于突发公共事件舆情管理工作不仅涉及新闻传播、人工智能、公共管理、网络舆论等多个领域，而且涉及政府部门、非政府组织、企业等多个主体参与，精准制订管控方案，高效执行管控工作，需要多领域专家协同会商，多主体之间协同执行。突发公共事件舆情有效应对的核心是实现协同处置，即打通各主体之间的"信息孤岛"，将各方数据、信息、知识、智慧等各类资源进行整合，形成突发公共事件舆情管理一体化协同处置体系，降低因管理问题而造成的衍生风险。

目前，我国在突发公共事件舆情管理机制、运作方式、处置应对等方面还处于不断完善成熟的过程中，存在一定的问题，比如虽同为政府部门，但由于职能有交叉，加之出于各方自身利益考虑，政府各部门之间在信息共享、协同协作等方面存在一定的难度。要提高突发公共事件舆情管理协同处置能力，需要从管理和技术两个途径共同推进：在管理上要理顺职能关系,健全全程问责机制、议事协调机制,完善包括信息共享机制、智库咨询机制等在内的协同处置机制;同时在技术上可以充分运用互联网思维、大数据技术,深度推进信息数据的打通归集、开发和协同利用,增强各部门之间的信息共享,提高协同会商、协同执行等应对能力,降低舆情管理不当带来的衍生风险。目前,从国家战略高度在全国范围的大数据监测、储存、分析的枢纽中心还没有发挥更大的作用,如果从新媒体跨区域跨国家的特性看,舆情应对中的全球化思路是必然趋势。在互联网跨地区、跨国家的特征影响下,国际议题的舆情也会逐渐增多,如突发公共事件中涉及民族主义、恐怖主义的跨国化蔓延,因而,与国际互联网组织的协作,与国际互联网机构的协作,与国际专业机构的协作等,都是未来跨国化舆情增多后更高的治理要求。

针对突发公共事件舆情管理工作存在的问题,可以依托云计算、大数据、人工智能等相关技术方法解决。云计算是通过网络访问可扩展的、灵活的、共享的物理或虚拟资源池,是按需获取和管理这些资源的一种模式,其中的资源实例主要包括网络、服务器、存储设备、操作系统、软件和应用等。可以利用云计算技术在资源池化、管理自动化方面的优势,将分散在不同舆情主体尤其是舆情治理主体之间的数据、信息等各类资源进行整合、共享与存储,将不同主体变为互联互通的节点,在此基础上实现突发公共事件舆情大数据的分布式快速处理、分析和挖掘,最终构建一种集群式研判决策、联动式执行应对的突发公共事件舆情大数据云协同处置平台,以此提升舆情管控处置能力。

总之,突发公共事件舆情应对及管理要有战略意识与战术方法,"时""效""度"的操作方法需要以法治思路、治理思路和沟通思路作为基本原则,从系统性统筹角度以大数据、多方协调作好舆情的预警与全局式总结,兼顾舆情治理的"标""本"兼治,这样才能更加从容地应对社会转型期的舆情高发状态。

思考题

1. "舆情"与"舆论"有何异同?
2. 舆情的形成和传播过程是怎样表现的?
3. 如何从风险治理角度看待舆情管理?
4. 舆情管理不当会带来哪些负面影响?
5. 大数据助力舆情管理需要注意哪些事项?
6. 舆情管理中切实可行的措施有哪些?
7. 如何看待舆情管理中的各方协同?

第九章 应急恢复重建管理

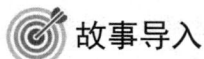故事导入

九寨沟"8·8"地震灾后重建[1][2][3]

2017年8月8日,一场7.0级地震让"神奇九寨人间天堂"震惊中外。这一天,国家地震局发布九寨沟发生了7.0级地震,震中位于丹祖沟北侧支沟北端,北纬33.20度,东经103.82度,九寨沟核心景区西部5000米处比芒村。截至13日20时,地震造成25人死亡,525人受伤,6人失联,176492人(含游客)受灾,73671间房屋不同程度受损(其中倒塌76间)。震后,根据房屋受损情况,九寨沟县出台《"8·8"九寨沟地震受损房屋修复加固补助政策》,按损坏程度分别给予3000元、5000元、8000元房屋修复加固补助;对于需要重建的受灾户,按收入、人口等家庭情况给予最低3.5万元、最高6万元的补助。

11月,四川省发布《"8·8"九寨沟地震灾后恢复重建总体规划》,明确提出,力争用3年时间基本完成灾后恢复重建任务,在安全评估基础上力争早日实现景区开放。同月,四川省人民政府印发的《四川省人民政府关于支持"8·8"九寨沟地震灾后恢复重建政策措施的意见》明确,省财政统筹中央和省级相关资金给予州、县包干补助,支持建立大九寨文化旅游产业振兴基金,包含财政、税收、金融、土地、就业和社会保障、地质灾害防治、生态恢复保护、景区恢复和产业发展、城乡住房重建、基础设施等10大类36条具体政策。

12月,四川省人民政府办公厅印发《"8·8"九寨沟地震灾后恢复重建5个专

---

[1] 泽郎哈姆:《九寨沟景区灾后恢复重建探究》,《活力》2019年第20期,第119页。
[2] 《九寨沟地震致25死525伤人员搜救工作基本结束》,环球网。https://m.huanqiu.com/article/9CaKrnK4Fec
[3] 《灾后重建 九寨沟加快建成脱贫奔康典范》,四川县域经济网。 http://www.ddxyjj.com/scholarship_xiangxi.asp?i=12440

项实施方案》，分别给出了生态环境修复保护、地质灾害防治、景区恢复提升和产业发展、基础设施和公共服务重建、城乡住房恢复重建的时间表与路线图。五大重点任务中，"科学推进生态环境修复保护"位列第一。经过生态重建，目前，九寨沟核心景区的植被生态景观和九寨沟县生态环境功能基本恢复至震前水平。数据显示，九寨沟目前已完成保护区外震损林地植被恢复1.84万亩（1亩约为0.0667公顷），自然保护区珍稀动物栖息地修复1.85万亩，大熊猫主食竹补栽完成、栖息地修复2万亩；完成震损草地补播多年生混合草种15.7吨，补播面积11.7万亩，草原综合植被盖度恢复至87%。

"绿水青山就是金山银山"。守好九寨沟的一山一水，才能守住群众的金饭碗。为此，九寨沟县大力实施"全域发展、绿色崛起"总体战略，开发生态护林员、地灾监测员等公益性岗位3404个，聘用贫困户当生态护林员，既保护了生态又实现了脱贫。2020年6月16日，随着九寨沟熊猫园的盛大开园，"九寨沟"和"大熊猫"两个文旅品牌在这里落地生根。如今，这一定位有了更新的内涵——"九寨沟，不只有九寨沟"，九寨沟全域旅游正强势崛起。九寨沟县把握脱贫攻坚、灾后恢复重建叠加政策机遇，成功打造了甲勿海、嫩恩桑措（神仙池）、甘海子3个国家3A级旅游景区，成功创建了省级全域旅游示范区，并加快建设总投资75亿元的熊猫谷、甘海子等景区项目，积极培育体验旅游、康养旅游业态，加快形成全域旅游格局。

第一节 恢复重建

恢复重建不仅意味着补救，而且也意味着发展，因为恢复重建要在消除突发公共事件影响的过程中除旧布新。从这个意义上看，恢复重建既包含挑战，也蕴藏着机遇，是突发公共事件处置过程中实现转"危"为"机"的关键环节。恢复重建要尽量减轻灾害的影响，使社会生产生活复原，推动社会进一步发展，提高社会的公共安全度，总之，提高灾后恢复重建能力已经成为应急管理领域面临的重要现实问题。

一、恢复重建的内涵

2001年，科罗拉多大学自然灾害中心出版了最早的灾后恢复实践手册，"good"评判法则开始在灾后恢复重建规划中得到运用，标志着灾后恢复重建研究步入正轨。2008年，我国四川发生了里氏8.0级的"5·12"汶川大地震,将灾后恢复重建研究推向高潮。2013年5月21日至23日,习近平总书记在芦山地震灾区考察时指出:"恢复重建是一项复杂的系统工程,要科学规划,精心组织实施。特别要按时完成灾害损失、灾害范围评估,搞好资源环境承载能力评价;按照以人为本、尊重自然、统筹兼顾、立足当前、着眼长远的要求,科学编制好规划;加大政策支持力度,统筹研究资金、税费、金融、土地、产业、住房、就业、社会保障等各项支持政策。"国内学者对恢复重建的认识也逐渐改变。比如,韩伟的研究中强调恢复重建和发展应协同,灾后恢复重建中要确保生产和生活重建协调发展,确保受灾区域内群众的生活质量持续改善,收入确实提高。王宏伟基于"复原"的一般意义定义灾后恢复重建概念,从社会功能层面和社会物质层面分别进行研究,认为灾后恢复重建包括两类活动:一是恢复社会生产生活运行常态,即恢复;二是重新建设由于灾害或灾难影响而受到破坏的设施,即重建。本文中恢复重建是指受灾地区在灾害事件结束后向正常生产、生活秩序回归的过程,主要包括两类活动:一是恢复,即使社会生产活动恢复正常状态,持续时间短;二是重建,即对于因为灾害或灾难影响而不能恢复的设施等进行长远的应对工作,持续时间长。恢复重建机制就是指在突发公共事件应急处置和救援基本结束后,围绕受影响区域社会秩序及人民生活、生产的恢复,围绕受影响区域重建工作,建立一套从过渡性安置、调查评估、规划、实施到相关监督管理的工作流程。

灾后恢复重建是一项艰巨的综合性任务,要从经济社会整体发展的高度进行全面规划,以期促进灾区经济发展,增强防灾、减灾能力。灾后恢复重建关系到灾区社会公众的切身利益和长远发展,必须充分依靠灾区社会公众,举一方之力,有效利用各种资源,通过精心规划、精心组织、精心实施,重建物质家园和精神家园,使灾区社会公众在恢复重建中赢得新的发展机遇。

二、恢复重建的原则

在恢复与重建过程中,为了高效、有序地开展对突发公共事件影响人群的生命救护、城市生命线恢复、物质设施重建、经济社会秩序恢复、灾后心理干预与生活救助、损失补偿与赔偿等各项工作,必须遵循一定原则,以确保突发公共事件恢复与重建目的的真正实现。汶川地震以后,国务院通过《国务院关于做好汶川地震灾后恢复重建工作的指导意见》,明确了六项重建原则:"受灾地区自力更生、生产自救与国家支持、对口支援相结合;政府主导与社会参与相结合;就地恢复重建与异地新建相结合;确保质量与注重效率相结合;立足当前与兼顾长远相结合;经济社会发展与生态环境资源保护相结合。"

为了切实加强突发公共事件恢复与重建建设,推进恢复与重建工作,应当遵循以下原则。

（一）坚持科学重建

立足灾区实际，遵循自然规律和经济规律，统筹当前与长远、生活与生产、经济发展与生态保护，促进灾区经济社会全面协调可持续发展。要严格按照规划，高水平组织实施重建，坚决克服盲目性和随意性；要合理确定重建标准，把钱用在"刀刃"上，不盲目攀比，不贪大求洋，不搞华而不实的"形象工程"和"政绩工程"。

（二）坚持民生优先

民生是重建的根本，必须用心把握保障改善民生的基本立足点，把灾区群众的期待和安危冷暖体现在每一项重建工作中。要合理安排重建时序，将城乡居民住房恢复重建摆在突出和优先位置，加快恢复完善公共服务体系，提升群众生产生活水平；要充分尊重民意、集中民智，把灾区群众满意作为最终标准，多办群众得实惠的事情。

（三）坚持安全第一

合理布局，科学选址，有效避让地震活动断层和地质灾害易发区域、泄洪通道等，确保安全。住房和公共设施该迁建的必须下决心迁建。要突出综合防灾的要求，加强防灾减灾设施建设，增强抵御各种自然灾害的能力；要严格执行国家建设标准和技术规范，实行农村居民住房强制性抗震设防标准，遵循建设规律，防止盲目抢工期，做到进度服从质量。

（四）坚持保护生态

牢固树立尊重自然、顺应自然和保护自然的生态文明理念，更加充分考虑生态恢复的要求，把发展可持续产业、治理地质灾害作为重要内容和突出特色；要强化世界自然遗产、自然保护区、风景名胜区和森林公园保护力度，构建生态安全屏障，打造富有特色、宜居宜业宜游的生态家园。

（五）坚持创新机制

积极探索恢复重建新思路、新机制和新办法。用好中央各项支持政策，发挥财政重建基金的引导和放大作用，拓展市场化、社会化融资渠道；充分发挥灾区干部群众主体作用，同时组织好无灾地区和轻灾地区对口援建重灾地区，调动市场和社会力量参与恢复重建，形成强大合力。"对口支援"是具有中国政治制度特色的一项重要政策，当初应用到汶川地震灾后重建中，实现了经济全面恢复，对今后探索灾区复兴模式具有典型意义和价值。

三、恢复重建的内容

恢复重建的内容要以消除突发公共事件影响为基础,以谋求未来发展为导向。从总体上来看,突发公共事件的影响主要可分为社会问题、经济问题、环境问题和心理问题四类,恢复重建的内容就围绕这些问题展开。

(一)社会问题及重建

突发公共事件的发生会导致成百上千乃至数万人在灾害中遇难,许多家庭失去世代生活的家园,多年辛勤劳动积累的财富毁于一旦。为了消除突发公共事件的社会影响,恢复重建需要恢复社会生活秩序,为社会公众提供基本保障,使整个社会呈现常态运转状态,如修复卫生设施,为灾民提供临时住宅和必要的生活用品等。在此过程中,恢复重建需要注意三个方面的问题:一是严防次生、衍生灾害的发生,确保灾区公众的安全;二是保障灾后重要物资的供应;三是特别关注老人、儿童、残疾人等特殊群体,满足其特殊的需要。

(二)经济问题及重建

突发公共事件经常导致基础设施损毁,工业停产、商业中断、农业绝收等严重的经济问题。此外,还可能引发物价上涨、就业率下降、居民收入减少等难以估算的间接经济损失。特别是重大自然灾害往往会对农业、渔业、畜牧业、养殖业、林业带来灭顶之灾。如2010年8月7日22时,甘肃省舟曲县县城遭遇特大暴雨袭击,舟曲县城5000米长、500米宽区域被夷为平地,造成了重大的人员伤亡和财产损失,电力、交通、通信中断,城镇居民住房、公共设施、基础设施、城乡建设用地和生产用地遭到严重损毁与破坏,居民的生产生活也受到严重影响,生命财产造成巨大损失。因此,消除突发公共事件所造成的经济问题非常有必要。经济救助的具体方式有:

一是政府补偿。政府是应急管理的重要行为主体。在恢复重建过程中,政府下拨救灾款项以帮助灾区恢复生产生活秩序,这是灾害损失补偿的主要手段。2010年"8·7"甘肃舟曲特大泥石流发生后,从中央国家机关到地方政府立刻拨款救灾,团中央紧急下拨500万元支援舟曲灾区,中组部增拨党费300万支持舟曲做好抗灾救灾工作,中宣部紧急下拨300万元支持舟曲抢险救灾,贵州省委、省政府也向灾区捐赠500万元,等等。2010年11月4日,国务院印发《舟曲灾后恢复重建总体规划》,决定总投资50.2亿元,用于城乡居民住房、公共服务、基础设施、灾害治理、产业重建、生态修复等方面,其中灾害防治共13.4亿元,超过总投资额的1/4。

二是灾害保险。灾害保险是一种以财产本身以及与之有关的经济利益为保险标的的保险。保险者对所承保的财产负赔偿责任的范围有:因遇保险责任范围内的各种灾害而遭受的损失,进行施救或抢救而造成的损失以及相应支付的各种费用。依据所保风险的不同,灾害保险具体规定有不同的险种,如火灾保险、雹灾保险、地震保险、洪水保险等。2015年"8·12"天津滨海新区特别重大爆炸事故发生后,根据天津保监局统计数据,截至8月15日10时,天津保险业共接到天津港"8·12"特别重大火灾爆炸事故人身险公司报案175件,涉及283人;财产险公司报案2450件;产、寿险案件共计2625件。到2016年末,天津港"8·12"特大火灾爆炸事故中各保险公司共处理保险赔偿案6000多件,已赔付81亿元。

目前,我国灾害保险的作用没有完全发挥出来。政府应与保险业合作,鼓励保险企业在防灾领域中发展业务,实行有选择的强制性责任保险,并通过财政、税收方面的优惠政策,扶植灾害保险企业。

三是社会捐助。社会捐助有助于舒缓政府压力。这主要包括国内社会捐助与国际社会捐助两种。灾害发生后,国内外社会各界出于人道主义的立场,自发地捐款、捐物,这是灾害补偿的另一种手段。如2021年河南郑州"7·20"特大暴雨灾害发生后,截至8月17日24时,郑州慈善总会累计接收防汛救灾专项捐赠资金共计15.11亿元。这些非政府组织在灾害捐助中以其中立、人道主义色彩及草根性发挥着独特的作用,是恢复重建不可忽视的重要力量。

(三)环境问题及重建

突发公共事件的环境问题可以分为人工环境和自然环境两类,灾后要对这两类环境进行重建。

突发公共事件的人工环境问题主要包括:(1)城乡居民住房大量损毁,部分地区几乎被夷为平地;(2)基础设施严重损毁,交通、电力、通信、供水、供气等系统大面积瘫痪;(3)学校、医院等公共服务设施严重损毁;(4)产业发展受到严重影响,耕地大面积损毁,主要产业、众多企业遭受重创。

突发公共事件的自然环境问题主要包括:(1)生态环境恶化,植被、水体、土壤等自然环境被破坏,次生灾害隐患增多,导致生存发展条件变差,同时大量文化与自然遗产遭到严重破坏;(2)资源环境承载能力下降,人均耕地减少,耕地质量下降;(3)生态环境遭到严重破坏,森林大片损毁,野生动物栖息地丧失与破碎,生态功能退化。

事后重建从人工环境来看,一是紧急安置和救助,包括居民临时住宅的修建和提供,受伤人群的搜寻与救助;二是恢复公共服务设施及其供给,水、电、气、通信、电视等事关民众和社会发展的生活必需品与服务供给;三是住房、交通和商业设施等的恢复和重建,主要是对受到破坏的建筑物、道路桥梁、通信设施等进行恢复建设,以保障人们正常的工作和生活,其中也包括各种社会经济关系的恢复;四是通过重建改善当地居民的居住环境,促进地方发展与经济成长,其中也包括增加预防突发事件的各项措施与设备。从自然环境来看,及时评估造成的破坏和动植物的生存环境，预防次生灾害发生，并对交叉性污染问题采取有效措施。

（四）心理问题及重建

突发公共事件将对受害者及其家属甚至是救援者的心理造成了极大的影响，引起焦虑、恐惧、抑郁、促迫反应、脾气暴躁、过度警觉等心理行为反应，有人还因此留下了终生挥之不去的心理创伤。如 2008 年，汶川 8.0 级地震造成了大量人员伤亡和财产损失，惨烈的灾难让幸存者、伤残者、失踪者家属、救援人员、新闻媒体人和社会大众等直接或间接的相关人群，都不同程度地陷入心理困扰或者心理疾病。除了重大自然灾害之外，人为的破坏性灾难也会给人们带来不可估量的心理创伤，如美国"9·11"事件 5 年后，有调查显示，许多纽约人还因那次袭击事件而存在生理或心理问题，"有 1/6 的废墟清理人员患上了忧郁症"。又如 2014 年"7·17"马航客机坠毁事件和 2022 年"3·21"东航 MU5735 坠毁事件，机毁人亡，尸骨难寻，家属很难接受亲人就这样灰飞烟灭，心理受到的创伤极大。世界卫生组织调查显示：自然灾害或重大突发公共事件之后，大约 20%～40% 的受灾人群会出现轻度的心理失调，这些人不需要特别的心理干预，他们的症状会在几天至几周内得到缓解；30%～50% 的人会出现中至重度的心理失调，心理干预和事后支持会帮助症状得到缓解。而在灾难一年之内，20% 的人可能出现严重心理疾病，他们需要长期的心理干预。唐山开滦精神卫生中心在唐山地震发生 20 周年时做过一次调查，有 1813 人接受调查，结果发现有 402 人患有延迟性应激障碍，占调查人数的 22.1%。当然，能够进行大规模心理援助只是近些年来才出现的新生事物。唐山大地震时，很少关注受灾人员的心理问题，更没有专门的心理工作者投入灾后心理康复之中，许多从废墟中幸存的孩子在震后出现了一系列心理问题，甚至成年以后问题更加严重。在这种情况下，才出现了灾害心理援助并受到了前所未有的重视。就我国而言，非典期间、汶川地震、玉树地震、雅安地震、芦山地震、鲁甸地震等都有心理援助和灾后心理康复，取得了一定的成效。如 2013 年芦山地震发生后，四川省卫生厅及时向受灾县、乡派驻心理或精神科医生，在震后短短一个月内建立了市、县、乡三级心理干预网络，覆盖到每个村和群众安置点。在灾害心理援助过程中，需要明晰心理抚慰的目标、对象、技术和相关措施。

依据心理创伤的相关理论，基于世界各国灾后心理援助的经验，心理援助总的目标是：在灾区建立心理援助工作的长期机制，降低受灾群众的心理创伤程度，激发内在的潜能，增强受灾群众面对灾难和挫折的能力，培养积极、乐观、向上的心理品质，帮助群众深刻认识生命的意义和价值，促进个体顺利发展。

灾难发生后，需要心理抚慰的对象包括：(1) 第一级受害者，即第一现场亲身经历了灾难事件者；(2) 第二级受害者，即有亲属在灾难中遭受伤亡者；(3) 第三级受害者，即与前两级人群有关的人；(4) 第四级受害者，即参与营救与救护的人员，主要有医生、护士、精神卫生人员、战士、警察、受灾区域的公务人员、报道灾难事件的记者等。

心理援助技术可以分为以临床医学定向为主的技术和以社会认知定向为主的技术。前者主要针对有"创伤后应激障碍"（PTSD）和其他精神症状为主的人群，采取医学筛查和门诊，以及住院治疗的方式帮助受灾群众。后者则可采用居民安置点援助、学校援助、社区援助等多种形式，通过各类心理活动达到心理重建的目的。

心理抚慰的相关措施包括：(1) 将心理承受能力的培养作为公共安全教育的一项长期内容；(2) 鼓励社会公众开展自救、互救活动，使人们相互激励，实现社会的集体理性，减轻突发公共事件对个体心理的震荡；(3) 对突发公共事件中心理脆弱的群体给予物质和精神上的特殊关爱；(4) 开展专业心理咨询和治疗；(5) 做好长期心理恢复的准备。

四、恢复重建的过程

恢复重建的过程一般来说都比较漫长而艰难复杂，大概包括以下几个步骤：

（一）事故调查

事故调查主要集中在事故如何发生以及为何发生等方面，其目的是找出操作程序、工作环境或安全管理中需要改进的地方，以避免事故再次发生。一般情况下，需要成立事故调查小组，调查小组要在事故调查报告中详细记录调查结果和建议。

（二）开展损害评估

突发公共事件应急处置工作结束后，履行统一领导职责的人民政府应当立即组织对突发公共事件造成的损失进行评估，组织受影响地区尽快恢复生产、生活、工作和社会秩序，制订恢复重建计划，并向上一级人民政府报告。

（三）进行赔偿工作

受突发公共事件影响地区的人民政府应当根据本地区遭受损失的情况，制订救助、补偿、抚慰、抚恤、安置等善后工作计划并组织实施，妥善解决因处置突发公共事件引发的矛盾和纠纷。

（四）审批重建贷款或拨款

受突发公共事件影响地区的人民政府开展恢复重建工作需要上一级人民政府支持的，可以向上一级人民政府提出请求，上一级人民政府应当根据受影响地区遭受的损失和实际情况，提供资金、物资支持和技术指导，组织其他地区提供资金、物资和人力支援。

（五）开始灾后重建工作

受突发公共事件影响地区的人民政府应当及时组织和协调公安、交通、铁路、民航、邮电、建设等有关部门恢复社会治安秩序，尽快修复被损坏的交通、供水、排水、供电、供气、供热等公共设施。

（六）复审应急预案

通过对突发公共事件应急过程的分析和总结，结合实际情况对预案的统一性、合理性和有效性以及应急救援过程进行再次审核，根据审核结果对应急预案以及应急流程等进行定期修订，以增强预案的科学性、可行性和针对性，提高快速反应能力、应急救援能力和协同作战能力。

（七）进行总结和改进

突发公共事件的威胁和危害得到控制或者消除后，履行统一领导职责的人民政府应当及时查明突发公共事件的发生经过和原因，总结突发公共事件应急处置工作的经验教训，制订改进措施，并向上一级人民政府提出报告。

第二节　调查评估

开展调查评估、总结经验教训，是发现问题、改进工作的重要途径。习近平总书记强调，重特大突发公共事件发生后，一定要认真吸取教训，注重举一反三，坚决堵塞漏洞。2013年11月24日，习近平总书记在青岛"11·22"泄漏爆炸事故现场考察抢险工作时强调，用生命和鲜血换取的事故教训，不能再用生命和鲜血去验证；要做到"一厂出事故、万厂受教育，一地有隐患、全国受警示"。2016年1月4日至6日，习近平总书记在重庆考察时再次强调，面对公共安全事故，不能止于追责，还必须梳理背后的共性问题，做到一方出事故、多方受教育，一有隐患、全国受警示。突发公共事件发生后，要通过学习，把危险变为机遇。

一、调查评估的定义和分类

(一)调查评估的定义

调查指对突发公共事件发生的原因、处置过程和造成的影响进行考察,是获取信息的过程,评估则是根据所获取的信息进行主观评价的过程,两者是相辅相成、相互统一的,调查是评估的基础,即精确的评估要建立在科学、全面的调查基础之上。

(二)调查评估的分类

根据不同的组织活动形式,可以将调查评估分为非正式调查评估和正式调查评估。所谓非正式调查评估,是指对调查评估主体、程序、标准、形式、内容等都没有严格的限制,对调查评估所得出的结论也没有严格的要求,不同的主体从自己的角度出发,作出自己的评价,如媒体对突发公共事件所作的调查评估;正式调查评估是指事先制订完整的调查评估方案,严格按照规定的程序和内容执行,并由特定的评估者来进行的评估,如政府组织成立的调查评估小组或独立的第三方调查评估小组所开展的活动。

根据不同的调查评估主体,可以将调查评估分为内部调查评估和外部调查评估。所谓内部调查评估,是指由与突发公共事件直接相关的主体所进行的调查评估,如吉林石化对中国石油吉林石化公司双苯厂爆炸事件所进行的调查评估。所谓外部调查评估,是指由与突发公共事件非直接相关的主体所进行的调查评估。如非典暴发后,香港特区政府组织由国际专家组成的委员会开展的调查评估,"委员会"由香港特区政府挑选的11位国际上具备广泛相关经验的专家组成,其中英国4名,中国4名,美国2名,澳洲1名。

此外,还可以从不同角度对调查评估作不同分类。如根据不同的评估目的,为对突发公共事件原因的评估,对突发公共事件过程的评估,对突发公共事件结果的评估,对突发公共事件影响的评估;按照突发公共事件的演进阶段,将其分为事前评估、事中评估和事后评估等。

二、调查评估的内容

应急指挥部门要组织开展灾害调查评估工作,为编制灾后恢复重建规划提供依据。突发公共事件的调查评估应包括下列内容:突发公共事件的概况、起因、性质;造成的人员伤亡情况,房屋破坏程度和数量,基础设施、公共服务设施、工农业生产设施与商贸流通设施受损程度和数量,农用地毁损程度和数量等;需要安置人口的数量,需要救助的伤残人员数量,需要帮助的孤寡老人及未成年人数量,需要提供的房屋数量,需要恢复重建的基础设施和公共服务设施,需要恢复重建的生产设施,需要整理和复垦的农用地等;环境污染、生态损害以及自然和历史文化遗产毁损等情况；突发公共事件及其隐患，以及对当地政治、经济和社会等方面的影响；应急处置过程中有关人员的责任；应急处置工作的经验、存在的问题等。调查评估应当采用全面调查评估、实地调查评估、综合评估的方法，确保数据资料的真实性、准确性、及时性和评估结论的可靠性，并以调查评估所提供的有关资料和信息作为制订灾后恢复重建规划的科学依据。突发公共事件发生后，对社会和公众心理影响巨大，对突发公共事件进行调查评估有着重要意义：一方面可以暂时安抚公众心理情绪，保持社会稳定；另一方面，明确事件的来源，进一步采取措施。调查评估能让我们真正透过对事件的解读，做到以"事"为鉴，降低同类风险发生的可能性。

三、调查评估的方法

在应急管理调查评估的实际工作中，人们往往结合使用定性法和定量法。

（一）定性法

所谓定性法，就是调查评估主体根据自己的直觉、经验和突发公共事件的影响以及应急管理的信息资料，对分析对象的性质、特点、发展变化规律作出判断。常用的方法主要包括5W1H法、民意测验法、关键事件法等。

5W1H法是指在调查评估过程中，要求人们回答以下六个有关突发公共事件的基本问题：

"Why"（为什么）突发公共事件发生的原因是什么？

"What"（什么）突发公共事件产生的影响是什么？

"Who"（谁）突发公共事件主要影响到哪些人群？

"Where"（在哪里）突发公共事件影响哪些区域？

"When"（什么时候）突发公共事件的影响会持续多长时间？

"How"（怎么）突发公共事件影响的程度有多大？

民意测验法指通过采用抽取样本，对公众舆论趋势进行社会调查。在应急管理调查评估中，民意测验法可以表明公众对突发公共事件的反应以及公众对应急管理的态度和观点。其特点是：所提的问题少，内容集中，速度快，能直接获取大众化的民意反映。在运用民意测验法时，要注意抽样调查所选取样本的代表性，要尽可能地为公众创造输出信息的平台，可采用访谈、座谈、问卷等形式，保证信息反馈的真实性。

关键事件法原本是企业人力资源管理绩效评估的一种方法，它通过分析、评价某人在工作中极成功或极失败的事件来考察其工作绩效。在应急管理中，可以找出应急管理工作流程中的关键事件，然后考察应急管理主体在这些关键事件中的表现，再经过综合分析，即可得出评估结论。从宏观角度看，应急管理工作流程中的关键事件主要有监测预警、信息报送、决策处置、信息发布、社会动员、恢复重建等关键环节。当然,在具体运用关键事件法时,还需要结合具体事件来选取关键事件。

(二)定量法

所谓定量法,就是对突发公共事件及应急管理过程中的一系列情况进行收集、整理,实行量化核算,依据统计数据建立数学模型,计算出分析对象的各项指标及其数值,寻求应急管理工作中的成功经验和失败教训。

四、调查评估的流程

(一)准备阶段

应急管理调查评估是一项复杂的系统工程,在实施评估之前,需要进行周密的组织和准备工作。准备阶段不仅是调查评估工作的基础和起点,而且是调查评估工作顺利进行的重要保障。充分的准备工作可以保证调查评估工作有计划、有步骤地开展,避免主观随意性和盲目性。

在准备阶段,具体的工作主要有:

首先,成立调查评估小组。调查评估是个理论与实际相结合的研究过程,对调查评估人员的专业素质要求很高,其专业素质将直接影响调查评估的质量,因此,必须选择适当的调查评估人员,构建具有高水准的调查评估队伍。在选择调查评估小组成员时,要坚持独立、公正的原则,从源头上保证调查评估的公信力。另外,调查评估组组长和组员总数应为奇数,在出现分歧时有利于投票表决。

其次,制订调查评估方案。方案是调查评估的依据和内容。作为准备阶段最重要的工作,方案的设计是否科学合理,直接关系到调查评估质量的高低和调查评估活动的成败。调查评估方案应该以书面的形式系统、详细说明以下内容:一是调查评估的对象。二是调查评估的目的、意义和要求。三是调查评估的标准。四是调查评估的基本设想。此外,调查评估方案还要说明调查评估的场所、时间和工作进度,以及调查评估经费的筹措与使用等问题。

简言之,调查评估方案应包括调查评估的五个基本要素,即调查评估的主体、对象、目的、标准和方法,它们共同构成一个完整的调查评估系统。

(二)实施阶段

实施是整个调查评估活动最为重要的阶段,主要任务有:一是利用各种手段全面收集有关突发公共事件的信息。信息是调查评估的基础,从本质上看,调查评估就是收集信息、处理信息的过程。为了保证信息的全面性、系统性和准确性,应综合采用各种科学方法来收集信息,如观察法、查阅资料法、调查法、个案法、实验法等。二是分析信息。在收集信息的基础上,评估者对应急管理的原始数据和信息资料进行系统整理、归类、统计和分析。三是得出结论。在分析信息的基础上,评估者运用合适的评估方法得出评估结论。

总之,在整个调查评估过程中,评估者应该坚持评估材料的完整性,客观、公正地反映突发公共事件的前因后果和应急管理工作的实际效果。

(三)总结阶段

总结阶段的主要工作是处理调查评估的结果,撰写调查评估报告。调查评估必须力求客观,但不能缺少价值判断,而调查评估者的价值判断会受到客观条件和非理性因素的影响,可能出现疏漏。因此,调查评估信息收集完成经过分析评估得出结果后,仍需进行必要的处理:首先是自我检验、统计分析评估信息所得出结果的可信度和有效度;其次是就调查评估的结论向相关人群征求意见,如突发公共事件的亲历者、知情者、受害者及应急管理的决策者、执行者、参与者等,发挥他们对调查评估的诊断、监督、反馈、完善作用,提高调查评估的科学性。

经过处理步骤后,调查评估小组须撰写书面调查评估报告,对调查评估工作进行总结。报告需要涵盖调查评估方案的预设内容,主要是阐述突发公共事件发生的经过,作出相关的价值判断,提出改善应急管理的政策建议。调查报告还应当附具相关证据材料,如《事故技术鉴定书》《事故调查询回录》《事故现场勘察报告》和相关调查材料、图纸、照片以及尸检报告等。

《事故技术鉴定书》是调查评估报告的核心,也是撰写报告的基础。由于事故的表现形式多种多样,事故的原因错综复杂,特别是有的事故发生后,事故的现场全部被破坏,甚至事故的当事人已经死亡或难以查到,这就需要大量、反复地勘查论证、调查分析、模拟实验、专项技术鉴定和重点物证采样化验。实践证明,一般事故的发生都离不开如下四大方面的原因:即人的不安全行为,物的不安全状态,环境的不安全因素,以及管理上的失误、缺陷与混乱。事故的触发往往由这四种或其中的三种、两种原因同时共同作用或某一种原因单独作用而造成的。通过现场技术勘查、调查询问、分析物证、模拟试验,技术鉴定组最后对事故的直接原因作出技术上的结论,并形成文字,以《事故技术鉴定书》的形式表达。

最后,书面形式的评估报告须提交有关领导和实际部门,使之了解调查评估的结果,供其今后开展应急管理工作参考之用。我国相关法律法规对调查报告的提交和批复,作了明确的时限规定。例如,《生产安全事故报告和调查处理条例》第29条规定:"事故调查组应当自事故发生之日起60日内提交事故调查报告;特殊情况下,经负责事故调查的人民政府批准,提交事故调查报告的期限可以适当延长,但延长的期限最长不超过60日。"第32条规定:"重大事故、较大事故、一般事故,负责事故调查的人民政府应当自收到事故调查报告之日起15日内作出批复;特别重大事故,30日内作出批复,特殊情况下,批复时间可以适当延长,但延长的时间最长不超过30日。"《铁路交通事故调查处理规则》第42条和《民用航空器事故和飞行事故征候调查规定》第41条等,也作了类似的规定。

第三节 责任追究

一、责任追究的含义和意义

责任在汉语中有两种含义,其一是指义务或职责,其二是指对应做好却没有做好的事所承担的后果。可以从两个方面来理解政府中的责任:一方面指应做的分内之事,它表明责任是与责任主体的社会角色相联系的,是社会成员基于各种社会规范的要求而承担与自己社会角色相适应的行为,是积极意义的责任。另一方面指因分内之事未做好而受到谴责和惩处。是当社会成员尤其是责任主体不符合社会规范、不履行或未履行好责任时,社会对其作出的惩处,是消极意义的责任。

对应责任的两重含义,责任的实现也应包括两个方面:积极意义的责任的实现需依靠责任主体承担责任的意愿和自觉性,需要责任主体具有责任意识且能够按照法律和社会规范来约束自己的行为,自觉履行职责;消极意义的责任的实现则有赖于制度和社会规范的约束与制裁,否则一旦社会规范失去效力,社会就会出现失序状态。

应急管理责任追究是指在突发公共事件发生过程中或者突发公共事件应急处置过程中,由于工作失误或错误,未履行应有职责或未正确履行职责,造成不良影响或后果时,依据党纪、政纪、法律或者道义追究相关责任的工作。没有责任追究制度,就会导致上至领导下至个人都不能很好地认识自己的责任,一旦发生事情就会相互推诿,导致责任无法落实。责任追究须以调查评估为基础,调查评估又须考虑政府部门的职能及公务员的岗位职责,否则责任追究就不能令人信服。我国应急管理责任追究的形式基本是政府内部问责,缺少外部问责,没有社会公众的有效监督。

二、责任追究的类型

责任的划分是在事件原因分析的基础上进行的,目的是使责任者吸取教训,改进工作。

(一)按责任主体来划分

分为直接责任者、主要责任者和对事件负有领导责任者。

直接责任者是指行为与事件的发生有着直接关系的人员。主要责任者,是指对事件的发生起着主要作用的人员。对事件负有领导责任者是指对事件的发生负有领导责任的人员。

要根据调查所确认的事实,通过对直接原因和间接原因的分析,确定直接责任者和领导责任者;然后在此基础上,在直接责任和领导责任者中,根据其在事件发生过程中的作用,确定主要责任者;最后,根据事件后果和责任者应负的责任,提出处理意见和防范措施建议。在确定责任者时,应注意定性的准确性,把直接责任者、主要责任者、领导责任者很好地区分开来。

(二)按责任内容来划分

分为行政责任、刑事责任和民事责任。

行政责任是指行为人因违反行政法或行政法规定而应承担的法律责任。行政责任一般分为职务过错责任和行政过错责任。前者是指行政机关工作人员在执行公务中,因滥用职权或违法失职行为而应承担的法律责任;后者是指行政管理相关人因违反行政管理法规而应承担的法律责任。

刑事责任是指行为人因犯罪行为而应承受的由司法机关代表国家所确定的否定性法律后果。由于刑事违法的违法性质最为严重,故刑事责任也最为严厉。

民事责任是指行为人违反民事法律、违约或者由于民法规定所应承担的一种法律责任。民事责任主要表现为财产责任,是一种救济责任,用于救济当事人的权利,赔偿或者补偿当事人的损失,多数可通过当事人协商解决。

(三)按责任时段来划分

分为灾前管理失责追究和灾后重建失责追究。

对在突发公共事件中毁损严重的基础设施、公共服务设施和其他建设工程,在调查评估中经鉴定确认工程质量存在重大问题,依法追究负有责任的建设单位、设计单位、施工单位、工程监理单位的直接责任人员的责任。

突发公共事件的应急处置工作依法实行责任追究制。在灾后的恢复重建工作中,建设单位、勘察单位、设计单位、施工单位和工程监理单位,降低建设工程质量,造成重大安全事故,要依法追究其责任。国家工作人员在灾后恢复重建工作中滥用职权,玩忽职守,徇私舞弊的,也要依法追究责任。

三、责任追究的原则

实行预防和处置突发公共事件责任追究,遵循属地管理、分级负责,谁主管、谁负责的原则。党政主要领导负总责,其他领导分工负责,各有关部门和单位各司其职。责任落实到人,不把本级应该解决的问题推给上级,不把本单位本部门应该解决的问题推向社会。不同层级的责任不能相互替代。

责任追究的目的是提高应急管理的能力和水平,应当遵循如下基本原则:

(一)严格要求,实事求是

责任追究主要是针对领导干部。领导干部所拥有的权力与其个人能力具有不对称性,即掌握权力者作出决策和行使权力所造成的社会后果要远远超过其个人的能力范围,并且权力越大,这种不对称性越突出。因此,对领导干部的责任追究必须严格要求,并且越是级别高的领导干部要求应当越严格。同时,这种责任追究必须建立在事实的基础上,必须坚持实事求是的原则,不能因为严格要求而把责任追究建立在猜测、想象、莫须有等之上。

(二)权责一致,惩教结合

领导干部的权力与其个人能力存在不对称性,但责任追究的前提是领导干部所拥有的权力。一个领导干部有多大的权力,就必须承担对其权力的行使及其造成后果对应的责任。同时,由于领导干部权力与其个人能力的不对称性,责任追究的目的不是简单地罚,更多是为了预防领导干部出现不应有的失误和错误。因此,责任追究不仅包括事后惩罚的部分,也包括事前的教育工作,要让领导干部首先明确认识到责任追究的范围和内容、严肃性和有序性,辅以严密、完整的责任追究过程,才能够真正达到责任追究的最终目的。

(三)依靠群众,依法有序

为了确保责任追究目的的达成,以及以上两个原则的实现,仅仅依靠责任追究的专职部门是不够的。有效的责任追究机制必须依靠群众,否则责任追究就会流于形式,丧失应有的价值。然而,责任追究不能变成群众运动,必须建立在明确、清晰及合理的规范之上和完善的制度体系之上。

📖 思考题

1. 恢复重建的内涵是什么？
2. 恢复重建的活动主要包括哪些？
3. 简述恢复重建需要遵循哪些原则？
4. 心理恢复的对象有哪些？
5. 简述调查评估的方法。
6. 简述调查评估的流程。
7. 责任追究的意义是什么？

第十章 应急管理体制

故事导入

福建省泉州市欣佳酒店"3·7"坍塌事故[①]

2020年3月7日19时14分,位于福建省泉州市鲤城区的欣佳酒店所在建筑物发生坍塌事故,造成29人死亡,42人受伤,直接经济损失5794万元。

事故发生后,党中央、国务院高度重视。习近平总书记第一时间作出重要指示,要求全力抢救失联者,积极救治伤员;强调当前全国正在复工复产,务必确保安全生产,确保不发生次生灾害。李克强总理立即作出重要批示,要求全力搜救被困人员,及时救治伤员,并做好救援人员自身防护,尽快查明事故原因并依法问责。丁薛祥、孙春兰、刘鹤、王勇、赵克志等领导同志也作出批示,提出明确要求。应急管理理部、住房和城乡建设部等有关部门及时派出工作组连夜赶赴现场,指导抢险救援、事故调查和善后处置等工作。国家卫生健康委调派医疗卫生应急专家组,支援当地开展伤员救治等卫生应急处置工作。

福建省泉州市消防救援支队立即调派全市26个消防救援站力量奔赴现场救援。福建省消防救援总队一次性、成建制、模块化增调全省其他9个消防救援支队的2支重型救援队、7支轻型救援队,以及总队训练与战勤保障支队、应急通信和车辆勤务大队,携带生命探测仪器、搜救犬和破拆、顶撑、起重、洗消等各类型特种救援装备2600余件(套)机动驰援,总计集结1086名指战员投入救援。应急管理部党委书记黄明等部领导通过视频全程指导指挥救援处置工作,并派消防救援局负责同志赶赴现场指挥。在福建省、市、区各级党委政府和有关部门单位的共同努力下,参战消防救援队伍经过112小时全力救援,搜救出全部被困人员……

[①]《调查报告——中华人民共和国应急管理部》。http://mem.gov.cn/gk/sgcc/tbzdsgdcbg/2020/202007/P020200903357881362082.pdf

第一节 体制与应急管理体制

根据《辞海》的定义，体制是国家机关、企事业单位在机构设置、领导隶属关系和管理权限等方面体系、制度、方法、形式的总称；《现代汉语词典》对体制的定义则是国家机关、企业、事业单位等的组织制度。从字面上理解，体制分为"体"和"制"两项内容——"体"是指能够容纳一定对象的空间，"制"是控制空间中对象合理运行的方法与规则。因此，体制的形成不仅需要成立一个实体机构，更要有对实体机构的责任界定和不同实体机构之间的关系规定。

应急管理体制是指政府各系统、部门整合各种资源，根据应急法制，针对各类突发公共事件的性质、特点和可能造成的社会危害，建立起旨在防止和减少危机发生的工作组织机构。

应急管理体制是各级党政机关、武装部队、企事业单位、社会团体、社会公众等利益相关方，在突发公共事件应对过程中的组织机构设置、隶属关系、管理权限、责任划分等方面所形成的体系、制度、方法、形式的总称。我国施行以政府为核心，其他社会组织和公众共同参与的组织体系应急管理体制，保障公共安全，有效预防和应对突发公共事件，避免、减少和减缓突发公共事件造成的危害，消除其对社会产生的负面影响。

应急管理体制是一个开放的体系结构，由许多具有独立开展应急管理活动的单元体构成。

第二节 应急管理体制的发展历史

一、防灾减灾救灾应急管理体制

自 1949 年中华人民共和国成立以来，党和政府就高度重视应急管理，应急管理体制建设随着各项事业的发展而发展，并逐渐完善起来，其应对的危机范围逐渐扩大，覆盖面从以自然灾害为主逐渐扩大到覆盖自然灾害、事故灾难两个方面。进入新时代，应急管理的覆盖面集中在灾害事故方面。

我国政府应急管理体制的历史演进大体经历了四个阶段。

第一阶段：专门部门应对单一灾种的应急管理体制（中华人民共和国成立以来至改革开放期，简称单一性应急管理体制）。这种单一灾种应急管理体制的特点是：（1）应急管理组织以相关管部门为依托进行对口管理,其他部门参与；（2）对自然灾害等应急事件分类别、分部门地预防和处置；（3）应急管理机构事实上是一种单一灾种的应对和管理机构。

第二阶段：议事协调机构和联席会议制度共同参与的应急管理体制（改革开放以来至2003年防治非典期间）。这种共同参与的应急管理体制的特点：为了应对日益复杂的公共突发公共事件，提高各部的应对能力，增设了有关应急管理的议事协调机构，并以这些议事协调机构为依托，建立了一系列有关应急管理的联席会议制度，如国家防汛抗旱总指挥部与国家减灾委员会联席会议，以便于解决综合协调问题，为综合性应急管理体制的形成奠定基础。

第三阶段：强化政府综合管理职能的应急体制（2003年防治非典结束至2018年，简称综合应急管理体制）。这种综合应急管理体制的主要特点：（1）党和政府把应急管理工作和应急管理体系建设提上了重要的议事日程，并为此进行了一系列的探索，取得了很多具有实质性进展的成果；（2）全面推进了"一案三制"建设，将各类灾害和事故统一抽象为突发公共事件，将各类灾害的预防与应对统一抽象为应急管理，进而确立了突发公共事件应急管理的组织体系、一般程序、法律规范与行动方案；（3）在政府行政管理机构不作大的调整的状况下，依托政府办公厅（室）的应急管理办公室发挥枢纽作用，若干议事协调机构和联席会议制度进行协调，形成覆盖各类突发公共事件的应急管理体制。

第四阶段：以一个核心部门进行总牵头、各方协调配合的应急管理体制（2018年应急管理部成立到现在）。这种应急管理体制的主要特点：（1）政府行政机关大变革，成立应急管理部，整合与应急相关的职能，边组建边应急，改变原有应急管理多头管理、资源分散、协调困难等问题，进而提高应急管理的效率；（2）应急工作瞄准"全灾种"，转向"大应急"，坚持以防为主、防抗救相结合，坚持常态减灾和非常态救灾相统一，从注重灾后救助向注重灾前预防转变，从应对单一灾种向综合减灾转变，从减少灾害损失向减轻灾害风险转变，形成防灾减灾救灾新理念；（3）仍然体现综合性特点，但不仅仅只有综合性，同时还强调整体性和系统性。

二、安全生产监督管理体制

安全生产应急管理是指政府及其安全生产监管部门、相关机构和生产经营单位，为迅速有效地应对可能发生的生产事故尤其是重特大事故，减少事故所造成的生命和财产损失而组织开展的应急准备、应急处置、应急保障等一系列工作，包括应急管理法制、体制和机制建设,应急预案建设,应急培训演练,应急物资储备,抢险救灾,现场处置,预防性监督检查等。因此,安全生产应急管理体制也是安全生产监督管理体制,指政府安全生产监督管理职责权利的配置格局、组织制度和运作方式。建立责权明确、协调一致、高效运转的监管体制是搞好安全生产的基础。中华人民共和国成立以来,随着经济体制、政府机构改革和安全生产形势的发展变化,我国安全生产监督管理体制也不断地改革和调整,逐步趋于完善,大体经历了四个阶段。

第一阶段:工业经济部门负责行业监管,劳动部门履行综合监管和行政监察职责(1949年10月—1998年6月)。改革开放之前,我国的经济成分比较单一,工业生产活动集中在公有制企业。全民所有制企业(即国有企业)分别隶属于不同的工业经济部门,直接接受中央和地方政府相关部门的生产指令与监督管理。集体所有制企业尽管隶属于乡镇、街道等集体组织,但也要接受工业经济部门的计划约束和业务指导。与之相适应,工矿企业安全生产的监督管理一向由工业经济部门负责实施,煤炭、冶金、石油、化工、机械、纺织等部门在安排部署生产任务的同时,也对本行业领域的安全生产提出具体要求。各部门都设立了承担安全生产监督职能的内部机构,负责研究制定本行业领域安全生产政策、法规和标准,组织开展监督检查、协调进行重特大事故抢险救援和调查处理。计划经济时期,国家安全生产综合监管和行政监察职责由劳动管理部门负责履行,《中央人民政府劳动部暂行组织条例》规定了劳动部的主要职责任务:"监督一切公营企业、合作社企业、私营企业及公私合营企业遵守有关劳动问题之法律法令","检查各种企业、工厂、矿场之安全卫生设备状况"。在对安全生产实行行政监察的同时,还实行了工会监察和企业内部监察等。

除了1958—1960年"大跃进"和1966—1976年"十年动乱"这样的特殊时期,这种监管体制和工作格局基本上适应了计划经济时期安全性的需要。

第二阶段:国家综合经济部门及其所属机构对安全生产实施监管监察(1998年6月—2003年3月)。1998年6月,国务院机构改革,将煤炭、冶金、化工、机械等工业经济部门改组为国家经济贸易委员会(简称国家经贸委)管理的国家局(副部级机构),并明确了以3年为过渡期,最终完全撤销工业经济部门,加快建立社会主义市场经济体制的改革目标。为适应工业经济部门缩编和撤销后对各个行业领域安全生产实施统一监管的需要,国务院决定将劳动部承担的安全生产综合监管、职业卫生监察、矿山安全监察职能转移至国家经贸委。1999年12月,国务院批准在国家煤炭工业局加挂"国家煤矿安全监察局"牌子。2001年2月,国家经贸委管理的9个国家局(国家煤炭工业局、国家冶金工业局、国家石油和化学工业局、国家机械工业局、国家轻工业局、国家建筑材料工业局、国家有色金属工业局、国家纺织工业局、国家国内贸易局)全部撤销,同时以国家经贸安全生产局和被撤销的9个国家局的专业管理干部为基础,成立副部级的国家安全生产监督管理局。国家安全生产监督管理局与国家煤矿安全监察局实行"一个机构、两块牌子",仍由国家经贸委管理。

第三阶段：国务院设立专门机构履行安全生产综合监管职能（2003年3月—2018年4月）。2003年3月，第十届全国人大第一次会议批准了国务院改革方案，国家安全生产监督管理局（国家煤矿安全监察局）由国家经贸委管理调整为国务院直属机构，代表国务院履行对全国安全生产的综合监管职能。随后又经中央机构编制委员会办公室批准，将原卫生部承担的作业场所职业卫生监督检查职责转移到国家安全生产监督管理局（国家煤矿安全监察局）。从此，在国家层面上有了独立履行职责的安全生产综合监管机构，当年首次实现了全国事故总量下降。2005年2月，国务院下发《关于国家安全生产监督管理局（国家煤矿安全监察局）机构调整的通知》，决定将国家安全生产监督管理局调整为国家安全生产监督管理总局，规格为正部级；国家煤矿安全监察局单设，为国家安全生产监督管理总局管理的国家局。

第四阶段：应急管理部整合国家安全生产监督管理总局的职责（2018年4月至今）。2018年3月13日，第十三届全国人民代表大会第一次会议审议国务院机构改革方案，组建应急管理部，不再保留国家安全生产监督管理总局，其职责由应急管理部整合。这标志着我国应急管理形成合力，迈入现代国家应急治理的新阶段。

第三节　现行应急管理体制

一、《突发事件应对法》应急管理体制规定

我国突发公共事件应对职责分属于若干个不同部门，人力、物力、财力资源比较分散，存在责任不够明确、指挥不够统一、反应不够灵敏等问题，为此，《突发事件应对法》确立了"统一领导、综合协调、分类管理、分级负责、属地管理为主"的应急管理体制。

（一）统一领导

所谓统一领导，是指在各级党委领导下——在国家，国务院是突发公共事件应急管理工作的最高行政领导机关；在地方，地方各级政府是本地区应急管理工作的行政领导机关，负责本行政区域各类突发公共事件应急管理工作，是负责此项工作的责任主体。在突发公共事件应对中，领导权主要表现为以相应责任为前提的指挥权、协调权。

党中央、国务院统一领导的应急管理体制模式不只是针对中央政府层面的应急管理体制。中央政府行使全国行政权，是管理责任主体和最高行政领导机构，统一领导各类突发公

共事件预防和处置工作。因此，党中央、国务院对应急管理的领导是在全局意义上讲的，是覆盖全国的。国务院设有安全生产委员会、国家减灾委员会等组织领导机构，负责领导和协调相关领域的应急管理。遇到重大公共危机，通常是启动非常设指挥机构或者成立临时性指挥机构，由国务院分管领导任总指挥，国务院有关部门参加，日常办事机构设在对口主管部门，统一指挥和协调各部门、各地区的应急处置工作。例如，2003 年发生非典疫情和 2004 年发生高致病性禽流感疫情时，国务院都成立了临时指挥机构，统一领导全国防治疫情工作。为了加强国务院非常态管理的协调职能，2005 年年末，国务院设立了应急管理办公室，为司局级机构，其职能是负责国务院办公厅所承担的相关应急管理方面的值班、信息汇总和综合协调工作，发挥运转枢纽作用。

中央政府统一的行政权是通过各级地方政府实现的。地方政府在国务院领导下具体实施应急管理的领导，即由党委和政府共同负责承担管理责任，在政府办公厅（办公室）内成立应急管理办公室，在各个相关部门确定管理职能，将政府应急管理权限落实在这些机构中，同时接受国务院和上级政府的指导。

（二）综合协调

综合协调有两层含义：一是政府对所属各有关部门，上级政府对下级各有关政府，政府与社会有关组织、团体之间的协调；二是各级政府突发公共事件应急管理工作的办事机构进行的日常协调。综合协调的本质和取向是在分工负责的基础上，强化统一指挥、协同联动，以减少运行环节，降低行政成本，提高快速反应能力。

（三）分类管理

分类管理是指按照自然灾害、事故灾难、公共卫生事件和社会安全事件四类突发公共事件的不同特征实施应急管理，具体包括：根据不同类型的突发公共事件，确定管理规则，明确分级标准，开展预防和应急准备、监测与预警、应急处置与救援、事后恢复与重建等活动。此外，由于一类事件往往由一个或者几个相关部门牵头负责，因此，分类管理实际上就是分类负责，以充分发挥诸如防汛抗旱、核应急、防震减灾等指挥机构及其办公室在相关领域应对突发公共事件的作用。

（四）分级负责

分级负责主要是根据突发公共事件的影响范围和级别，确定突发公共事件应对工作由不同层级的政府负责。一般来说，一般和较大的自然灾害、事故灾难、公共卫生事件的应急处置工作分别由发生地县级和设区的市级政府统一领导；重大和特别重大的，由省级政府统一领导，其中影响全国、跨省级行政区域或者超出省级政府处置能力的特别重大的突发公共事件应对工作,由国务院统一领导。社会安全事件由于其特殊性,原则上也是由发生地的县级人民政府组织处置,但必要时上级政府可以直接处置。需要指出的是,履行统一领导职责的地方政府不能消除或者有效控制突发公共事件引起的严重社会危害的,应当及时向上一级政府报告,请求支持。接到下级人民政府的报告后,上级人民政府应当根据实际情况对下级人民政府提供人力、财力支持和技术指导,必要时可以启用储备的应急救援物资、生活必需品和应急处置装备;有关突发公共事件升级的,应当由相应的上级人民政府统一领导应急处置工作。

为了应对职责范围内的重大公共危机,国务院各职能部门中负责有应急管理责任的机构分别建立了各自的应急管理指挥体系、应急救援体系和专业应急队伍,并形成了危机事件的预警预报体制、部际协调体制和救援救助体制等。

(五)属地管理

属地管理主要有两种含义:一是突发公共事件应急处置工作原则上由地方负责,即由突发公共事件发生地的县级以上地方人民政府负责;二是法律、行政法规规定由国务院有关部门对特定突发公共事件应对工作负责的,应当由国务院有关部门管理为主。比如,《中国人民银行法》规定,商业银行已经或者可能发生信用危机,严重影响存款人的利益时,由中国人民银行对该银行实行接管,采取必要措施,以保护存款人利益,恢复商业银行正常经营能力。再比如,《核电厂核事故应急管理条例》规定,全国的核事故应急管理工作由国务院指定的部门负责。

二、新时代有中国特色的应急管理体制

2018年3月,中共中央印发了《深化党和国家机构改革方案》,应急管理部应时而生,标志着我国应急管理体制作出重大改革:从"体"来看,从应急管理部到各省、市、县的应急管理局成立并有序、有力、有效地开展工作;从"制"来看,逐步形成了"统一指挥、专常兼备、反应灵敏、上下联动、平战结合"中国特色的应急管理体制。该体制既是对《突发事件应对法》(2007年)规定的"统一领导、综合协调、分类管理、分级负责、属地为主"的应急管理体制的传承,又是对其的深化。

(一)统一指挥

统一指挥明确的是应急管理的指挥权。《突发事件应对法》中的统一领导明确的是领导权,领导权主要表现为以相应责任为前提的指挥权、协调权;统一指挥则明确了在突发公共事件应对过程中统一指挥的重要作用,目的是防止出现多头管理、职责混乱的现象,提高应急管理效率。

统一指挥之下，实行资源统一调度，形成全国一盘棋的组织指挥机制是我国应急救援的一大特点，也是一大优势。比如，2018年之前，水利部负责水旱灾害防治，地震局负责地震灾害防治，国土资源部负责地质灾害防治，农业部负责草原防火，国家林业局负责森林防火，民政部负责灾害救助等。为了协调应对自然灾害，成立了防汛抗旱指挥部、抗震救灾指挥部、减灾委员会、防火指挥部等高层次议事协调机构，十分繁杂。应急管理部的成立，使这些分散的职责得以有效地整合，便于统一指挥和协调。

统一指挥，不仅能够统一调动各种资源，还能够统筹救灾任务及救灾投入，这样能够保证在灾区救援中形成合力，形成一盘棋的救援态势，既减少了灾区的混乱，又节约了救灾的资源，还提高了救灾的效果。

集中统一指挥是适应我国综合应急救援特点的体制内容。综合救援涉及多项业务，部门多、行业多，建立统一指挥调度机制，立足打大仗、打恶仗，完善跨区域增援调动机制，出台跨区域增援方案，灾害发生时，按照命令整建制调派充足力量，可以跨国、跨区域作战，并按照"纵向到底、横向到边、不留死角、全面覆盖"原则，直接指挥调度省（自治区、直辖市）、市、县级应急救援力量，掌握一手情况，下达作战命令，真正突显快速性标准。

（二）专常兼备

专常兼备是指国家综合性应急救援队伍是常备应急骨干力量，履行专业应急救援和常规应急处置职能。相对于《突发事件应对法》中的"综合协调、分类管理"，专常兼备更加明确了对应急救援队伍能力的要求。

专常兼备是各部门之间的专常兼备。应急管理工作包括安全生产类、自然灾害类等突发公共事件和综合防灾减灾救灾工作，以及安全生产综合监督管理和工矿商贸行业安全生产监督管理工作，涵盖了消防管理职责、救灾职责、地质灾害防治职责、水旱防治职责、草原防火职责、森林防火职责、震灾应急救援职责等。不同的事件有不同的特征，有不同的应对处置措施，需要专项应急牵头部门以及其他支持部门，启动不同的响应级别。

专常兼备是各救援队伍之间的专常兼备。应急救援队伍可以分成国家综合性消防救援队伍、专业应急救援队伍、解放军和武警部队应急救援队伍、社会应急救援队伍以及国际应急救援队伍，不同专常的队伍在统一指挥下处置不同的灾害事故，发挥专常兼备的特点。

专常兼备还是救援物资的专常兼备。许多应急部门都储备了一定种类与数量的应急物资，但部门之间分割而缺少共享、共用，造成了重复储备或储备空白。整合分散于各个部门备用的应急物资，可以提高物资储备与使用效率，降低储备成本。

（三）反应灵敏

应急救援在某种程度上就是和时间赛跑，反应灵敏既是要求，又是效果。我国自然灾害呈大规模、高频率、群发性、风险持续增加的趋势,中央部署防灾减灾"两个坚持"和"三个转变"的改革,以及应急管理各部门的成立,就是为了进行综合协调和应急保障,提高灾害应急处置成效,最大程度地在灾害来临时保护人民群众生命财产安全。

在统一指挥下,根据不同事件的特征,启动不同的响应级别和调动不同的应急救援队伍,可以减少行政环节,降低行政成本,提高快速反应能力。应急管理部在成立之后就承担起统筹、协调、组织全国防灾减灾救灾的职责,突发公共事件发生后能够立即组织制订各个灾种的应急预案和工作方案,全体人员进入应急状态,部党组成员24小时轮流在岗值班,每一次重大自然灾害都是在第一时间启动应急响应,第一时间派出应急救援队伍,同时把每一次应急响应作为实战演练,逐步磨合、完善应急处置方案和措施。

灾情信息的统一收集与发布为反应灵敏提供了可行性。面对同一场自然灾害,应急、减灾、防汛抗旱等部门都建立了自成体系的灾情收集与报告制度,但在工作中经常出现灾情统计数字差异较大的情况,给应急决策者带来了很大的障碍与困难。灾情信息决定着应急力量与资源的调配范围与速度,是避免应急响应不足或应急响应过度的重要依据。应急管理部有条件统一各个应急信息平台,建立整合的灾情报告系统,并统一发布灾情信息。

统一指挥是反应灵敏的基础,反应灵敏是统一指挥的效果。自然灾害的发生可能会引发次生灾害,也会导致事故灾难。以往不同的灾害事故分属于不同的部门,不同部门之间沟通、协调需要浪费宝贵的救灾时间,应急管理部既负责指导火灾、水旱灾害、地质灾害等防治,又负责安全生产综合监督管理和工矿商贸行业安全生产监督管理,从而避免了以前存在的责任不清相互扯皮问题,有利于对灾难原因进行实事求是的调查评估,进而弥补风险监管的不足。

(四)上下联动

上下联动是指上级政府对下级各有关政府以及政府与社会有关组织、团体的联动。相对于《突发事件应对法》规定的"分级负责,属地为主",上下联动明确了分级负责之间的关系不是独立行动,而是协调联动。在强调"属地为主"的同时,又说明上级政府和下级政府之间、民众之间、社会组织之间的联动关系。

上下联动是上级政府对下级各有关政府的联动。作为国务院组成部门,应急管理部的正部级机构设置高于国务院原应急办司局级的架构,10位领导中有3位是正部级干部,规格较高。随着地方政府设立对应的应急厅、局,上下形成了一个具有凝聚力和归属感的系统,稳定了应急管理队伍,使应急管理经验得以持续积累。

上下联动是上级政府与社会有关组织、团体和民众的联动。社会组织和民众是最初的应急响应单元,是直接的承灾体,既是公共安全保护的主要对象,又是实施公共安全保障的重要力量。公众参与对维护公共安全、预防和应对安全风险非常关键,在灾害事故来临时,公众第一时间的自救和互救对提高生存率发挥着不可替代的作用。

上下联动关键在于协调性。重大突发公共事件具有极强的复杂性、关联性和耦合性,常常会突破既有的地理边界和行政管理边界。通过上下联动推动有关地方、部门和企业履行责任,以上带下、上下一体,形成国家、省、市、县应急管理体系一体化。自党的十八大以来,我国灾害处置改变了"中央大包大揽、领导靠前指挥"的应急惯例,充分发挥地方政府在救灾过程中的积极性与主动性,中央提供支持与保障。《国务院机构改革方案》规定:"按照分级负责的原则,一般性灾害由地方各级政府负责,应急管理部代表中央统一响应支援;发生特别重大灾害时,应急管理部作为指挥部,协助中央指定的负责同志组织应急处置工作,保证政令畅通、指挥有效。"应急管理部的组建统筹了分散的应急资源和力量,提升了协同应对重大突发公共事件的能力。在特别重大灾害发生时,中央指定负责同志领导应急响应工作,协调党、政、军、群多方面力量,应急管理部作为指挥部,协助该同志开展应急处置工作,改变了巨灾应对中临时成立指挥部的弊端。

(五)平战结合

平战结合是指平时应急、战时应战的结合。该表述与专常兼备含义相近,因此,2019年11月党的十九届四中全会通过的《中共中央关于坚持和完善中国特色社会主义制度推进国家治理能力现代化若干重大问题的决定》指出,"构建统一指挥,专常兼备、反应灵敏、上下联动的应急管理体制"。

三、新时代应急管理组织机构

2018年4月,作为国务院组成部门,新组建的应急管理部将有关部门的职责进行了整合,包括国家安全生产监督管理总局的职责,国务院办公厅的应急管理职责,公安部的消防管理职责,民政部的救灾职责,国土资源部的地质灾害防治,水利部的水旱灾害防治,农业部的草原防火,国家林业局的森林防火相关职责,地震局的震灾应急救援职责,以及国家防汛抗旱总指挥部、国家减灾委员会、国务院抗震救灾指挥部、国家森林防火指挥部的职责。自然灾害中的海洋灾害、生物病虫害应对和事故灾难中的核事故应对分别被保留在海洋、农业、环境管理部门。在各类突发公共事件的应急管理过程中,气象、交通等部门的应急职能未被整合到应急管理部。

新成立的应急管理部先后整合了以上11个部门的13项职责,其中包括5个国家指挥协调机构的职责,顺利完成了机构改革、人员转隶和公安消防、武警森林两支部队近20万人的转制,新组建了国家综合性消防救援队伍,全国各省、市(州)、县(区)级应急管理厅局相继组建,新时代中国特色应急管理组织体制初步形成。到2019年年底,我国应急管理体制的四梁八柱已经基本确立,国家和地方层面的改革正在深入推进。

第四节　新时代应急管理的体系与分工

应急管理工作不可能由一个部门或者一个机构包办,需要多部门跨层级跨区域分工合作,这种工作要求构成了我国政府应急管理体制的整体架构。

我国《国家突发公共事件总体应急预案》规定:国务院有关部门依据有关法律、行政法规和各自职责,负责相关类别突发公共事件的应急管理工作,具体负责相关类别的突发公共事件专项和部门应急预案的起草与实施,贯彻落实国务院有关决定事项。具体来说,在中央、省、市、县各级政府,大体形成了以应急管理部门主管自然灾害和事故灾难,卫健部门主管公共卫生事件,公安部门主管社会安全事件,其他有关部门主管某一类具体类型突发公共事件的格局。

跨层级分工与合作通常是指:第一,下级政府在上级政府领导下,负责本地应急管理工作;第二,突发公共事件发生时,要根据事件严重程度确定某一级为主责政府。我国《突发事件应对法》和《国家突发公共事件总体应急预案》规定,地方各级人民政府是本行政区域突发公共事件应急管理工作的行政领导机构,负责本行政区域各类突发公共事件的应对工作。地方省、市、县三级都有与中央政府相对应的应急管理机构设置。发生一般突发公共事件,由县级政府统一领导和协调应急处置工作;发生重大突发公共事件,由设区的市级政府统一领导和协调应急处置工作;发生重大和特别重大突发公共事件,由发生地省级政府统一领导和协调应急处置工作;超出地方处理能力范围或者影响全国的特别重大突发公共事件,由国务院统一领导和协调应急处置工作。此外,上级政府根据实际情况和需要,对下级政府应急管理工作提供资金、物资、人力支持和技术指导。

应急管理部的成立,对于构建统一指挥、权责一致、权威高效的国家应急体系具有非常重要的作用,有利于保障人民生命财产安全和社会稳定,是人民和时代发展的需要。另外,《突发事件应对法》没有规定明确的执法部门,自应急管理部成立以来,便成为主要执法部门。

一、应急管理的组织体系

高效有力的组织体系是应急管理的根本保证。当前,应急管理主要是各级政府及相关部门的责任,这在任何一个国家都不例外。但政府不是唯一的应急管理组织,随着社会的发展和应急管理组织体系的完善,我国政府在应急管理中经历了"全能者""领导者""协调者"

三个阶段的变化,当前包括政府、社会及公众在内的多元协作格局的应急管理组织体系正在形成。

《国务院关于全面加强应急管理工作的意见》指出,要构建全社会共同参与的应急管理工作格局,形成社会共同参与、齐心协力做好应急管理工作的局面。这标志着我国政府主导下的多元化应急管理模式的形成。

政府主导下的多元协作应急管理模式以政府系统为界线,划分为两个部分,即政府内部协作系统和政府与社会协作系统。

政府内部协作系统是应急管理多元协作格局的核心部分,包含横向和纵向两个层面。横向层面包括三个部分:第一,政府不同职能部门之间的协同运作,即跨部门管理。参与应急管理的政府职能部门有:(1)履行应急管理职能的部门,如应急管理部门、公安机关、民政部门、医疗卫生部门、环境保护部门等;(2)公共安全危机涉及的单位主管部门;(3)不同类型的突发公共事件性质对应的管辖部门;(4)技术支持和保障部门,如交通、气象、物资、通信、商业等部门。尽管不是每一起突发公共事件的应急处置都需要以上所有部门参与,但在应急管理多元协作过程中,必须事先明确各部门机构的职责权限,统筹协调,合理配置资源。第二,政府与武装力量之间的协同运作。武装力量主要包括人民解放军和武装警察部队。第三,政府与专家组之间的协同运作。各级别和专业的专家组可根据实际需要临时设立,主要为应急管理提供决策建议,必要时参加应急管理处置工作。

政府内部协作系统的纵向层面以行政组织层次为分界构建,包括中央与地方政府之间的协作、省际政府间的协作、省内政府间的协作。政府与社会协作系统包括三个部,即政府与非政府组织的协作系统,政府与企业之间的协作系统,政府与公众的协作系统。相比较而言,当前我国政府与社会协作系统有很大的发展空间。

二、应急管理的主体与职责分工

(一)政府及其职责

我国政府一向把保护群众的生命及财产安全当作一切工作的重心。面对风险社会的挑战和民众日趋突出的安全需求,作为公共利益代表和公共权力掌控者的政府对公共安全责任重大。目前,我国应急管理的模式是政府主导下的多元化管理体系。政府应急管理职能可概括为三个方面:第一,构建突发公共事件信息共享平台,疏通危机信息沟通渠道,实现危机管理过程中的信息整合;第二,以地方政府为中心建立内部系统和外部系统、横向层面和纵向层面协调联动的弹性联接机制,调整权责结构,优化组织结构;第三,完善应急管理制度体系,强化制度能力建设。政府应急管理工作职责主要集中反映在对规范制度、监管制度、问责制度和信息披露制度等方面的建设管理中。除此之外,政府在应急管理中的具体职责体现在应急准备、预防、处置、恢复的各阶段中。

（二）企事业单位及其职责

近年来，由于种种原因，企事业单位内部不安定因素增加，突发公共事件时有发生，呈现出阶段性和多发性的态势，特别是一些高危产品生产、储存企业，一直是安全生产管理的对象，由其引发的重大责任事故已成为影响政治稳定和社会安定的一个十分突出的问题。按照"谁主管、谁负责"和"属地管理"原则，当前，企事业单位在应急管理中的主要责任有：(1)结合日常的治安保卫工作，加强风险与危机意识，积极做好事故预防和风险源排查工作，早发现，早调控，早处理，防患于未然；(2)加强单位内部重点部位的保护，对内部安全事故及突发公共事件积极处置；(3)依法参与突发公共事件报告和救援；(4)制订完善本单位应急预案；(5)在政府统一领导下，加强与周边单位及有关部门治安联防和应急管理工作。

三、公安机关在应急管理工作中的职责

公安机关虽然隶属于政府职能部门，但又不同于一般的政府职能部门。公安机关是人民民主专政的重要工具，是担负我国治安行政管理和刑事司法任务的专门机构。在我国现行体制下，公共危机事件发生时，公安机关及其人民警察队伍具有人员最集中、集结最迅速、行动最有力的优势，是政府机构突发公共事件应对体系中一支不可替代的重要力量。当前，结合应急管理各阶段的要求，综合国内实际情况和国外应急处置实践，公安机关主要承担四项任务：一是负责处置重大暴力犯罪，二是负责处理重大火灾、道路交通事故等公共安全事故，三是负责维护各类重大突发公共事件应急处置现场治安秩序，四是同其他有关部门一道参与重大自然灾害抢险救援。

从法律框架和应急管理体系的相关规定看，公安机关当前在参与应急管理事务过程中的主要职责包括以下三个方面。

（一）积极参与国家大规模紧急救援和应急处置

比如，2008年"5·12"四川汶川地震和2010年"4·14"青海玉树地震中，公安部以最快的速度，从全国各地调集数万警力奔赴灾区抢救生命，成为国家抢险救灾的主力军之一。又如，在2009年新疆乌鲁木齐"7·5"事件和2014年昆明火车站"3·1"事件中，公安机关果断采取措施，坚决制止违法活动，有力维护了国家安全和社会稳定，成为处突防暴的拳头力量。公安机关还积极参与国家重大公共卫生突发事件处置工作，在新冠疫情等重大突发公共卫生事件中发挥了重要作用。

（二）积极参与地方应急救援和应急处置

公安机关按照就地、就近、就便的原则,参与地方应急救援和应急处置,成为地方政府在应急事务管理中的主要力量。重大暴力犯罪、恐怖袭击活动等突发公共安全事件,重大火灾、道路交通等公共安全事故,一般都由地方公安机关在管辖范围内依法进行处置。发生在局部地区、非国家级响应的重大自然灾害、重大突发安全事故,当地公安机关总是在第一时间组织力量赶赴现场开展救援。

（三）积极做好常态下的应急处置和接报警救助工作

公安机关建立了一套以110指挥中心为龙头的应急指挥系统,并实行24小时应急值守,不仅负责对重大紧急突发公共事件的应急处置,而且负责全天候处理公民紧急报警事件。近年,110指挥中心就地转为地方政府应急指挥中心,由地方政府负责人负责指挥处置。

第五节 应急管理部门成立的重大意义和未来展望

一、应急管理部成立的重大意义

应急管理部的成立是党和国家站在战略高度,用历史的眼光分析问题,用综合的思维方式优化方案。不论是理论界还是务实界,对于应急管理部工作面临的问题认识都是清醒的,对成立应急管理部的期盼已形成共识。新时代全面深化改革的目标已经明确,我国应急管理体制改革又一次吹响号角。

（一）加快了应急管理制度综合化认知的进程

党的十八届三中全会描绘了全面深化改革的新蓝图、新愿景、新目标,确定全面深化改革的总目标是"推进国家治理体系和治理能力现代化";成立中央国家安全委员会统筹协调涉及国家安全的重大事项和重要工作;加强、优化、统筹国家应急能力建设,构建统一领导、权责一致、权威高效的国家应急能力体系。特别是2014年习近平总书记提出的"总体国家安全观",深化了对应急管理的认识,强调以整体的、全面的、联系的、系统的观点来思考和把握国家安全问题,以健全集中统一、高效权威的国家安全体制,构建立体化的公共安全网为目标。

2016年10月,中央全面深化改革领导小组第二十八次会议审议通过的《关于推进防灾减灾救灾体制机制改革的意见》明确提出,"坚持以防为主、防抗救相结合,坚持常态减灾和非常态救灾相统一,努力从注重灾后救助向注重灾前预防转变,从应对单一灾种向综合减灾转变,从减少灾害损失向减轻灾害风险转变"。2018年1月,中共中央办公厅 国务院办公厅印发《关于推进城市安全发展的意见》,要求推进安全生产领域改革发展,"健全公共安全体系,打造共建共治共享的城市安全社会治理格局,促进建立以安全生产为基础的综合性、全方位、系统化的城市安全发展体系"。

党的十九大对我国公共安全和应急管理工作再次作出重要部署,提出社会治理体制的基本路径是:"完善党委领导、政府负责、社会协同、公众参与、法治保障",理顺公共安全治理体系与社会治理体系的内在关系,落实"党委领导、政府负责"的核心思想,体现"社会协同、公众参与"的整体格局,明确构建全方位、立体化公共安全网。习近平总书记指出,安全生产和自然灾害管理要统筹考虑,"树立安全发展理念,弘扬生命至上、安全第一的思想,健全公共安全体系,完善安全生产责任制,坚决遏制重特大安全事故,提升防灾减灾救灾能力"。自党的十八大以来,这一系列关于深化国家治理体系、公共安全治理体系等领域内的思想和举措,完成了应急管理行政体制改革的顶层设计。

党的十九届三中全会专门研究深化党和国家机构改革问题,下决心解决党和国家机构设置与职能配置中存在的突出矛盾及问题。党的十九届三中全会通过的《中共中央关于深化党和国家机构改革的决定》提出,要以国家治理体系和治理能力现代化为导向,统筹设置党政机构,优化政府机构设置和职能配置,统筹党政军群机构改革,使党和国家机构设置更加科学,职能更加优化,权责更加协同,监督监管更加有力,运行更加高效。

应急管理部的组建作为国家治理体系和公共安全治理体系的创新举措,被正式纳入党和国家的重大问题与关键环节的政治视野,我国公共安全治理体系的创新和建设中国特色的应急管理综合化制度体系的认知进程加快,应急管理事业新的篇章已翻开。

(二)推进了应急管理制度与常态管理制度的融合

国家成立应急管理部这一重大制度改革,正在起着对政治发展、行政创新、社会治理体系优化整合的重要作用,有助于更好地发挥"社会主义集中力量办大事"的政治优势和体制优势。

一是进一步形成了统一指挥与协调联动的应急管理制度格局。自然灾害和事故灾难类突发公共事件的应对,由应急管理部进行统一领导和部署,融合公安、消防、水利、交通、民政、救援等政府部门职能,协调联动,打破条块分割、部门分割、地域分割、军地分割的界限,调动政治、思想、组织、人、财、物等各方面资源,形成协同应急救灾的巨大合力。

二是进一步加强了社会动员能力建设与全民参与的制度建设。应对灾难时,政府主导、社会参与,既明确了各级政府及其部门在突发公共事件应对中的主要职责,又对有关单位和个人在突发公共事件应对中的作用与地位作出了规定:广泛进行社会动员,全民参与,政府、企业与第三部门之间有效地组合力量,形成政府主导、全社会共同参与的救灾局面,显示出强大的救灾社会动员能力;注重发挥各级党组织和政府的政治优势、组织优势、宣传优势、行政优势,能在极短的时间内,高效率地组织起社会各方面的资源和力量,投入各种突发公共事件应对中去,形成一方有难、八方支援的局面。

三是将常态管理制度与非常态管理制度有机融合。应急管理制度体系是一个前后有区间、内外无隔断、时间可延伸、空间可叠加的有机体,将预防与处置相结合,把突发公共事件的预防和应急准备放在优先的位置,既可以促进常态管理体系的创新,又有助于应急体系的升级换代。应急管理部的组建意味着应急管理职能常态化,既能完善应急处置的体制和机制、制度和措施,又能重点对突发公共事件的预防和应急准备、监测和预警作出系统而详细的规定。这主要表现在五个方面:其一,建立处置突发公共事件的组织体系和应急预案体系,为有效应对突发公共事件作组织和制度准备;其二,建立突发公共事件监测网络、预警机制和信息收集与报告制度,为最大程度减少人员伤亡、减轻财产损失提供前提;其三,建立应急救援物资、设备、设施的储备制度和经费保障制度,为有效处置突发公共事件提供物资和经费保障;其四,建立社会公众学习安全常识和参加应急演练制度,为应对突发公共事件提供良好的社会基础;其五,建立由综合性、专业性、单位专职或者兼职应急救援队伍以及武装部队组成的应急救援队伍体系,为做好应急救援工作提供人员保证。

二、应急管理部成立后应急管理事业未来展望

国家组建应急管理部,以及地方各级人民政府设立应急管理行政机构,是创新应急管理制度体系,实现公共安全治理现代化的关键一步。继续抓住深化改革的历史机遇,进一步推进我国应急管理制度体系建设,是应急管理部成立后我国应急管理制度发展的大趋势。

(一)统筹规划应急管理体制改革和创新

应急管理部的职责不仅局限在本部门,而且需要承担统筹规划与推动应急管理体制改革和创新的全面工作,在一定意义上说,是全国应急管理的"总抓手"。应急管理部要做好统筹规划应急管理体制改革和创新的顶层设计工作,从应急管理的基本理念到制度工具,从应急管理的系统目标、战略、规划到组织、实施、处置,从中央政府层面体制机制设计到指导地方进行制度设计,从部机关到所属救援队伍包括分布在全国各地的直属消防部队的建设,从各级政府到各类社会组织之间的联动,从国内应急事务到国际交流合作,都要纳入工作体系,都需要积极发挥作用,推动形成统一、权威、高效、综合的应急管理体制。

（二）建立与其他相关职能部门的新型关系

按照扁平化、信息化的原则设计新型部际关系，明确政府部门间应急管理事权划分的规则，加强所有涉及应急管理的机构职能、资源与力量的优化配置。应急管理部的核心职能不会与政府其他部门交叉，但在一般职能上难免会重复。应急管理部承担着防范与应对各类突发公共事件的任务，这就需要科学划分其管理边界。强化应急管理机构的权威性和综合协调性，是应急管理体制改革和创新的着眼点、关键点和落脚点。应急管理机构的工作，要以有利于优化组织应急资源分配，改变原体制结构性扩张所带来的资源不平衡、临时性、分散性以及单灾种分布状态，及时调用资源，以确保应急处置及时、高效为基本原则。

（三）建立跨界跨区域的应急管理协调合作机制

充分借鉴美、英、法、日、韩等发达国家的成功经验，打破行政区划管辖边界，实施跨地区、跨部门、跨领域应急管理体系建设，探索建立应急管理资源补偿机制，提升应急管理区域合作的内在激励制度化水平。在灾害属地管理的基础上，强化区域内不同地方政府之间的横向合作，构建区域灾害治理体制，同时加强各地区、各部门以及各级各类应急管理机构的协调联动，做好纵向和横向协同配合工作，形成政府主导、部门协调、军地结合、跨界协作、全社会共同参与的应急管理工作格局。

（四）开展执法监督检查和新一轮立法

应急管理要坚持以良法促进制度创新、保障善治，就需要完善法制，加强执法监督，并适时开展新一轮立法和修法工作。《突发事件应对法》是应急管理领域的基础性法律，要以此法为依归，规划、组织、协调、指导应急管理执法，定期督促检查、监督执行情况，维护应急管理法制体系的权威性，同时加快组织制订《突发事件应对法》实施办法，推动各地各有关部门制定相关配套制度。定期召开应急管理法制研究和工作性会议，查找执法漏洞，集思广益，加快应急法制体系创新。伴随着机构改革，相应的一批法律需要修改调整，目前国家已启动《安全生产法》《危险化学品安全法》等立法和修法工作。相关法律修改完成之前，由立法机关作出授权决定，作为过渡期政府新机构履职的法律依据，推动应急管理事业发展的法制建设。

应对危机，从一门专业的学问到一个专门的政府部门，从被动的"撞击——反应"式应急处置逐渐发展为全过程的科学管理，是应急管理制度发展的内在逻辑。国家治理、政府治理、社会治理的现代化呼唤应急管理专业化、综合化、法治化、现代化。应急管理体制从专业部门应对单一灾害发展为综合协调，从联席会议制度形式发展为政府部门管理制度设计，改革创新中组建的应急管理部已然成为公众瞩目的"明星"。创新是重构、再造与继承、接续的统一,是阶段性、跨越性与稳定性、连续性的统一,应急管理行政部门将继续保持原有应急管理办公室体制在承上启下中枢纽作用的优势,在简政放权、放管结合、优化服务改革中走在前列,将不断创新发展"一案三制"理论、方案、制度和体系,提升国家公共安全治理的能力和水平,这是题中之义,也是众望所归。

思考题

1. 新时代应急管理体制优势主要有哪些方面?
2. 结合生活实际,分析当前应急管理部门开展工作时还有哪些需要努力方向。
3. 如何做到高效妥善处置突发公共事件?
4. 处置突发公共事件时,各层级、各区域、各部门怎样才能更好地体现分工与合作?
5. 应急管理部门成立的重要意义体现在哪些方面?
6. 简述我国应急管理部的工作重点。
7. 讨论我国应急管理部如何更好地履行职责和践行使命。

第十一章 应急管理法制建设

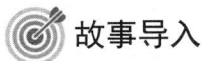故事导入

2003国内"非典"肺炎爆发[①]

> 2003年,我国发生了重大突发公共卫生事件——非典型肺炎。这次疫情暴露出我国在公共卫生医疗水平及防控领域存在的很多不足,表明以往运用的领导批示、"一事一办"、临机处置经验型与应付型办法,已经不能适应现代公共应急的需要;同时表明原有立法提供的法制资源严重不足,以致在"非典"发生前期,我国应急管理反应速度慢,信息不畅,协调不力,低效无序,无法可依。随后国务院紧急颁布了《突发公共卫生事件应急条例》,这对"非典"中后期的防治工作起到了重要的推动作用,但这种"头痛医头,脚痛医脚""临时抱佛脚"的临时立法容易带来草率立法、质量低下、适应性差等弊端。"非典"疫情给我们打了一针"清醒剂",使我们意识到应急管理领域的法律存在诸多不足,开始逐步完善我国应急管理的法律体系框架,"一案三制"体系得以正式确立并开始构建。2007年出台的《中华人民共和国突发事件应对法》,正是总结我国过去应急实践,尤其是"非典"以来的经验教训,立足于我国频繁发生的突发公共事件,对我国公共应急整体制度安排作出的法律回应,我国应急法制建设作为公法与应急管理的一个交叉领域自此获得了长足进步。

---

① 《那一年:2003年抗击非典疫情全程回顾》。https://www.sohu.com/a/368331721_614718

第一节 我国应急管理法制概述

一、我国应急管理法制的概念界定

应急管理法制建设关乎国计民生,是应急系统"一案三制"的重要组成模块,旨在通过对各类突发公共事件的应对进行规范,以法律手段保障各项应急管理工作的有效、有序进行,增强全社会抵御突发公共事件的能力,减少突发公共事件对社会造成的危害。应急管理法律体系指调整紧急状态下各种法律关系的法律规范的总和,它规定了社会和国家的紧急状态及其权限。我国应急管理法制主要针对突发公共事件引起的公共紧急情况,是调整国家权力之间、国家权力与公民权利之间及公民权利之间各种社会关系的法律规范和原则的总称。作为预防、调控、处理危机的法律手段,应急管理法制是国家在非常态下实施法治的基础。

二、我国应急管理法制的特征

相对于常态下的法律法规,我国应急管理法制具有以下特点。

(一)内容上的综合性

由于危机产生原因的多方面性、表现形式的多样性、损害程度的多层次性、危机性质的差异性、调控任务的多目标性,危机管理法律必然会有很强的综合性,关系到政治、经济、文化及社会等众多领域,涉及治安、刑事、卫生、环保、防震、防洪、消防、市场、劳资、救助、民族、宗教、军事、外交、舆论等多方面内容。

(二)较强的时效性和预备性

危机管理法律调整的是社会的非常态,仅适用于应急时期,一旦应急状态终止,就不再继续适用。只有在危机已经产生危险或危机已经爆发的情态下,才在特定的时间或特定的区域发挥调整作用,而在非危机的正常状态下则不再适用,也不能把危机时期建立起来的制度转化为平时的制度。因此,在平时的正常状态下,应对危机的法制只是有备无患的预备法制,在危机状态下才是临时启动和实施的特别法制。虽然突发公共事件不可预见,但法律却要求可预见性,危机管理法制就是要在不可预知的情况下,预见可能会发生的事故应当怎么应对处置并化险为夷。

(三)强制性、行政紧急性与优先性

应急管理法律法规调整的对象,不论是行使紧急权力的国家机关还是一般的公民,都必须无条件服从应急管理法律法规的规定。在非常规状态下,与立法、司法等其他国家权力相比,行政紧急权力具有优先性和更大的权威性,可以限制或中止某些法定的公民权利。在符合应急管理法律要求的大前提下,即使没有针对某种特殊情况的具体法律规定,行政主体也可进行紧急处置,以防止公共利益和公民权利遭受更大损失。可见,应急管理法律法规具有高于非应急管理法律法规的法律效力,具有使用上的优先性。

(四)立法上更强调对个体权利的保障

在紧急状态下,国家权力容易被滥用,公民权利更容易受到紧急权力的侵害,因此,应急管理法律法规不仅要注重对社会公共利益的保护,更要强调对公民基本权利的保障。

(五)法律后果更为严重

危机管理法律是针对危机对社会的高破坏性和对公众利益的高损害性而制定的法律,调整的是社会非常状态下的权利义务关系,与社会常态下的法律相比应当具有更大的严苛性。社会常态下的一些普通违法行为,产生的后果较轻,制裁就会轻一些,但在危机情形下往往会产生严重的后果,处罚就必然加重。

三、我国应急管理法律体系

1949 年以来,党中央、国务院和各级地方政府不断制定与实施应急管理相关的法律、法规,这些法律、法规也在实践中不断地被检验着,并不断地被进行修改和完善。目前,我国已基本形成以《宪法》为应急管理根本法,《突发事件应对法》为应急管理基本法,《消防法》等 70 余部法律、法规为应急管理单行法,其他相关法律、法规、规章、条约、公约、协定为应急管理相关法,包括《国家自然灾害救助应急预案》等 550 余万件应急预案在内的应急管理法律规范体系。

(一)我国应急管理法制体系的发展进程

中华人民共和国成立初期,生产力水平低下,经济社会发展缓慢,各领域都处于起步和摸索时期。这一时期,我国灾害种类较为单一,大体以地震、洪涝、泥石流等自然灾害事件和以天花为代表的公共卫生事件为主。法制建设则为初创阶段,各项法律、法规和规章不健全。对于自然灾害,党中央和国务院陆续建立农业部、水利部、林业部等专业性防灾减灾机构来应对和处置;对于公共卫生事件,建立卫生部等机构,并逐步建构和完善医疗体系。比如,

1950年，中央政府颁布《关于发动秋季种痘运动的指示》，卫生部也发布《种痘暂行办法》，规定中国境内公民必须依此规定种痘。随后，此类病毒被彻底消灭。由此可见应急法制建设对于公共卫生事件处置工作的重要性。但总体来讲，新中国初期对于突发公共事件的应急处置工作，主要还是以"就事论事""一事一议"的形式展开，条块分割非常明显，部门之间各自为政，突发公共事件应急效率非常低下，且主要以灾后的处置救援和恢复重建为主，造成资源的大量浪费和应急效率的严重低下，应急能力亟待提高。

改革开放以后，我国生产力得到了很大的发展，但与此同时，致灾因子不断增加，突发公共事件呈现出复合叠加性，重大自然灾害、严重人为事故、经济危机等各种因素随时出现，甚至多种致灾因素相互叠加在一起，严重影响着人们的生命安全、经济的平稳发展和社会的安定繁荣。1982年，《宪法》的颁布和实施为我国应急法制建立奠定了基础。1989年，中央政府积极响应"国际减轻自然灾害十年"决议的号召，成立了专业性防灾减灾机构——中国国际减灾十年委员会。1994年，中国政府颁布《中国21世纪议程》，专门用一章节讲述防灾减灾的体系建设，从提高政府应对自然灾害的能力、加强防灾减灾体系建设等角度讲述防灾减灾的总体规划，为国家应对突发公共事件提供了顶层设计和行动纲领。总体来看，改革开放至21世纪初，党中央和国务院高度重视防灾减灾救灾工作的法制建设，在结合我国突发公共事件的特征、总结过去防灾减灾工作的基础上，先后颁布和实施了诸如《传染病防治法》《动物防疫法》《矿山安全法》《防洪法》《安全生产法》等在内的一大批应急管理单行性法律、法规，应急法制建设在这一时期得到了较快完善。

2003年，"非典"型肺炎重大突发公共卫生事件的负面影响波及社会、经济等各个领域，暴露出我国在公共卫生医疗水平及防控领域存在的很多不足，应急管理工作随即受到了党中央和国务院的高度重视，"一案三制"体系正式确立并开始构建。国务院相继颁布和实施《突发公共卫生事件应急条例》《国务院有关部门和单位制定和修订突发公共事件应急预案框架指南》《全面推进依法行政实施纲要》《军队参加抢险救灾条例》《重大动物疫情应急条例》《国家突发公共事件总体应急预案》，明确提出国家要建立健全各种预警和应急机制，将应急管理全面纳入了依法行政领域，并为突发公共事件的应急处置及灾后的恢复重建工作提供了重要的救援队伍支撑和法制依据。2006年，国务院成立应急管理办公室，统筹全国各类突发公共事件的应急处置工作。至此，我国初步建成了完备的突发公共事件应急预案体系。

2007年以前，我国应急管理法律法规大都为单行性的法律，直到2007年第一部应对各类突发公共事件的综合性基本法律——《突发事件应对法》出台。作为应急管理的"龙头法"，这部法律从2003年开始编制，历经四年多的时间研究、起草和审议，凝聚了我国人民长期以来与自然灾害、事故灾难等突发公共事件顽强抗争积累出来的经验。这是我国应急管理法制建设的重大步骤，为我国突发公共事件事前、事发、事中和事后的全流程应急管理工作提供了重要的立法保障。至此，我国应急管理体系基本形成。

2008年,四川发生了汶川地震,这起重大自然灾害推动了国内应急管理理论与实践的较快发展,也促使应急管理法律法规得以更新和完善。党中央和国务院在地震发生后的第一时间,迅速调动军队和社会力量支援汶川,并对应急物资进行统一调度,全国人民众志成城,万众一心。国务院发布了《汶川地震灾后恢复重建条例》,以此来保障灾后的各项工作正常有序开展,促进灾区经济社会的恢复和重构。2009年,我国政府发布首个防灾减灾白皮书——《中国的减灾行动》,对我国减灾的法制、机制和体制建设作了细致介绍。

2012年以来,我国应急法制建设进入综合治理的全新局面。在党十八大报告中,以习近平同志为核心的党中央领导集体提出了国家治理体系和治理能力现代化的战略目标。2013年,在党的十八届四中全会上,习近平总书记对全面依法治国作出一系列重要部署,对我国应急法制建设提供了顶层设计;同年,国务院办公厅颁布《突发事件应急预案管理办法》,为加强我国应急预案编制工作,增强应急预案的针对性、实用性和可行性提供了指导依据。党的十九大报告提出,防范和化解重大风险为决胜全面建成小康社会三大攻坚战中的首要战役。2018年,国家机构改革设立应急管理部,系统性地重构了应急管理体系,将常态管理与非常态管理结合,统筹国家应急力量建设和应急物资储备,对应急骨干力量进行集中管理和领导,并在国家出现突发公共事件时,对人力、物力、财力进行集中统一调度。2019年,应急管理部出台《生产安全事故应急条例》。2020年,国务院发布白皮书《抗击新冠肺炎疫情的中国行动》,以官方文件的形式细致介绍了中国疫情防控和救治的艰辛历程,虽不属于确切的法制范畴,但为我国应急管理法制建设提供了重要的参考依据。

(二)我国应急法律体系

我国应急法律体系已经初步建立,除了在《宪法》中对紧急状态制度作了原则性规定外,我国现行法律、法规中包含了大量关于行政应急的法律规范,为政府应对突发公共事件、依法采取有效的应急措施提供了法律保障。我国现行关于行政应急的法律规范主要有以下四种。

一是宪法和宪法性法律。关于紧急状态制度,《宪法》作了原则性的规定。比如,第80条规定:"中华人民共和国主席根据全国人民代表大会的决定和全国人民代表大会常务委员会的决定,公布法律。……宣布进入紧急状态,宣布战争状态,发布动员令。"《香港特别行政区基本法》和《澳门特别行政区基本法》两部基础性法律都对中央政府行使行政应急权进行了规定。《香港特别行政区基本法》第18条第4款和《澳门特别行政区基本法》第18条第4款规定,全国人民代表大会常务委员会决定宣布战争状态,或因特别行政区内发生特别行政区政府不能控制的危及国家统一或安全的动乱而决定特别行政区进入紧急状态,中央人民政府可发布命令将有关全国性法律在特别行政区实施。

二是突发事件应对法。《突发事件应对法》是我国制定的应对突发公共事件的一部综合性法律,包括总则、预防和应急准备、监测与预警、应急处置与救援、事后恢复与重建等内容,共7章70条。

三是单行法律。我国在应对地震、洪水、火灾、安全生产事故等各种突发公共事件的专门性法律中,对应急制度作了具体规定。如《传染病防治法》第42条规定,传染病暴发、流行时,县级以上地方人民政府经上级人民政府同意,可以采取限制或者停止集市活动、停工、停业、停课、封闭或者封存被传染病病原体污染的公共饮用水源、食品以及相关物品,封闭可能造成传染病扩散的场所等紧急措施并予以公告。《防震减灾法》第48条规定,地震预报意见发布后,有关省、自治区、直辖市人民政府可以宣布有关区域进入临震应急期。《防洪法》第41条第2款规定,当江河湖泊的水情接近保证水位或安全流量,水库水位接近设计洪水位,或者防洪工程设施发生重大险情时,有关县级以上人民政府防汛指挥机构可以宣布进入紧急防汛期。《安全生产法》第77条规定,县级以上地方各级人民政府应当组织有关部门制定本行政区域内特大生产安全事故应急救援预案,建立应急救援体系。这些法律为政府应对突发公共事件,采取行政紧急措施提供了法律依据,是我国行政应急法律制度的主要组成部分。

四是法规、规章和其他规范性文件。为有效行使行政应急权,应对突发公共事件,我国现行多部法规、规章以及其他规范性文件制定了具体的应急措施,具体包括突发公共卫生事件应急制度,突发恐怖、群众性治安事件、民族宗教因素引起的人为事件方面的应急制度,城市供水、燃气、交通安全、核事故等方面的应急制度等。如国务院发布的《国家突发公共事件总体应急预案》对发生全国性突发公共事件的范围、应急预案体系、应急组织体系、应急机制运行和保障等进行了详细规定,是我国关于行政应急制度的总体规定。《突发公共卫生事件应急条例》比较完善地规定了公共卫生事件的预警、应急处理、信息公开等制度。还有很多类似规定,如《核电厂核事故应急管理条例》《突发公共卫生事件交通应急规定》《保险业重大突发事件应急处理规定》《国境口岸突发公共卫生事件出入境检验检疫应急处理规定》《化学事故应急救援管理办法》《铁路应急通信系统运用管理暂行办法》《化工企业急性中毒抢救应急措施规定》等。另外,政府其他部门、各地区政府也以规范性文件的形式制定了本部门、本地区的应急预案,如《卫生部核事故医学应急方案》等。

四、我国加强应急管理法制建设的意义和必要性

(一)加强应急法制建设是建设社会主义法治国家的必然要求

应急管理需要法制,法制作为应急管理的手段,能够使应急管理更有序、更有效。应急管理的手段很多,包括政治手段、行政手段、军事手段、经济手段等,而法律手段是最基本、最主要的手段。法律手段不仅自身是预防、调控、处置危机的手段,还贯穿于其他各种手段之中,规范着其他手段的运用。

法治国家的首要要求是国家权力的法治化,即使是紧急状态下的国家权力也要受宪法

和法律的约束。但很长一段时间,有人认为紧急行政下的社会关系具有高度复杂性、频繁变动性,需要行政机关具有高度机动性和灵活性,因此,很难由法律规范;或认为紧急行政权具有高度政治性和政策性,不宜由法律规范。而在实质法治下,法律对行政的要求不仅存在于具体的规范和条文中,更存在于法律目的和基本精神及原则之中。在这种情况下,国家紧急权力的运行可能突破法律条文的"有形之法",但仍然受制于法律目的或基本原则的"无形之法"。应急管理法律规范为处理突发公共事件提供了程序化的手段,使得在突发公共事件发生时,处理机构能够有法可依、有章可循。

(二)加强应急法制建设是提高政府危机管理有效性的必然路径

应急管理法律规范赋予了突发公共事件处理手段的合法性,以增强其有效性。依法应急还能增加应急管理的预期,在确保应急行为公开、公正的前提下,提高紧急状态下的执法效率,促进应急管理的顺利完成。紧急事件的突发性质及其可能带来的严重后果,要求政府部门必须采取高效、迅捷的措施排危解难,因此,对于政府的应急权力,除了强调合法性之外,还强调有效性,这两者都需要通过法律对权力的规范化、制度化才能最大程度地得以实现。

(三)加强应急管理法制建设更深远的意义是保障公民权利

在现代法治社会中,政府应急管理受到来自于法治原则的限制,其核心就是政府不能随意行使应急管理权力,必须符合保护人权的基本宗旨。公共危机的出现意味着必须允许国家对公民权利加以必要限制,这种权力比正常权力更具权威性、强制性。权力在缺乏法治规制的情况下极容易被滥用,而紧急权力被滥用的最直接后果就是对公民权利的过度侵害。因此,如何在保证有效应对危机的同时,对应急权力进行必要约束,从保障公民权利不受非法的、过度的侵害,就显得非常必要。应急管理法律规范的重要意义就是使法治精神和原则在非常规的状态下得到坚持,有效保障公民权利。应急法制具备"危机管理+利益平衡"的基本功能,只有"法"才能找到公共利益与个体利益的结合点,以及行政效率与权利保障的平衡点,这也是健全应急法制的基本价值理念之所在。

第二节　国外应急管理法制概述

将政府应急管理纳入法制化轨道,是世界各国建立政府应急管理机制普遍遵循的一项原则。政府何时可以启动应急管理机制,怎样启动应急管理机制,在应急管理时期行使什么样的紧急权力,如何中止应急管理机制等,都关系到法治行政原则能否在政府应急管理工作中得到全面贯彻和落实。为此,西方发达国家一般都制定有紧急状态管理和防灾减灾救灾的法律法规,政府制定的应急管理计划也具有法律效力。这些法律法规对应急状态下政府管理权限、应急处置措施和程序、政府责任、公民权利和义务等方面都有明确的法律界定,为政府实施应急管理提供了具有可操作性的法律依据,同时可以起到限制行政权力滥用的作用。

一、国外应急管理法制概况

美国的危机应对体系向来为世人瞩目,其应急管理法制具有代表性。美国应急管理法制的宪政基础,包括宪法有关宣布紧急状态的权力分配,紧急状态下的公民权利,戒严法的宣布,以及国会对行政机关的授权等。美国应急管理法制的基本反应体系,包括对一般性紧急事件的处理,对灾难的紧急处理,重大灾难的宣布,在紧急事件处理中政府及其他组织的角色与义务。美国应急立法较全,曾先后制定了上百部专门针对自然灾害和其他突发公共事件、紧急状态的法律法规,且经常根据情况变化进行修订,如《斯坦福法案》(《灾害救助和紧急援助法》)及其修正案,《洪水保险法》《国家洪水保险计划》《洪水灾害防御法》《国家紧急状态法》《国家地震灾害减轻法》《美国油污法》《联邦应急计划》等,以及一系列反恐怖袭击法案。美国重要的危机反应机构,包括美国联邦应急管理局、美国国土安全部、美国陆军工程师团、美国联邦调查局、美国中央情报局、国家安全委员会、美国疾病控制与预防中心等。

加拿大应急管理法制的一般反应过程,包括危机的预防,危机的准备,危机的宣告,危机中的命令和规制,危机宣告的修改、延期和撤销,财政援助计划,补偿,国会监督,等等。通过《加拿大危机准备法》和《加拿大危机法》的规定,可将加拿大突发公共事件应急管理法制的基本特征概括为以下四个方面:危机管理系统化,重视危机的预防和准备;设立专门的机构负责;实行分权,体现国家辅助性作用的原则;重视国会的监督作用。

英国危机管理的历史发展富有特色。20 世纪 80 年代被称为"饱受灾难的 10 年",这使得地方政府的危机规划立即受到了政治家和公共部门的关注,在中央政府层面上也开始重视灾害之后的恢复能力和针对危机的规划预防能力。涉及英国危机应对的立法框架,包括

《应急权力法案》《民防法案》《地方政府法案》《非军事应急法案》。

法国有关紧急状态的法律问题,在很大程度上反映出法国以总统为权力中心的宪政与行政体制的特点。以法国公共健康安全应急防范机制为例,其应急管理法制体现出对危机预防原则的严格贯彻、安全防范体系的建立以及计划和模拟演练相结合等特征。

哈萨克斯坦灾害应急管理及其相关法制亦有特点,灾害应急管理中的应对举措和减灾措施及其应急规划,自然灾害评估,自然灾害的国际合作等。印度应急管理的法制内容较丰富,包括灾害管理的概况、灾害管理组织及对策、国家减灾组织机构,涉及灾害的预报和警报、备灾和减灾措施、长期减灾措施等。新加坡、马来西亚、泰国等东南亚国家的应急管理法制在应急主体设置和减灾教育上有其特点,如新加坡的民防部队、民防志愿者组织,泰国的民防、灾害管理规划系统和对公民的减灾教育,马来西亚的减灾组织体制与相关机构如特别救灾营救队等。

纵观国外有关政府应急管理的法制建设,主要有两种立法模式:第一种是紧急状态法与突发事件应对法分别立法,如美国1950年的《灾害救助和紧急援助法》和1976年的《国家紧急状态法》;第二种是紧急状态法与一般突发公共事件应对法合并立法,如澳大利亚于1986年制定的《危机管理法》。总体而言,发达国家应急管理法规系统性较好,各级政府制定了相应的应急法规标准,基本覆盖了应急管理过程的各个环节和主要功能,从应急准备、响应到恢复,从应急行动、应急设备到应急方法等。

二、国外应急管理法制的主要特点与发展趋势

(一)立法层次高,范围广

首先,从应急法律规范的表现形式来看,绝大多数国家宪法对应急管理作了规定,这些规定主要是基于法治原则的要求;其次,许多国家都由立法机关制定了专门的应急法律,如2001年俄罗斯的《联邦紧急状态法》等;再次,许多国家的行政机关根据议会关于应急法律规范的立法,制定了一系列应急行政法规,如日本内阁就根据议会制定的《灾害对策基本法》制定了《灾害对策基本法实施令》;最后,许多国家的应急法律规范主要是通过应急时期颁布的紧急命令和紧急决定来确定的,其内容既涉及自然灾害引起的应急活动,也涉及人为灾害引起的应急活动。

(二)法律规范的专门化、体系化

许多国家都有一部统一的紧急状态法,如美国1976年的《国家紧急状态法》。统一的紧急状态法通过统一的指挥机制以及程序规范,在紧急状态中既可以加强应对紧急事件的效率,及时应对紧急事件,使受到严重威胁的经济与社会秩序迅速恢复常态;又能够避免由于

法律的漏洞而使政府随意扩大紧急行政权力,使得公民权利保障有一个底线,不至于公民权利在紧急状态时期遭受公共权力的随意侵害而无法获得有效的法律救济。除了统一的紧急状态法以外,各国都针对各种具体的紧急情况制定了单行法。

(三)执法机构的专业化

发达国家的应急执法机构较为完备,均设置了专门的政府机构作为应急管理体制的核心和骨干。例如,在美国,从联邦到地方都设立了关键基础设施保护与应急准备局,这是24小时运作的专门进行紧急事态处理工作的机构。

(四)社会力量的广泛参与

在应急管理领域,由于政府在资源掌握、人员结构、组织体系等方面不可避免地存在着局限性,因此,不管是在应急预警、应急准备阶段,还是在危机发生后的灾难救助阶段,都应当积极吸纳和发挥民间力量的作用,提高应急处理效率。从各国情况来看,都非常重视民间力量的参与,如美国在联邦应急计划中写入了政府与红十字会等非政府组织以及其他私人组织的合作。

(五)执法机构多元化、立体化、网络化

应急事件直接危及社会的稳定和正常运行,必须及时有效应对,但绝大多数紧急事件并非某个部门单独就可应对,而是需要来自诸如警察、消防和医疗机构等不同部门、机构的联合和协调,因此,各国往往强调以多元化、立体化、网络化的执法机构来应对危机。

(六)执法程序规范化、制度化

各国应急管理实践活动都有相应法律规范作为依据和准则,政府机构所制定的政策和采取的措施也都必须有立法作为根据。政府应急管理行为程序不断走向规范化、制度化,以利于保证紧急事态处理的正当性和高效性,这是世界各国应急管理法制的主要发展趋势。

(七)事后救援向事前预防转化

应急预警以及应急管理准备是整个应急管理过程的第一个阶段,这一阶段的工作做好,就能有效预防和避免危机事件的发生。在某种程度上,预防比救援更有意义,可以避免社会财富的浪费,节省人力、物力、财力,有效保障社会秩序的稳定。因此,各国愈发重视应急预警机制,如法国特别注重预防原则,强调遵循预防原则是政府法定的职责。

第三节 应急管理法制的基本原则

应急管理法制的基本原则,是指在应急管理中依法必须遵循的基础性、综合性、稳定性的原理和准则,是指导并规范突发公共事件应对工作的基本指导思想和纲领性准绳,对于实现应急管理法律规范的立法意图具有重要意义。综合来看,应急管理法制包括以下一些基本原则。

一、行政应急性原则

行政应急性原则是现代行政法治原则的重要内容,是指在必要情况下,为了国家利益和社会公共利益,政府可以运用紧急权力,采取各种有效措施,包括采取必要的对行政相对人法定权利和合法利益带来某种限制与影响的措施来应对紧急情况。突发公共事件严重威胁、危害社会的整体利益,任何关于应急管理的制度设计都应当将有效控制、消除危机作为基本出发点,以有利于控制和消除面临的现实威胁。同时必须坚持效率优先,授予行政机关充分的权力,以有效整合社会各种资源,协调指挥社会各种力量,确保危机最大限度地得到控制和消除。为了保障重大公共利益,维护正常的经济、社会和法律秩序,政府根据应急性原则,在面临重大突发公共事件时采取各种紧急措施,既包括实施法律法规明确授权的行为,也包括先予实施没有法律授权的紧急措施并于事后请求追认,甚至暂停某些法律规范的实施;既可以对公民的某些宪法权利加以限制或剥夺,也可以遵循较平常更为简易的紧急程序。应急性原则改变了日常法律确定的国家机关与公民之间的权利义务关系,将重心向国家机关倾斜,授权政府在第一时间采取紧急处置手段,有助于及时迅速有效地控制危机事态的发展。

然而,在这种情形下,政府拥有了较平时更为膨胀的权力,而"无限制的权力必然导致政府腐败,必然摧毁人民的自由和权利",为规范这种权力,各国在立法和实践中必须对行政应急权力进行以下限制:(1)存在明确无误的紧急危险;(2)适用应急权力的主体仅限于有权机关,非法定机关行使了紧急权力,事后应当由有权机关予以确认;(3)必须依照有关法律规定的特别程序;(4)应急行为受有权机关的监督;(5)应急权力的行使应当适当,尽可能将负面损害控制在最小的程度和范围,对明显可以不限制或不侵犯的公民权利和公民自由,不得限制或侵犯。总体而言,应急性原则与法治原则二者并不冲突,并非法治原则的例外——应急性原则本身为紧急权的行使提出了现实性、科学性、专属性、程序性等方面的要求,强调紧急权必须在法治的范围内展开。可见,应急性原则属于法治原则在应对突发公共事件领域的个别化。

二、比例原则

比例原则是一个广义的概念,包括三个次要概念:适当性原则、必要性原则及狭义的比例原则。此种分法源自德国联邦宪法法院1958年6月11日判决的"药房案"。在该案中,宪法法院对人民自由权利之侵犯的合法性问题提出了所谓"三阶论",即手段的适当性、必要性及比例性原则。法院对于比例原则的适用,先审查适当性,再次审查必要性,最后才决定比例性问题。德国联邦宪法法院的见解逐渐形成比例原则的通说。

具体而言,适当性原则指一个法律或公权力措施的手段能够达成目的,亦即国家所采取的限制手段须适当且有助于所追求之目的的实现。如果经由某一措施或手段之助,使得所欲追求的成果或目的较易达成,那么此措施或手段相对于该成果或目的是适当的。必要性原则是指在适当性原则已获肯定之后,在所有能够达成目的的手段中,选择于人民之权利最少侵害的方法。该原则也可称为"尽可能最小侵害之原则"。必要性原则适用的前提是有一目的与数手段同时存在,若只有唯一手段可达成目的时,必要性原则无法适用。该原则起源于德国的警察法理论——魏玛时代著名的行政法学者F.Fleiner的一句名言"警察不可用大炮打麻雀"。换成我国俗语,类似"杀鸡焉用牛刀",表明严厉的手段唯有在已成为最后手段时方能使用。学者陈新民认为,狭义的比例原则是指一个措施,即使是达成目的所需要的,也不可予人民过度的负担。所谓过度的负担,是指法律或以公权力措施所追求的目的和所使用的方法,在造成人民权利损失方面,是不成比例的。

可见,比例原则通过对紧急权力的制约来达到对个人权利的关怀与保障,其最核心、最终极的价值目标就在于对人权的保障,这也正是比例原则的旺盛生命力之所在。所以,我国《突发事件应对法》第11条第1款规定:有关人民政府及其部门采取的措施,应当与突发事件可能造成的社会危害的性质、程度和范围相适应;有多种措施可供选择的,应当选择有利于最大限度地保护公民、法人和其他组织权益的措施。

三、预防为主、预防与应急相结合的原则

应急事件管理从具体内容上看可以分为预防准备、事中应对和事后恢复三个阶段——通常后两个阶段更容易引起公众重视。然而,预防作为应急管理的第一个阶段,在某种程度上比危机事件的解决更富有意义。应急管理法制建设强调危机预警以及危机管理准备工作的重要性,贯彻以预防为主,预防、应对、恢复相结合的方针,防微杜渐,争取做到在危机来临时有条不紊。据国外有关研究表明,是否准备了应变计划对于突发公共事件的解决影响重大。例如,从突发公共事件的持续时间来看,一般的危机平均历时8周半,而没有应变计划的危机比有应变计划的危机长2.5倍,达到20周。由此可见,事前有预防比没有预防受到的损失要

小。我国《突发事件应对法》第 5 条规定体现了这一原则：突发事件应对工作实行预防为主、预防与应急相结合的原则，国家建立重大突发事件风险评估体系，对可能发生的突发事件进行综合性评估，减少重大突发事件的发生，最大限度地减轻重大突发事件的影响。

四、迅速反应原则

突发公共事件具有很强的破坏性，对公民的人身财产安全、社会公共秩序都构成严重威胁和重大损害，政府采取的紧急状态更会对公民某些基本权利进行限制。因此，越早消除突发公共事件和紧急状态，就越能降低突发公共事件和紧急状态对社会的负面影响。迅速反应原则要求政府在保证其应急行为合法性的前提下，采取有效措施迅速控制突发公共事件的发展，尽快恢复经济与社会的正常状态，其核心就是提高应急效率。政府必须在第一时间作出正确反应，决策越早，主动性越强，否则事态恶化，越趋被动。政府反应时间的长短决定了处理突发公共事件的成败。美国管理学家福斯特认为，在危机的显著特征"急需快速做决策、严重缺乏必要的训练有素的人员、物资资源和时间"中，最为重要的是"迅速决策"。我国《突发事件应对法》也强调了迅速反应原则："县级人民政府对本行政区域内突发事件的应对工作负责；涉及两个以上行政区域的，由有关行政区域共同的上一级人民政府负责，或者由各有关行政区域的上一级人民政府共同负责。突发事件发生后，发生地县级人民政府应当立即采取措施控制事态发展，组织开展应急救援和处置工作，并立即向上一级人民政府报告，必要时可以越级上报。突发事件发生地县级人民政府不能消除或者不能有效控制突发事件引起的严重社会危害的，应当及时向上级人民政府报告，上级人民政府及时采取措施，统一领导应急处置工作。法律、行政法规规定由国务院有关部门对突发事件的应对工作负责的，从其规定；地方人民政府应当积极配合并提供必要的支持。"该法要求事发当地人民政府必须从实际情况出发，不能因为事件本身对本部门或者本地区不利就进行隐瞒和遮掩，必须在第一时间作出反应，采取措施控制事态发展，组织开展应急救援和处置工作，并立即向上一级人民政府报告——若逐级汇报可能耽误危机处理的，允许越级上报。

五、分类、分级、分期原则

分类、分级、分期原则是在处理突发公共事件时对社会资源的合理分配，实质上也是对政府应急权力的合法限制。

对突发公共事件予以科学分类，是各国危机管理的基础，也是我国《突发事件应对法》的立法前提。从学理上讲，根据不同标准，突发公共事件可以作多种分类，但从国家突发公共事件管理的有效性和《突发事件应对法》的立法科学性角度出发，最主要的分类就是根据行政分类。《突发事件应对法》将突发事件分为自然灾害、事故灾害、公共卫生事件和社会安全事件四类。

我国学界对应急事件分级的标准有两种：(1)客观标准，即根据突发公共事件的紧急程度、发展态势、影响范围和损失后果；(2)主观标准，即根据政府应对突发公共事件的能力。一般情况下，客观标准和主观标准是一致的，损失严重、影响范围较大的突发公共事件，往往需要层级较高、行政管理能力强的政府来应对，因而级别也较高。但也存在例外情况，如特大交通事故，虽然损失重大，但县或市级就能够快速解决，这类事件的级别就无须很高。而对于疫情，最初虽然危害和影响不大，但潜在危害却很大，并且传染迅速，县或市级人民政府往往难以有效控制，这类事件就应由省级或中央人民政府来处理，同时其级别也应当很高。《突发事件应对法》采用的是客观标准，即按照社会危害程度、影响范围等因素，自然灾害、事故灾难、公共卫生事件分为特别重大、重大、较大和一般四级。

每一个突发公共事件都会经历潜伏、发生、发展和死亡周期，应急管理当着眼于全过程，即根据事件生命周期的不同阶段分别采取不同的应急措施，从而形成一个"循环的、全过程的"管理模式。可以按照事件对社会可能造成的危害和威胁，对社会的实际危害已经发生，对社会的危害逐步减弱，以及社会正常秩序恢复等四个标准，将应急管理分为预防与应急准备期、监测与预警期、应急处置与救援期和事后恢复与重建期四个阶段。

六、行政公开原则

所谓行政公开原则，是指除依法应保密的以外，应一律公开进行；行政法规、规章、行政政策以及行政机关作出的影响行政相对人权利和义务的行为的标准、条件、程序应依法公布，让相对人依法查阅、复制；有关行政会议、会议决议、决定以及行政机关及其工作人员的活动情况，除依法应保密的以外，应允许新闻媒介依法采访、报道和评论。公开原则可以对国家行政权力加以监督、规范，避免权力脱缰，侵蚀国家机体。行政公开原则作为权力行使主体与权力监督主体之间相互衔接的联结点，能有效促使权力与制约的相对平衡。行政公开原则的内涵包括三个方面。

(一)行政决定公开

《突发事件应对法》第10条规定：有关人民政府及其部门作出的应对突发事件的决定、命令，应当及时公布。任何行政决定，只要涉及突发事件管理事项，无论是行政政策、行政立法、行政执法还是行政裁决、行政复议，最终的决定内容都应当以适当的形式公开。

(二)行政程序公开

行政程序公开是指行政机关决策与执行的方式、步骤、顺序向社会公开。行政机关的任何行政行为，无论是抽象行政行为还是具体行政行为，都必须经过一定的方式、步骤、顺序才能实施。如美国法学家伯纳德所言，"行政法更多的是关于程序和补救的法，而不是实体法"。

为了保证应急过程中决定的公正性,行政主体一般需要遵循听取行政相对人意见、告知行政相对人所享有的权利、说明行政行为的依据和理由等程序。

(三)行政信息公开

《突发事件应对法》第 53 条规定:"履行统一领导职责或者组织处置突发事件的人民政府,应当按照有关规定统一、准确、及时发布有关突发事件事态发展和应急处置工作的信息。"政府应尽快把准确的信息向公众及时发布,保障公民的知情权,从而避免造成社会公众的恐慌不安。

七、社会动员原则

政府在处理危机时具有无可比拟的优势,如组织优势、信息优势、强制权力优势,而且政府的管理具有普遍性,对所有人都是有效的,可见政府在应急管理中是绝对的核心。但面对重大的自然和社会危机,没有全社会的积极参与和大力支持,仅仅靠政府的力量想圆满地解决危机是不可能的。社会民众应该定位好自己的角色,一方面积极了解突发公共事件的性质和实时信息,理解自己在当中处于什么样的位置,是否能采取有效的行动,保护自己的同时又帮助政府;另一方面应在平时多了解各式各样的危机事件,加强应急防范意识,增加自救、互救的知识和能力。这对于加强社会整体应急管理能力来说是极为有效的措施之一,我国历次抗洪救灾、疫情防控等获取的胜利,都离不开广大人民群众的大力支持。成熟的公民行为,不仅显示了社会的强大凝聚力,更是给予了政府极大的物质和道义上的支持。《突发事件应对法》明文规定:"国家建立有效的社会动员机制,增强全民的公共安全和防范风险的意识,提高全社会的避险救助能力。""公民、法人和其他组织有义务参与突发事件应对工作。""突发事件发生地的居民委员会、村民委员会和其他组织应当按照当地人民政府的决定、命令,进行宣传动员,组织群众开展自救和互救,协助维护社会秩序。"

第四节　我国应急管理法治化建设

一、我国应急管理法律制度的主要内容

（一）突发公共事件的预防和应急准备制度

突发公共事件的预防和应急准备制度是我国《突发事件应对法》中最重要的一项制度。建立健全有效的突发公共事件预防和应急准备制度，是做好突发公共事件应急处置工作的基础，其具体内容包括以下几点。

1. 提高全社会危机意识和应急能力的制度

（1）学校应该将应急知识教育纳入教学内容，培养学生的安全意识和自救、互救能力。（2）基层人民政府应当组织应急知识宣传普及活动，新闻媒体应无偿开展突发公共事件预防与应急、自救与互救知识的公益宣传。（3）基层人民政府、居民委员会、村民委员会、企事业单位应当开展必要的应急演练。（4）机关工作人员应当进行应急知识和法律法规知识培训制度。

2. 隐患调查和监控制度

（1）县级以上地方各级人民政府应当及时向社会公布危险源、危险区域，所有单位应当建立健全安全管理制度，定期检查本单位各项安全防范措施的落实情况，及时消除事故隐患，掌握并及时处理本单位可能引发社会安全事件的问题。（2）县级人民政府应当加强对本行政区域内危险源、危险区域的监控，并责令有关单位采取安全防范措施；省级和设区的市级人民政府应当加强对本行政区域内容易引发特别重大、重大突发事件的危险源、危险区域的监控，并责令有关单位采取安全防范措施。（3）县级人民政府及其有关部门、乡级人民政府、街道办事处、居民委员会、村民委员会应当及时调解处理可能引发社会安全事件的矛盾纠纷。

3. 应急预案制度

各级政府和有关部门应制订与适时修订应急预案，并严格予以执行。应急预案是应对突发公共事件的应急行动方案，是各级人民政府及其有关部门应对突发公共事件的计划和步骤，也是一项制度保障，预案具有同等法律文件的效力。比如，国务院的总体预案与行政法规有同等效力，国务院部门的专项预案与部门规章有同等效力，省级人民政府的预案与省

级人民政府规章有同等效力。

4. 建立应急救援队伍制度

(1) 县级以上人民政府应当建立健全突发公共事件应急管理培训制度，整合应急资源，建立或者确定综合性应急救援队伍。(2) 单位应建立由本单位职工组成的专职或者兼职应急救援队伍。(3) 国务院有关部门、县级以上地方各级人民政府及其有关部门、有关单位应当为专业应急救援队伍购买人身意外伤害保险，配备必要的防护设备和器材。(4) 中国人民解放军、中国人民武装警察部队和民兵组织应当有计划地组织开展应急救援的专门训练。(5) 加强专业应急救援队伍与非专业应急救援队伍的合作，联合培训、演练，提高协同应急能力。

5. 突发公共事件应对保障制度

(1) 经费保障制度：国务院和县级以上地方各级人民政府应当采取财政措施，保障突发公共事件应对工作所需经费。(2) 物资储备保障制度：国家建立健全应急物资储备保障制度，完善重要应急物资的监管、生产、储备、调拨和紧急配送体系；设区的市级以上人民政府和突发公共事件易发、多发地区的县级人民政府应当建立应急救援物资、生活必需品和应急处置装备的储备制度；县级以上地方各级人民政府应当根据本地区的实际情况，与有关企业签订协议，保障应急救援物资、生活必需品和应急处置装备的生产、供给。(3) 应急通信保障制度：完善公用通信网，建立有线与无线相结合、基础电信网络与机动通信系统相配套的应急通信系统，确保突发公共事件应对工作的通信畅通。(4) 保险制度：国家发展保险事业，建立了财政支持的巨灾风险保险体系，并鼓励单位和公民参加保险。(5) 国家鼓励动员制度：国家鼓励、扶持具备相应条件的教学科研机构培养应急管理人才，鼓励、扶持教学科研机构和有关企业研究开发突发公共事件预防、监测、预警、应急处置和救援的新技术、新设备和新工具；国家鼓励公民、法人和其他组织为人民政府应急工作提供物资、资金、技术支持和捐赠。

6. 城乡规划满足应急需要制度

城乡规划应符合预防、处置突发公共事件的需要，统筹安排应对突发公共事件所必需的设备和基础设施建设，合理确定应急避难场所。

(二) 突发公共事件监测制度

监测制度是做好事前突发公共事件应对工作，有效预防、减少突发公共事件的发生，控制、减轻和消除突发公共事件引起的严重社会危害的重要制度保障。《突发事件应对法》规定了如下几项监测制度。

1. 建立统一的突发公共事件信息系统

(1) 信息收集制度：县级以上人民政府及其有关部门、专业机构应当通过多种途径收集突发公共事件信息,县级人民政府应在居委会、村委会和有关单位建立专职或者兼职信息报告员制度,获悉事件信息的公民、法人或者其他组织应立即向所在地政府、有关主管部门或者指定的专业机构报告。(2)信息互通制度:国务院建立全国统一的突发公共事件信息系统,县级以上地方人民政府应当建立或者确定本地区统一的突发公共事件信息系统,并与上下级人民政府及其有关部门、专业机构和监测网点的信息系统实现互联互通。(3)信息的分析会商和评估制度:县级以上地方人民政府应当及时汇总分析突发公共事件隐患和预警信息,必要时应组织有关部门专门技术人员、专家学者对发生突发公共事件的可能性及其可能造成的影响进行评估。

2. 建立健全监测网络

县级以上人民政府及其有关部门应当建立健全基础信息数据库,完善监测网络,划分监测区域,确定监测重点,明确监测项目,提供必要的设备设施,配备专职或者兼职人员;在完善现有气象、地震、地质、海洋、环境等自然灾害监测网的基础上,适当增加监测密度,提高技术装备水平;建立危险源、危险区域的实时监控系统和危险品跨区域流动监控系统;在完善省、市、县、乡、村五级公共卫生事件信息报告网络系统的同时,健全传染病和不明原因疾病、动植物疫情、植物病虫害和食品药品安全等公共卫生事件监测系统。

(三)突发公共事件的预警制度

预警制度是根据有关突发公共事件的预测信息和风险评估,以及突发公共事件可能造成的危害程度、紧急程度和发展趋势,确定相应预警级别,发布相关信息,采取相关措施的制度。

1. 预警级别制度

可以预警的自然灾害、事故灾难和公共卫生事件的预警级别,按照事件发生的紧急程度、发展势态和可能造成的危害程度分为一级、二级、三级和四级,分别用红色、橙色、黄色和蓝色标示,一级为最高级别。预警级别的划分标准由国务院或者国务院确定的部门制定。

2. 预警警报的发布权制度

县级以上地方人民政府应及时发布相应级别的警报,决定并宣布有关地区进入预警期,并及时上报。

3. 发布各级警报后应当采取的措施

发布三级、四级警报,宣布进入预警期后,县级以上地方各级人民政府应启动应急预案,加强监测、预报和预警工作,以及对突发公共事件信息的分析评估,定时向社会发布与公众有关的突发公共事件预测信息和分析评估结果,并对相关信息的报道工作进行管理,及时向社会发布警告，宣传避免、减轻危害的常识，公布咨询电话；发布一级、二级警报，宣布进入预警期后，县级以上地方人民政府还应责令应急救援队伍和有关人员进入待命状态，调集应急物资、设备、工具，准备应急设施和避难场所，加强对重点单位、重要部位和重要基础设施的安全保卫，及时向社会发布有关避免或者减轻损害的建议、劝告，转移、疏散或者撤离易受危害的人员并予以妥善安置，转移重要财产，关闭或限制使用易受危害的场所，控制或限制容易导致危害扩大的公共场所的活动。

4. 预警发布后及时调整制度

发布警报的人民政府应当根据事态发展适时调整预警级别并重新发布，有事实证明不可能发生突发公共事件或者危险已经解除的，应当立即宣布解除警报，终止预警期，并解除已采取的有关措施。

（四）突发公共事件的应急处置与救援制度

政府必须在第一时间组织力量，依法及时采取有力措施组织营救和救治受伤人员，防止事态扩大和次生、衍生事件的发生，避免发展为特别严重的事件，努力减轻和消除其对人民生命财产造成的损害。具体包括：

一是突发公共事件发生后，有关政府应当针对其性质、特点和危害程度，依照法律、法规、规章的规定采取应急处置措施。

二是自然灾害、事故灾难或者公共卫生事件发生后，有关政府可以有针对性地采取人员救助、事态控制、公共设施和公众基本生活保障等方面的措施。

三是社会安全事件具有危害大、影响广的特点，有关人民政府应立即组织有关部门依法采取强制隔离当事人，封锁有关场所和道路，控制有关区域和设施，加强对核心机关和单位的警卫等措施。发生严重危害社会治安秩序的事件时，公安机关还可以根据现场情况依法采取相应的强制性措施。

四是发生严重影响国民经济正常运行的突发公共事件后，国务院或者国务院授权的有关主管部门可以采取保障、控制等必要的应急措施。

（五）突发公共事件的事后恢复与重建制度

当事件带来的威胁和危害基本得到控制与消除后，应当及时组织开展事后恢复和重建工作，以减轻损失和影响，尽快恢复生产、生活、工作和社会秩序，妥善解决应急处理过程中引发的矛盾和纠纷。具体包括：

一是及时停止应急措施，同时采取或者继续实施防止发生衍生事件或者重新引发社会安全事件的必要措施。

二是制订恢复重建计划。

三是上级人民政府提供指导和援助。

四是国务院根据受影响地区的损失情况，制定扶持该地区有关行业发展的优惠政策。

五是及时总结经验教训，制订改进措施，并向上一级人民政府提出报告。

（六）违反应急管理法律的责任制度

一是地方各级人民政府和县级以上人民政府部门违反《突发事件应对法》规定，不履行法定职责的，由其上级行政机关或者监察机关责令改正，视情节对直接负责的主管人员和其他直接责任人员依法给予处分。

二是有关单位不履行应急管理法定义务行政处罚责任的，由所在地履行统一领导职责的人民政府责令停产停业，暂扣或者吊销许可证或者营业执照，并处5万元以上20万元以下的罚款；构成违反治安管理行为的，由公安机关依法给予处罚。

三是编造、传播虚假信息的法律责任：编造并传播有关突发公共事件事态发展或者应急处置工作的虚假信息，或者明知是有关突发公共事件事态发展或者应急处置工作的虚假信息而进行传播的，责令改正，给予警告；造成严重后果的，依法暂停其业务活动或者吊销其执业许可证；负有直接责任的人员是国家工作人员的，应当对其依法给予处分；构成违反治安管理行为的，由公安机关依法给予处罚。

四是单位和个人不服从或者不配合行政机关应急处置的法律责任：单位或者个人违反法律规定，不服从所在地人民政府及其有关部门发布的决定、命令或者不配合其依法采取的措施，构成违反治安管理行为的，由公安机关依法给予处罚。

五是单位或者个人的侵权责任：单位或者个人违反应急法律规定，导致突发公共事件发生或者危害扩大，给他人人身、财产造成损害的，应当依法承担民事责任。

六是单位或个人违反法律规定，构成犯罪的，依法追究刑事责任。

二、我国应急管理法治化的建设路径

各类重大突发公共事件不断考验着国家应急管理体系的完善和应急管理人员的治理能力，当下，我国突发公共事件不断衍生和变化，应急管理工作形势严峻，必须加强和完善应急法制建设，提高应急管理的法治化水平。

（一）完善应急法律体系

一是加快制定并实施应急管理专门法。目前，我国应急法律法规体系已基本建立并不断健全，与应急管理相关的法律法规已经涵盖四大类突发事件的全流程管理。《突发事件应对法》虽然为应急管理的基本法，但近十几年没有在实践中根据突发公共事件的交织叠加来进行合理修订。如《防震减灾法》《动物防疫法》等法律是单行性的专项法律，没有很好地统筹各类突发公共事件。根据应急管理部政策法规司的意见，应急管理部为进一步整合优化协同各方应急力量，提高防灾减灾救灾能力，正在加快构建"1＋4"应急法律体系主干框架，即应急管理法＋安全生产法、自然灾害防治法、消防法和应急救援组织法。在《突发事件应对法》原有的基础上，急需根据突发公共事件的演变和发展来进行全面的更新与完善，或者编制一部应急管理综合性法律来指导、协调各职能部门的防灾减灾工作。

二是尽快修订应急管理相关法律、法规。突发公共事件本身就具有复合多边性和衍生性，不同的致灾因素交织在一起，使得突发紧急情况更加错综复杂，而社会的飞速变革与发展也为应急管理工作带来了前所未有的挑战。部分法律或条款因修订年限较长，存在一定滞后性，特别是机构改革后，各部门的职能进行了很大的变动和调整，各相关部门和企业应高度重视应急法制建设，完善安全生产责任制和安全生产规章制度，严厉打击各种违法活动，及时有效更新应急法律制度。

（二）应急法制与应急体制、机制的有机结合

一是应急法制与体制相结合。应急机构的设置和应急人员的编制都需要法律为其提供保障。各级政府应重视职责分工，并依照应急法律的相关规定，最大限度地整合应急资源和力量。通过加强完善应急法制，从而将应急管理体制与机制有机结合起来，使各级政府和部门职责明确、各司其职，对突发公共事件进行全流程的动态管理。

二是应急法制与机制相结合。我国应急管理机制涉及突发公共事件的预防与应急准备、监测与预警、应急处置与救援、恢复与重建的全流程、全动态管理。我国应急管理法制贯穿突发公共事件应急处置工作的全过程，不论是事前的应急准备和对人们的教育培训及对各种风险的监测预警和信息报告，还是事中对风险的评估处置和协调联动，以及事后对灾害的重建和相关人员的责任追究，都离不开法律健全这个大前提。只有将各项应急法律法规落细、落实，促使应急管理机制和应急管理法制有机结合，才能真正最大限度地预防和降低突发公共事件的发生频率，减少危机对经济和社会造成的损失与影响。

三是应急法制与实践相结合。每当社会发生突发公共事件，尤其是在重特大突发公共事件对社会经济造成严重影响时，往往会暴露出应急法律体系的诸多薄弱环节，也就是说，应急实践有力推动着我国应急法制的健全和完善。例如，重大突发公共卫生事件 SARS 暴发后，应急管理基本法——《突发事件应对法》因此得以编制和实施；重特大自然灾害汶川地震带来深刻的警醒，一个月内《汶川地震灾后恢复重建条例》遂得问世；"新冠"疫情的暴发，使得我国应急管理综合性法律的编制工作被提上日程。

（三）关注紧急权力下的公民基本权益保障

紧急状态下，为尽快恢复社会秩序和维护国家权益，国家必须赋予行政机关应急权力。

为确保公益的最大化,公民在应急管理的非常规状态下需要积极配合行政机关的工作。应急管理要求执法者必须在具体工作中以宪政精神为指导,依法行使应急权力,时刻以公民权益损失最小化为原则去统筹全局,完善救济补偿制度,事后对公民受损权益进行相应的补偿。

在实施依法治国方略、全面推进依法行政的新时期,必须把法治精神贯穿于应急管理工作的全过程,依法建立健全应急预案体系建设,开展应急演练工作,大力实现应急管理法治化,更好地防范和化解突发公共事件,保障人民生命健康安全和国民经济的平稳发展。

思考题

1. 相对于常态下的法律法规,应急管理法制具有哪些特点?
2. 简述1949年以来我国应急管理法制的发展进程。
3. 分析完善应急管理法制建设的必要性。
4. 如何理解应急法制的核心是保障公民权利?
5. 国外应急管理法制具有哪些重要特点?
6. 应急管理法治化应遵循的基本原则有哪些?
7. 比例原则的内涵是什么?
8. 为什么说突发公共事件的预防和应急准备制度是最重要的应急法制内容?

第十二章　应急与应战一体化

故事导入

云南漾濞县 6.4 级地震和青海玛多县 7.4 级地震救援[①]

2021 年 5 月 21 日 21 时、22 日 2 时，云南省大理州漾濞县、青海省果洛州玛多县相继发生 6.4、7.4 级地震，分别造成 3 人死亡、53 人受伤。地震发生后，应急管理部分别启动抗震救灾三级、二级应急响应，派出工作组分赴云南、青海，调派国家综合性消防救援队伍赴震区开展抢险救援，紧急调拨救灾物资全力支持地方抗震救灾，并组织专家组开展灾情核查评估。云南、青海两省主要负责同志深入一线，靠前指挥，共投入各类救援力量 23000 余人，全力开展抗震救灾救援工作，累计转移疏散群众 5662 人，紧急转移安置 57000 人。

在这两次抗震救灾工作中，国家、省、市、县各级抗震救援救灾指挥部高效运行，应急管理部与交通、工信、卫生健康、自然资源等各部门通力协作。消防救援、军队、武警等救援队伍闻令而动，第一时间踏勘现场，科学划定救援区域，逐村逐户开展拉网式、地毯式人员排查搜救。同时妥善安置受灾群众，紧急调拨救灾物资，预拨救灾资金，做好疫情防控，尽快复工复学，并做好次生灾害防范，严防地质灾害、危化品爆炸、堤防溃坝、堰塞湖、环境污染等灾害发生；积极抢修交通、电力、通信等基础设施，使得云南在震后 17 小时、青海在震后 9 小时内全部恢复灾区电力供应；及时公布震情灾情和抗震救灾信息，统一、及时、准确、客观回应社会关切，两地共举办 13 场新闻发布会。

[①] 《2021 年全国应急救援和生产安全事故十大典型案例公布》，光明网。https://politics.gmw.cn/2022-01/20/content_35461974.htm

第十二章 应急与应战一体化

第一节 应急与应战一体化概述

随着经济全球化进程的加快,影响国家安全与公共安全的不稳定因素日益增多,局部战争与武装冲突不断,自然灾害、事故灾难、突发公共事件、社会安全事件发生的频率高,危害的程度大,对社会主义和谐社会的构建带来了严峻的挑战。在这种国际、国内形势下,应急管理受到了党和政府的高度重视,各种应对突发公共事件的政策和预案纷纷出台。作为紧急情况下的非常态管理,应急管理必须结合国防动员力量,迅速、有效地调动一切人力、物力和财力,应对、化解、处置风险和危机,确保人民的生命与财产安全。这就要求我们在应急管理中贯彻应急与应战一体化建设理念,做到平战结合,即"平时应急,战时应战"。应急与应战一体化建设是围绕维护国家安全与发展利益大局,将军地分散的资源、分立的体系进行有机整合,在确保军队能打胜仗这一核心能力的同时,积极拓展应对自然灾害、事故灾难等各类突发公共事件的能力,大力推进应急与应战一体化,最大限度地发挥军事效益、经济效益和社会效益。

应急是指突然发生并要求立即处理的事件,主要指突发公共事件;应战则可解释为与前来进犯的敌人作战或接受对方的挑战条件,主要指应对战争。无论是应对战争,还是应对突发公共事件,一国政府都必须能够迅速有效地调动一切人力、物力和财力,以确保社会公众的生命与财产安全。传统安全视角下,为了抵御外来侵略,赢得可能发生的战争,确保国家安全,一国政府要支付大笔的军费开支,维持一定规模的武装力量,建立稳固与强大的国防。与突发公共事件相比,战争发生的可能性相对较低,如果组织严密、装备精良、反应迅速的武装力量资源紧紧围绕应战配置,势必会造成很大的闲置;而且,从冷战结束后的高技术局部战争来看,战争与突发公共事件的影响、后果与处置要求趋同。为此,世界各主要国家都在积极探索如何实现应急与应战一体化,整合国防动员和应急管理。

一、应急与应战一体化的内涵

应急与应战一体化(简称"双应"一体化),是指一国政府从系统的观点出发,既考虑战时紧急状态的需求,也考虑非战时紧急状态的需求,实现应急与应战的一体化,以便在战时与非战时紧急状态下都能够迅速整合各种可以动员的国防资源,提高国家经济与社会发展的整体抗逆水平,确保国家安全与公共安全。

应急与应战一体化能够使政府、军队、群团组织、社会等军地各方在推动国防动员和应对突发公共事件时,以应战准备服务应急需要,以应急使用提升应战水平,全面提高应急应战总体效能,并在机构设置、管理机制、隶属关系等方面的构成形式、运行方法达到最优集合。应急与应战一体化作为一个新提出的组织运行模式,具有范围广、领域多、结构复杂等特点。在应急与应战一体化中,根据不同的职能分工和资源分配,各成员机构间通过支持、共享、协作、互补等方式,实现较为完整的协作。

应急与应战一体化建设是新形势下国防动员领域面临的一项紧要课题,其主要是从维护国家安全和发展利益的大局出发,把军地分散的资源有机地整合起来,在提高军队应战核心能力的同时,全面增强平时应对自然灾害、维护社会稳定、处置各类突发公共事件、实施救援的能力,以应急促进应战,以应战牵引应急,实现富国和强军的统一,最大限度地发挥应急应战的综合效能。

二、应急与应战一体化建设的背景

(一)从突发公共事件的特点看

俗话说:"天有不测之风云""人有旦夕之祸福",天灾、人祸的各种新闻,几乎每天都会见诸各大媒体的头版头条。面对不期而至的突发公共事件,如何逃生或进行救援,越来越受到人类关注,成为近年来国际社会普遍关注的、居高不下的热点问题。一般而言,突发公共事件具有以下基本特征:

一是突发性和紧迫性。突发公共事件往往是平时积累起来的问题、矛盾、冲突因长期不能得到有效解决,在突破一定临界点后的突然迸发,需要应急管理人员在巨大的时间和心理压力之下迅速调动可以掌控的人力、物力和财力,进行有效应对,控制事态发展,消除不利的后果与影响。

二是不确定性。突发公共事件从始至终都处于不断变化的过程之中,人们很难根据经验对其发展方向作出常识性的判断。特别是在经济全球化背景下,各种因素交织、互动,前所未有的新型突发公共事件不断出现,更加剧了突发公共事件的不确定性。突发公共事件一旦得不到有效控制,就有可能产生"涟漪效应",产生次生、衍生灾害。

三是危害性。突发公共事件可能会使公众的健康、生命和财产遭受重大的损失,干扰、破坏社会正常运行的秩序,甚至使政府的合法性面临挑战。突发公共事件的这些特点促使得我国加快应战与应急一体化建设刻不容缓。

(二)从军队的特点看

国际局势风云突变,生逢百年未有之大变局,世界联系更紧密,但战争也一直没有停止过。中国的崛起已经不可逆转,所面对的外部压力越来越大。而且从内部情况看,中国自身发展也到了关键时期,中国着眼国家安全需要和现代战争特点,一直希望并努力加强全民国防教育、国防动员和后备力量建设,提高平战转换、快速动员、持续保障和综合防护能力。除了作战之外,军队还具有对内维持政权稳定的功能。此外,军队后勤保障系统完善,组织结构严整,应急机动能力强等特点,也决定了军队适合参与应急与应战一体化。

(三)从战争与突发公共事件紧密联系的角度看

在当今经济全球化时代,公共安全问题与国家安全问题的界限日益模糊,难以区分,国家安全问题与公共安全问题不仅形成了一个很大的交集,而且有时难分彼此,具有一定的可转化性。现代战争具有爆发突然、影响严重的特点,从这点看,战争的发生可以看作是一个极端化的突发公共事件。突发公共事件也可能是战争开始的标志或导火索,如"萨拉热窝刺杀事件"导致了第一次世界大战。此外,一国内部发生的突发公共事件在失控状态下有可能会升级为内战,甚至蔓延出国家的地理疆界,引发国际战争。相对突发公共事件而言,战争的开始、发展和结束是一个持久的过程,在这一过程中,可能会发生若干突发公共事件。因此,无论是战争还是突发公共事件,都会极大地扰乱社会秩序,严重威胁社会公众的生命、健康与财产安全,可见我们要树立总体国家安全观,将应急与应战综合考虑,争取实现应急与应战一体化。

三、应急与应战一体化建设的重要意义

国防动员与应急管理是目前我国并存运行的两大危机管理机制,前者基于应对战争及军事危机,后者基于应对突发公共事件及自然灾害。积极推进两大机制有效衔接,对于贯彻落实党中央军民融合式发展战略思想,充分发挥政府在国防动员活动中的主体作用,加快动员能力生成模式转变,实现国家应急与应战一体化建设具有十分重要的意义。

(一)维护国家安全与发展利益、提升国家危机管理能力的内在要求

应急与应战一体化建设就是以维护国家安全与发展利益为最高目标。做好军事斗争准备,维护国家安全统一(应战)与应对各类突发公共事件(应急),维护社会稳定,共同构成国家安全与发展利益的基石。新形势下,我国面临的传统安全威胁与非传统安全威胁交织,现实威胁和潜在威胁并存,国家危机管理机制必须要由以保障作战为主向为应对多种安全威胁,完成多样化任务转变,实现应急与应战一体化。

(二)有效配置社会资源、推动国防和经济建设融合协调发展的有力举措

应急与应战一体化通过高效组织运行模式,发挥军地联动协调作用,促进有限的社会资源得到合理配置,更好地发挥军民两用技术、两用设备、两用设施、两用人才以及国防动员组

织体系等方面的作用,促进军事资源和非军事资源在国防建设领域和经济建设领域相互交流,提高平战结合和军民融合水平,促进国防建设与经济建设协调发展。

(三)紧密衔接应急和应战、加快平战转换速度、提高动员质量和效果的重要手段

一方面,现代战争多以突袭开始,持续时间短,要求速战速决,体现出"首战即决战"的特点,带有很强的突发性;另一方面,自然灾害、事故灾难、突发公共事件等公共危机频发,要最大限度地预防危机的发生或实现危机损害的最小化。一旦发生重大灾害、社会危机和战争威胁时,应急应战一体化能够立即启动相应的预案体系,实施军地联动,确保国防动员和应急处置的快速反应与实时高效,完成两大体系平战转换机制有效转化。

(四)贯彻落实总体国家安全观、避免重复建设和构建节约型社会的重要途径

应急与应战一体化是建设总体国家安全观的崭新实践,将有效贯通国防动员、后备力量建设、防灾减灾、应急救援等各方面工作。我们党要巩固执政地位,要团结带领人民坚持和发展中国特色社会主义,保证国家安全是头等大事。我国国防动员领域经过几十年建设,投入了巨大的人力、物力和财力,建立了自上而下的组织体系,积蓄了巨大的国防动员潜力,如果将国防动员的功能仅仅定位为战时应战,必然造成社会资源的巨大浪费。推进国防动员积极发挥其应急职能,既能满足维护国防安全的需要,又能满足促进经济建设健康发展的需要,可在一定程度上防止机构重复设置、职能相互交错,从而提高效率,节约资源,对构建节约型社会具有直接的促进作用。

第二节 应急与应战一体化建设内容

一、应急与应战一体化维度

应急与应战一体化本是国防经济学中的一个重要命题,即站在国家整体战略的高度,将国防建设与经济建设加以有效统筹,确保国家安全与经济效益的双赢。具体而言,从应战的角度出发,应急与应战一体化主要体现在以下三个维度。

（一）军事资源与应急管理的融合

军事人力、物资、设施等国防资源平时服务于国家经济、社会发展需求，战时成为克敌制胜的保障，如开放军用机场、码头、武装力量参与抢险救灾等。在应急管理中，"平战结合"的主要表现之一就是调度军事人力、物资、设施等国防资源，处置与应对突发公共事件。

一个国家所追求的目标一般有两个，即生存与发展——前者主要是安全问题，后者主要是经济问题。在一定时期内，一个国家总体的经济实力是一定的。作为国民收入的净扣除，军费开支在和平时期表现为一种必要的"浪费"；如果在和平时期军事人力、物资、设施等能够为国家的经济建设和社会发展贡献力量，这种"浪费"就会大大减少。所以，"军用转民用"系当今世界主要国家通行的做法。

（二）国防工业与应急管理的融合

任何一个国家的军事工业体系都具有很大的转产能力和生产规模收缩能力，既能生产军用产品，又能生产民用产品，具有"能军能民、亦军亦民"的特点；既能在战争需求增加时扩大军用产品的生产，又能在战争需求降低时实现军品生产向民品生产的转变，表现出一定的弹性。同时，在应急管理中，军事工业可以为突发公共事件的预防与处置提供有力的高技术支撑，如军工电子信息行业相关研制单位可以积极参加国家应急信息平台建设等。

应急与应战一体化建设历来是我国国防科技工业建设和发展中所遵循的一个重要原则。中华人民共和国成立之初，毛泽东、周恩来等老一辈无产阶级革命家就为我国国防工业的发展提出了"军民结合，平战结合，军品为主，以民养军"的16字方针，要求国防生产要兼顾军民两用，力争能军能民。1982年1月，邓小平根据当时国际战略格局的演变和我国的具体国情，提出了国防工业发展的新16字方针，即"军民结合，平战结合，军品优先，以民养军"。至今，应急与应战一体化建设的原则仍然指导着我国国防科技工业实践。

（三）国防动员与应急管理的融合

为应对战争而建立的国防动员体系具有服务于突发公共事件应急管理的巨大潜力。当今时代，突发公共事件频发，作为国防动员重要内容之一，人防正在逐步向民防转变，以实现"平时防灾、战时防空"。这是由于在现代高科技信息化局部战争中，空袭作战的主要目标多集中在城市关键性基础设施上，而关键性基础设施也是应急管理重点防护的目标。现阶段，人民防空体系建设的主要目标：人防建设必须建立统一高效的组织指挥体系，布局合理的防护工程体系，灵敏可靠的通信警报体系，精干过硬的专业队伍体系，保障得力的人口疏散体系，现代化的科研和人才培育体系，努力提高人防的整体抗毁能力、快速反应能力、应急救援能力和自我发展能力，以应对现代战争及重大灾害事故，有效保护国家和人民生命财产安全。

二、军事资源与应急管理一体化

我国国防部于 2019 年发布的《新时代的中国国防》白皮书提出,我军参加国家建设事业、保卫人民和平劳动,是宪法赋予中国武装力量的使命任务。依据我国《军队参加抢险救灾条例》,我国武装力量主要担负解救、转移或者疏散受困人员,保护重要目标安全,抢救、运送重要物资,参加道路(桥梁、隧道)抢修、海上搜救、核生化救援、疫情控制、医疗救护等专业抢险,排除或者控制其他危重险情、灾情,协助地方人民政府开展灾后重建工作等。同时,我国坚决反对一切形式的恐怖主义、极端主义,我国武装力量依法参加维护社会秩序行动,防范和打击暴力恐怖活动,维护国家政治安全和社会大局稳定,保障人民群众安居乐业。

由于人类面临着日益严峻的非传统安全威胁,遂行多样化任务、参与应急管理是军队义不容辞的使命。大量实践证明,"军队不仅能够满足国家处置大部分突发公共事件的力量需求,而且往往是国家处置突发公共事件最有效和决定性的手段,有时也是最后的手段,具有不可替代的作用"。

当前,世界各国都在探索如何以最小的经济成本实现安全效益的最大化,力争做到经济建设与国防建设的协调发展。军队履行突发公共事件处置的职能,就能够以一定数量的军费开支满足应急、应战两种需求,一石二鸟,符合经济效益最优化原则。

总之,冷战结束后,由于非传统安全因素的影响日益加大,各国军队所遂行的非战斗军事任务逐渐增多,应急与应战一体化的倾向变得更加明显。

(一)军队参与国内应急管理

除了作战之外,军队还具有对内维持政权稳定的功能。各种公共危机不同程度地影响着国家政权的稳定性,军队应该在应急管理中发挥作用,特别是武警部队平时主要担负执勤、处置突发公共事件、反恐怖、参加和支援国家经济建设等任务,战时配合人民解放军进行防卫作战,本身就具有集应战与应急功能于一身的特点。

军队的特点也决定了军队适合参与应急管理:第一,军队拥有训练有素的医疗工作者和工程技术人员以及完善的后勤保障系统,储存着大量的应急物资和运输工具,从人力、物力上看,具备参与应急管理的有利条件;第二,军队具有高度严整的组织结构,统一指挥,统一制度,统一编制,统一纪律,统一训练,快速反应能力、应急机动能力很强,在"处突"和"维稳"方面大有作为。

《新时代的中国国防》白皮书指出:"解放军依法协助地方政府维护社会稳定,参加重大安保行动及处置其他各类突发公共事件,主要承担防范恐怖活动、核生化检测、医疗救援、运输保障、排除水域安全隐患、保卫重大活动举办地和周边地区空中安全等任务。"在重大化品泄漏、生物恐怖袭击、核电站事故等事件中,掌握娴熟专业技能的防化兵可以发挥不可替代的巨大作用。据不完全统计，2012年以来，解放军和武警部队共出动95万人次，组织民兵141万人次，动用车辆及工程机械19万台次、船艇2.6万艘次、飞机（直升机）820架次参加抢险救灾，先后参加了云南鲁甸地震救灾、长江中下游暴雨洪涝灾害抗洪抢险、雅鲁藏布江堰塞湖排险等救灾救援行动，协助地方政府解救、转移安置群众500余万人，巡诊救治病员21万余人次，抢运物资36万余吨，加固堤坝3600余千米。2017年，驻澳门部队出动兵力2631人次，车辆160余台次，协助特别行政区政府开展强台风"天鸽"灾后救援。

（二）军队参加国际灾害救援

军队参与国际灾害救援，既是我国军事外交的重要组成部分，又是我国参与国家非传统安全的重要内容。中国军队坚持履行国际责任和义务，始终高举合作共赢的旗帜，在力所能及的范围内向国际社会提供更多公共安全产品，积极参加国际维和、海上护航、人道主义救援等行动，加强国际军控和防扩散合作，建设性参与热点问题的政治解决，共同维护国际通道安全，合力应对恐怖主义、网络安全、重大自然灾害等全球性挑战，积极为构建人类命运共同体贡献力量。2001年，地震局与人民解放军总参谋部联合成立了国家地震灾害紧急救援队，凸显了"一队多用、专兼结合、军民结合、平战结合"的原则。2006年，人民解放军在北京成立了公共卫生应急处置大队。这是我军第一支公共卫生应急机动作战部队，不仅负责军队突发公共卫生事件的应急处理，还负责国家和军队重大活动卫生防疫保障、国内外重大灾害救援等任务。

《新时代的中国国防》白皮书指出："人民解放军积极参加中国政府组织的国际灾难救援行动，建立应急指挥机制，派员参加专业救援队伍，提供器材和协助开展针对性训练。中国军队积极推动国际安全和军事合作，完善海外利益保护机制。着眼弥补海外行动和保障能力差距，发展远洋力量，建设海外补给点，增强遂行多样化军事任务能力。实施海上护航，维护海上战略通道安全，遂行海外撤侨、海上维权等行动。"比如，2015年3月，也门安全局势严重恶化，中国海军护航编队赴也门亚丁湾海域，首次直接靠泊交战区域港口，安全撤离621名中国公民和279名来自巴基斯坦、埃塞俄比亚、新加坡、意大利、波兰、德国、加拿大、英国、印度、日本等15个国家的公民。2017年8月，中国人民解放军驻吉布提保障基地正式投入使用，自开营以来，已为4批次护航编队保障维修器材，为百余名护航官兵提供医疗保障服务，同外军开展联合医疗救援演练等活动，并向当地学校捐赠600余件教学器材。

日本是个地震、海啸等自然灾害频发的国家，其自卫队的职责在冷战结束后有所增加：(1)应对国内大规模灾害等各种紧急事态，即参与应急管理；(2)致力于构建稳定的国际安全环境，在国际上扩大自己的政治影响，如参加国际和平合作、国际灾害救援、安全对话与防务交流、军控与裁军合作等。在阪神大地震、东京地铁沙林毒气事件等突发公共事件中，自卫队都承担了重要的救灾任务。2004年，日本新制定的《防卫计划大纲》中明确提出，日本的安全软肋之一就是在地理和地质上容易发生灾害,自卫队要成为一支"多功能、灵活"的力量,具有打击恐怖主义的能力及大规模灾害包括核生化灾害的救援能力。同年12月,印度洋海域爆发特大海啸,日本大力开展"灾害外交",不仅提供了5亿美元的经济援助,而且同时派出陆上、海上和航空自卫队参与救援工作,进一步突破了向海外派兵的禁忌。

美国对利用军队和准军事组织应对公共危机也给予了高度重视。五角大楼下设民用防务支持局(Defense Support of Civil Authorities)承担管理公共危机的职责,在接受总统命令或得到法律授权后,该局可以提供救灾方面的资源以应对灾害。比如,2001年"9·11"事件发生后,美军配合警察、消防和医疗部门在世界贸易组织中心和五角大楼展开救援工作。在最初的24小时内,仅纽约州的国民警卫队就调动了4000名士兵备勤,其中约有1000名士兵提供了安全、医疗和工程等方面的服务。随后,美军又加强了空中警戒和对关键性政府设施的保卫工作。2003年冬季奥运会期间,美军担负边境、海港、桥梁、电厂、政府大楼等重要目标的警卫任务,确保了重大活动中公众聚集场所的安全。

三、国防工业与应急管理一体化

近年来,世界上许多国家都在积极探索军民融合的国防工业发展战略。所谓"军民融合",就是要打破军民分割的藩篱,兼顾军用和民用,培育能军能民、亦军亦民的国防工业。具体来说,包含三个层面的含义:一是"军转民",在军事技术成熟后,适时地解密,实现军事技术向民用领域的流动,从而延伸自己的价值链;二是"民转军",军事生产吸纳先进的民用技术,减少武器装备的开发、研制成本;三是"发展军民两用技术",军事技术和应急技术在很大程度上可以实现自由流动,甚至是相互促进,避免应急与应战、军用与民用两套系统重复建设的不利局面。

现代高新技术的应用具有军民界限模糊的特点。比如,纳米技术既能用来发展纳米武器,又可以用来制成超微型纳米机器人帮助清除动脉血管中的垃圾。人类社会已经出现了以微电子技术、计算机技术、人工智能技术、通信技术为基础的信息技术群,以人造卫星和航天飞机为代表的航天技术群,以核聚变为代表的新能源技术群,以复合材料和耐高温材料为代表的新材料技术群,以遗传工程为代表的生物技术群,以海洋工程为代表的海洋开发技术群。这些高技术群可军用,也可民用,可用于应战,也可用于应急,为应急管理实现平战结合创造了技术条件。

《日本新防卫大纲》提出,日本有足够的防务能力,不仅可以保卫日本的领土、领海和领空的安全,还要能够防止恐怖主义等威胁从他国波及日本,特别是从中东到中亚,这个"弧形地带"既是恐怖主义活动猖獗之地,又是日本能源的主要源地。同时,日本本土海啸、地震等灾害频发,如1983年、1993年和2003年都发生了海啸,所以,日本要求其自卫队既要有打击恐怖主义的能力,又要有对大规模灾害包括核生化灾害的救援能力。反恐和救灾为日本军事工业带来了大批的国防订单。

美军信息化武器装备体系的核心是 C4ISR 系统,该系统是指挥(command)、控制(control)、通信(communications)、计算机(computer)、情报(intelligence)、监视(surveillance)和侦察(reconnaissance)的缩写。2001 年 9 月,美国军方要求军事科学技术委员会调查军事技术在公共危机管理中的应用问题。该委员会发布报告称,军事技术在国土安全领域具有得天独厚的优势,军事技术向应急管理领域流动的价值极大。在自然灾害或恐怖袭击导致民用系统严重受损或崩溃时,C4ISR 系统可以大显身手:指挥、控制和计算机系统可以识别风险信息,进行数据分析,协调执法部门、医务工作者、医药检测部门之间的关系;通信系统可以为现场检测者与指挥中心之间建立起可靠的联络通道,将应急反应者的情况传递给现场外的指挥部;情报、监视和侦察系统可以立体图像显示确定应急反应者的位置,掌握其生理状态,远距离评估放射性、生物、化学危害等。

《新时代的中国国防》白皮书提出:"完善优化武器装备体系结构,统筹推进各军兵种武器装备发展,统筹主战装备、信息系统、保障装备发展,全面提升标准化、系列化、通用化水平。加大淘汰老旧装备力度,逐步形成以高新技术装备为骨干的武器装备体系,重点加强防空和应急维稳装备建设。"应战与应急一体化势必会给军工企业带来大笔的反恐、救灾装备生产订单,在军工订货任务不饱满的状态下,可以使军工企业维持一定的核心生产能力,这不仅有利于军工企业实现可持续发展,又有助于应急管理部门提高硬件设施水平,增强处置突发公共事件的能力。

四、国防动员与应急管理一体化

国防动员应急与应战一体化建设,指将国防动员应战与应急功能中"共需"部分统一规划、统一组织、共同建设,旨在增强国防动员应战功能的同时,实现应急功能的拓展,防止应战、应急重复建设带来的人力、物力、财力浪费。这是新形势下国防动员领域贯彻"平战结合、军民结合、寓军于民"方针的现实需要,也是有效应对各种自然灾害和突发公共事件的必然要求。然而,和平时期,人们对战争的预期远不如对突发公共事件的预期,尤其是近年来的几场重大自然灾害,使全社会对提高应急行动能力,包括武装力量遂行非战争军事行动的能力给予了更多关注,提出了更高要求。

在应急管理中,社会动员工作的重要性日益突出,全社会共同参与已经成为不可逆转的趋势。20 世纪 80 年代,西方公共行政领域里掀起了"政府再造"的热潮,主张公共组织的非官僚化,以分权方式将中央政府集中的权力下放给地方政府及准公共组织。

在经济全球化背景下,突发公共事件给高度集权的"利维坦"提出了许多棘手的问题。比如,恐怖分子拥有跨国界的网络组织水平。该网络组织富有一定的弹性和张力,使得科层制政府应对起来无从下手。而且,突发公共事件具有很强的传染性,往往会通过网络状的途径快速蔓延,在这种情况下,危害和影响会以几何级的速度递增。

在这种形势下,就世界范围来看,应该在应急管理方面加强与其他国家的国际合作,倡导民主、公正的全球治理;就国内来看,成功地进行应急管理的社会动员,实现群防、群控、群治至关重要。

中国是一个政府主导型的国家,政府在应急管理中占据了主导地位,压力动员能力较强。但应急管理不能单纯依靠一个全能型的政府,而是需要全社会的参与,特别是需要公民社会组织的参与。

为了进行有效的社会动员,需要把国防动员纳入国家应急管理体系之中,将应急与应战合二为一。在传统意义上,国防动员是指国家在由平时进入战争状态的过程中,调动一切人力、物力和财力,将国防潜力转化为国防实力,确保国家具备赢得战争的一系列能力,包括政治动员、武装力量动员、经济动员、交通运输动员、医疗卫生动员、科学技术动员、人民防空动员等。

应战与应急都需要一种组织严密、指挥高效、反应灵活的机构,以调度各种经济、社会和军事资源,最大限度地维护国家安全和公共安全。从这个意义上看,国防动员与应急动员存在着巨大的相互融通之处。《新时代的中国国防》白皮书指出,根据我国国民经济动员的原则,我们要推进国防动员现代化建设,理顺国防动员组织领导体制,加强后备力量建设,精简全国基干民兵规模,深化民兵预备役部队规模结构和力量编制改革,推进预备役部队与现役部队一体化建设和运用,加快实现由保障陆军为主向保障多军兵种转变。作为国防动员的有机组成部分,"国民经济动员的主要目标是,建成比较完善的应对战争兼顾应对突发公共事件双重功能的国民经济动员体系,形成与国民经济有机融合的国民经济动员基础,能够从经济上保障和应付局部战争及突发公共事件的需要"。

相对而言,我国的国防动员理论比较成熟,积累了丰富的实践经验,为应急管理中的平战结合奠定了制度基础。在突发公共事件对人类影响日益加大的情况下,世界主要国家都注重开发国防动员在非战时状态下的应急功能,这一点从美国民防职能的演化就可以得到很好的验证。作为国防动员的有机组成部分,美国民防的主要职能主要是提高国民的士气,增强国家打赢战争的能力。1949年,美国成立联邦民防局(Federal Civil Defense Agency),其直接原因是苏联原子弹爆炸成功引发了美国对核打击的恐惧。1950年,美国出台了《联邦民防条例》,规范了民防行为。艾森豪威尔执政期间,苏联氢弹爆炸成功;肯尼迪执政期间,柏林危机和古巴导弹危机分别于1961年和1962年相继爆发,这些都促使民防问题在当时受到了美国总统、国会和公众的高度关注。

然而,核武器的威慑意义远远小于实战意义,令美国恐惧的核打击并没有变为现实,反而自然灾害的频发让美国公众的生命和财产遭受了重大的损失。因此,到了约翰逊、尼克松和福特执政时期,美国民防的重点从应对苏联的核打击转向了应对自然灾害。1979年,美国成立 FEMA，负责对各类紧急事务的计划、回应、恢复工作，处置的对象既包括自然灾害、技术灾难，又包括核打击。此后，美国的民防逐渐走上了应急与应战一体化道路，并不断推陈出新。

因此，在国防动员与应急管理一体化建设过程中，一些同志"实用"主义观念抬头，过分强调"应急"能力建设，而忽视应战这一核心能力建设，这是必须加以纠正的。毫无疑问，在国防动员能力建设中，应战是"本"，应急则是拓展，一体化建设是通过统筹建设、盘活资源、理顺关系来实现效益的最大化。这一点，任何时候都不能改变。在"军队提需求、国动委搞协调、政府抓落实"的国防动员运行格局中，军队方面必须根据国家安全形势履行好制订需求计划、发展目标等职能，为政府落实国防动员建设任务提供根本牵引。为此，要切实从以下几个方面防止国防动员核心能力建设出现弱化苗头：一是防止弱化政治动员建设。战时的政治动员与应急状态下的政治动员，由于环境的危险程度不同，被动员对象对于自身安全的认识程度也大不相同，对动员响应的精神状态必然存在很大的差异。因此，"双应一体化"建设过程中，要始终立足于战时状态考虑政治动员问题，继续深入研究未来信息化条件下局部战争的特点、规律，学习借鉴外国成功的政治动员经验，用以研究解决战时条件下政治动员面临的突出矛盾与问题，为国防动员应战能力的增强提供有力的思想支撑。二是防止弱化通用装备物资动员建设。应对战争与应对突发公共事件，对通用物资装备的要求有同有异，差别不仅体现在物资装备的品种类别上，也反映在布局上。在一体化建设中，对于同的部分当然应当合并，但更要注意的是，切不可一味强调"一体""节约"而弱化了应战资源的储备。三是防止弱化动员伪装建设。应战动员因战争背景，对动员对象的后方生存及支前机动过程中的伪装要求很高；而应急动员则相对开放透明，无需暗度陈仓。在"双应一体化"建设过程中，要将国防动员的立足点始终放在战时需要上，防止对伪装装备器材研发配备与伪装技术革新的忽视或弱化。四是防止弱化应战训练。国防后备力量寓兵于民，民兵预备役人员本身民的特点就大于军，而应急行动多为维护人民群众生命财产安全等公共利益，在训练时对应急技能予以更多的重视合情合理，但不能因此而弱化应战训练。国防后备力量后备的目的是国防，因此，必须突出应战训练的核心地位。只有在不影响核心军事能力提高的前提下，适时、适度地开展应急训练，才是一体化建设的应有之义。

总之，"双应一体化"建设是适应新军事变革需要的重大举措，是寓国防动员建设于国民经济建设之中，统筹国防动员建设与国民经济建设，谋求国防动员建设与国民经济建设全面协调可持续发展的必然要求，必须认真研究、科学推进。应战能力是国防动员的核心，没有应战能力的"水涨"，就没有应急能力的"船高"，二者相辅相成、有主有次。在"双应一体化"建设过程中，必须明确建设重点，遵循国防动员建设的本质特点和发展规律，切不可本末倒置。

第三节　应急与应战一体化建设途径

一、改革领导管理体制

在应急应战情况下,要将隶属关系复杂的各种力量调度起来,将各行业、各部门的意志统一起来,建立健全集中统一、权威高效的组织指挥机构和运行体系,充分发挥应急管理部的统建统管职责,实现应急应战组织指挥一体化。

(一)建立高效的组织指挥机构

实践证明,集中统一、军地合成、权威高效的军地联合指挥机构(见表 12-1),是成功应对重大自然灾害与多种安全威胁的关键。为此,应把建立高效顺畅的应急应战军地联合指挥体系作为两个体系融合的首要抓好抓实。在地方党委、政府和军事机关的统一领导下,按照军民结合、平战一体、精干高效的要求,以政府应急管理部门与国防动员职能部门为主体,吸收驻军、武警、公安、气象、环境、消防、卫生、新闻等相关部门参加,构设军地联合指挥机构,并根据可能担负的应战应急任务,按照执行应急任务以政府应急管理部门为主、执行军事任务以国防动员系统为主的原则,建立总体协调关系、工作定期联系办法、信息资源共享等制度,完善联合研判、联合决策、联合行动机制,将国防动员应急功能融入政府应急管理体系,将应急管理处突职能纳入国防动员体系,推进两大体系在组织指挥上的有机融合。

表 12-1　组织指挥机构

决策机构	党中央	
领导机构	国务院	中央军委
核心机构	应急管理部	联合参谋部、国防动员部
职能保障机构	地震局、国家林业和草原局、水利部、财政部、自然资源部、住建部、交通运输部	解放军、武警部队
重要协助机构	中央宣传部、外交部、发改委、教育部、科技部、工业和信息化部、公安部、司法部、财政部、自然资源部、生态环境部、住城部、交通运输部、水利部、农业农村部、商务部、文化和旅游部、卫生健康委、国资委、海关总署、广电总局、港澳办、国台办、中国科学院、气象局、银保监会、粮食和储备局、能源局、气象局、国防科工局、民航局、地震局、海洋局、共青团中央、中国红十字会、中国铁路总公司	民兵

（二）充分发挥应急管理部的统建统管职责

国防动员和应急管理两大体系在衔接与融合过程中，我国应急管理部成为应急与应战一体化的核心机构。应急管理部的组建进一步健全和完善了我国应急管理体制机制，推进了突发公共事件应急体系建设方面的重大进展，标志着我国应急管理工作进入了一个新时期。

应急管理部的职责是：组织编制国家应急总体预案和规划，指导各地区各部门应对突发公共事件工作，推动应急预案体系建设和预案演练；建立灾情报告系统并统一发布灾情；统筹应急力量建设和物资储备并在救灾时统一调度；组织灾害救助体系建设，指导安全生产类、自然灾害类应急救援；承担国家应对特别重大灾害指挥部工作，指导火灾、水旱灾害、地质灾害等防治；负责安全生产综合监督管理和工矿商贸行业安全生产监督管理等。

应急管理部要处理好防灾和救灾的关系，明确与相关部门和地方政府各自的职责分工，建立协调配合机制（见图12-1）。

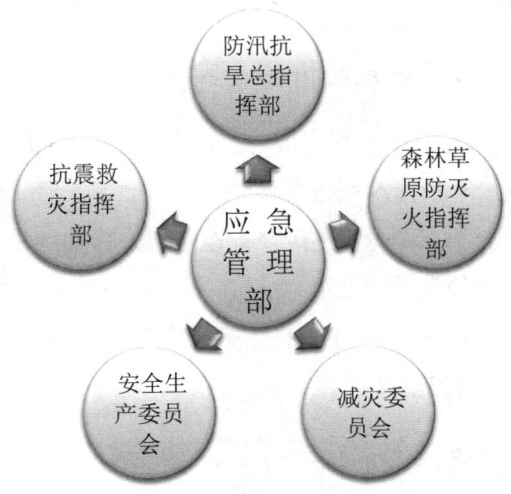

图 12-1　应急管理部协调配合机制

二、建强备齐专业队伍

2018年11月9日，公安消防部队、武警森林部队成建制划归应急管理部组建国家综合性消防救援队伍，被定位为中国特色应急救援主力军和国家队。国家综合性消防救援队伍的组建，标志着中国国防动员力量和应急管理力量的基本框架已经形成。

（一）建立优势互补的军地融合力量体系

加强国防动员和应急救援队伍的组织编制，建立国家专业应急救援力量，以及军队和武警部队后备保障力量。地方各级动员中心和专业支援保障力量相配套的动员力量体系，特别应建立应战与应急两用力量，如医疗救护分队、交通战备分队、应急通信分队等，努力实现国防动员系统与政府有关部门的统建统管，搞好力量发展规划，为其建设和使用提供相对稳定的财政支持，着力提高多样化任务能力。

（二）专业多能的应急应战力量队伍

战争与非战争安全威胁具有类似性，应急应战专业力量队伍具有通用性、融合性，应着眼平时应急和战时动员两大要求，按照"专业对口、平战结合、分类组建、合成多能"的原则，打破现有系统编制，整合已有的预备役部队、民兵、国防动员专业保障队伍，以及消防、公安、医疗救护等政府专业救援力量，适当增加民事救援力量，形成军民结合、规模适度、编组灵活、专业管用的力量体系。

（三）探索推进不同力量体系的衔接和融合

要按照"统筹筹划、各有侧重、紧密衔接"的原则，根据不同方向、不同地区、不同规模、不同类型的应急应战情况，不断修改完善预案编制工作，逐步形成横向到边、纵向到底的一体化应急应战体系。加强地方、军队和民兵预备役应急力量的兼用衔接，提升两支力量的遂行任务能力，既可充分发挥军队专业保障力量在平时服务和应急救援中的骨干作用；也能强化国家应急救援力量在战时对军事行动的支援保障功能，进而逐步形成专业齐全、军地通用、精干高效的应急应战力量建设布局。

三、创新资源储备模式

应着眼应急应战需要，完善政府储备与军队储备、物资储备与技术储备、定量储备与应急生产相结合的物资储备体系，形成适应军事斗争和应对紧急状态需要的战略资源储备布局，实现应急应战物力依托一体化。

（一）加强战略性储备

综合考虑主要方向和地域、国家的生产能力布局和地理环境等因素，有重点地建造一批能源储备基地和重要物资仓储中心；将现有的国防动员储备体系与防灾减灾应急储备体系结合起来，合理确定应急储备品种、数量和分布；建立应急与应战一体化物资信息数据库，全面涵盖各类储备物资的类别、型号、性能、数量、分布以及研发、运输等信息，为有效应对各类突发公共事件和实施动员提供准确可靠的基础数据;推进动员中心建设,落实应急应战首批动员企业,明确转扩产任务,搞好预案、人才、设备、技术等的战略性储备。

(二)促进储备资源共享

从加强储备建设入手,促进国防动员应战资源与应急资源的共享和合理利用。建立国家战略物资、军队战备物资、地方应急物资相互衔接的物资储备体系,打破各体系间应急救援物资条块分割、分散管理、重复投入的局面,实现对动员物资储备的统一领导、分级管理;要提高动员物资管理效益,从战略物资储备的品种、数量、结构、布局、储备方式以及战略储备物资的收储、调配、轮换、补充和淘汰等各个方面,完善国家储备和军队储备相结合、通用专用物资储备相结合、平时服务与应急应战相统一的物资储备体系,促进军地储备资源共储共享。

四、整合军地信息资源

国防动员领域的应战准备与应对突发公共事件,涉及领域广泛,需要对大量分散、零星、动态信息进行整理和融合。资源保障是应战应急体系建设的根基和保证,要形成统筹配置的军地资源共享通道,实现应急应战信息资源一体化。

(一)确保信息资源有效衔接

应急与应战一体化体系的资源配置要按照经济建设服务国防需求,应急建设贯彻应战需要的原则,以国家安全和发展的战略意志,破除军地之间通用物资储备的制度壁垒,在确保国家和军事秘密的前提下,国防动员系统和应急处置系统的许多信息都可以而且应该实现资源共享与相互利用。因此,应设立由各情报部门有关领导和专家参加、统一的信息情报管理部门,进行信息的收集、整理工作,提交相应的职能机构以供决策参考,并传递到相应的职能机构以协助决策修正;构建标准统一、数据规范、互联互通的军地信息系统,建立常态灾情预测、敌情监测等多源情报信息网络体系,提高军地信息采集、风险研判、预测预报能力,实现两大体系在信息资源保障上的有效衔接。

(二)发挥现代信息技术优势

以信息技术为核心的高技术的发展,不仅带来了应战方式的改变,也引起了应急领域的重大变革,要利用先进的信息网络技术为应急应战两大体系服务,充分发挥应急应战的双重功能,在信息资源上与其他应急管理机构实现一体化,对各种相关动态信息进行全面监测、全程跟踪和实时分析。此外,还要运用现代信息和计算机网络技术对国防动员潜力进行信息化管理,实现数据军地结合、平战结合、上下协调、左右相连、互联互通的信息网络体系,确保应急处置和战时保障的快速、准确、高效。

五、完善方案体系衔接

坚持以应急应战任务需求为牵引,统筹年度训练演练规划计划,发挥军民融合优势,依托行业系统和任职岗位,大力推行基地化、模拟化、网络化训练,坚持开展联合培训、联合训练、联合演练,增强衔接能力,完善方案体系衔接,实现应急应战方案计划一体化。

(一)计划预案衔接

计划预案是战(急)时实施动员的依据,也是快速、科学运用国家各类资源,高效、有序实施应急与应战一体化的关键。推进国防动员建设,必须实现应急应战方案体系的衔接配套。要将国防动员应急功能的开发利用纳入国防动员整体计划,在各种战争动员计划中加入应急要求,实现国防动员应急与应战工作在国家总体战略层面上的有机结合。同时,在经济社会总体发展战略和年度发展计划中,特别是在科研生产、邮电通信、交通运输、医疗卫生、财政信贷等重点部门的计划编制和基建项目安排中,要根据国家应急实践的需要,明确产品兼容、生产能力兼容、设施设备兼容及转产的比重、方式和要求等,从而实现国防动员应急与应战工作在战术层面上的有机结合。

(二)资源规划衔接

从规划计划入手,进行国防动员应战建设与应急建设的协调有机衔接,通过对应战应急都急需的有限资源在不同领域、不同部门间的统筹安排和合理配置,以及在项目建设上的统筹规划与共同设计,为应战与应急资源的共享共用创造良好的基础平台;在人力资源上,统筹规划医疗救护、交通抢修、通信维护等专业保障队伍建设,实现同类功能模块人力资源的一体化建设;在物力资源上,特别是应战应急通用设备、产品以及交通运输、通信设施、医疗设施等的规划设计阶段,要尽量做到应战应急两用,既具备应战功能,又具备应对突发公共事件的功能,以节约设备采购和设施建设成本;在财力资源上,统筹安排应战应急专项资金,共同建立公共基金和商业保险基金,避免应战与应急资金的使用不足或闲置浪费;在科研开发上,尽可能向应战应急通用的科研项目和科研设施、科研设备以及科研人才等建设倾斜。

六、加强法规政策建设

完善的法律法规对促进国防动员应战应急一体化建设具有不可替代的调控、规范和导向作用。在实施全面依法治国依法治军方略、全面推进依法行政的新形势下,必须把国防动员机制与应急管理机制衔接纳入法制化轨道,完善相关法律法规,构建平战结合、军地一体体系,促进两大体系的有机融合,实现应急应战法制保障一体化。

（一）加强法律保障

当前,要以新颁布的《国防动员法》为依据,紧密结合已经出台的《防洪法》《防震减灾法》《核事故应急条例》《突发公共卫生事件应急条例》等法规条例,尽快完善应急动员各类实施细则和配套法规,明确应战应急的种类、时机、对象、方式、义务、权力、补偿、奖惩等事项,使应战应急在法规制度上相互协调、相互衔接。同时,要注意将应急条款内嵌至国防动员各专门法中,切实把促进应战应急一体化建设作为一项重要的立法原则,从法律上保障应战资源与应急资源的共享和同步规划、同步建设。

（二）构建法律构架

今后,要从国家整体利益出发,对国防动员法规和有关部门的应急处置法规进行整合,建立跨部门、跨行业的国防动员应战应急一体化建设的法律框架,尽快形成有中国特色的国家应急管理与国防动员法律构架。这样,不仅可以促进应战与应急资源的共享和有效利用,节约演练成本,提高演练效率,而且能够使各部门、各行业做到任务清、职责清、指挥关系清、处置程序清、使用法律清。

总之,应急与应战一体化符合时代发展方向,其意义不仅在于有效地利用军事资源,降低应急管理成本,还在于提高一个国家的国防实力,增强打赢现代战争的能力。把应战建设与应急建设有机统一起来,加强国防动员应战应急一体化建设,平时应急,战时应战,以应战牵引应急,以应急完善应战,使战备水平和应对突发公共事件的能力同步提升,为维护国家经济社会发展的重要战略机遇和促进社会和谐提供可靠保障,这是当前我国面临的一项艰巨而紧迫的任务。

📖 思考题

1. 应急与应战一体化的内涵是什么?
2. 应急与应战一体化的重要意义是什么?
3. 应急与应战一体化的形式有哪些?
4. 如何有效加强应急与应战一体化建设?
5. 应急与应战一体化的未来发展趋势是什么?

第十三章 应急信息化管理

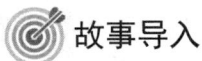 故事导入

贵州水城山体滑坡的智慧应急处置①

> 2019年7月23日21时20分许,贵州省水城县(现为水城区)鸡场镇坪地村岔沟组发生一起特大山体滑坡灾害,滑坡体积约200余万立方米,近1600人受灾,43人死亡,9人失踪,700余人紧急转移安置,600余人需紧急生活救助,100余间房屋倒塌,2300余间不同程度损坏,直接经济损失1.9亿元。
>
> 灾害发生后,应急部门迅速启动地质灾害Ⅰ级应急响应,组织转移安置周边群众,组建现场指挥部,打通交通、医疗生命线,向社会通报灾情信息,并做好救援队伍的统一管理和协调。同时通过智慧应急系统快速调集国土信息资源,开展人员信息普查和手机信息采集;绘制滑坡区域事发前后二维、三维地图,将区域划分为安全区、危险区和威胁区;采用边坡雷达监测系统,24小时不间断监测地质变化情况,并统一预警信号,提前设计撤离路线,确保救援人员始终处于安全环境;使用工程机械为主、人工搜救为辅的救援方式,确保救援任务安全、快速、有效。
>
> 本次事件之所以处置得较为圆满,是因为贵州省应急厅按照急用先行、分类推进原则,建成全省应急指挥网、应急视频会商系统、危化品风险监测预警系统、应急管理网格化管理系统、智慧应急指挥中心,在全国率先建设了从省到市的高危行业企业安全感知网络,应急处置能力得到大幅提升,成功应对110多起事故灾害,取得了明显效果。

---

① 李华、史文兵、朱要强、彭雄武:《贵州省水城县"7·23"灾难性滑坡形成机制研究》,《自然灾害学报》2020年第6期,第188-198页。

第一节　应急信息化管理技术概述

伴随着时代的发展,信息技术也更多地应用于人们的生活中,并在人们的生活中发挥着极大的作用。应急管理工作在人们的生活中有着十分重要的作用,特别是信息技术的高效使用与人们的生命财产安全有着十分紧密的联系,对信息技术在应急管理工作中的应用研究显得十分重要与必要。

应急管理的本质是通过采取恰当的措施,降低突发事件的影响,减少损失,防止事件升级。然而,突发事件是难以预见的,其爆发的时间、地点、原因、程度都是随机的,只有较好地处理突发事件才不会酿成危机。传统的应急管理方式存在效率低、反应不及时、处理不够妥当等弊端。信息技术的应用有力地推动了应急管理工作的创新。大数据、云计算等技术在应急管理中可以大有作为。为了能够科学、准确地处理突发事件,必须建立完整的应急信息化管理系统,以提升应急管理水平,完善应急管理机制,更好、更准确地处置突发事件。

一、信息技术的概念与作用

信息技术(Information Technology,缩写 IT),是主要用于管理和处理信息所采用的各种技术的总称,主要是应用计算机科学和通信技术来设计、开发、安装与实施信息系统及应用软件,也常被称为信息和通信技术(Information and Communications Technology,缩写 ICT),主要包括传感技术、计算机与智能技术、通信技术和控制技术。信息技术可以为应急管理工作提供极大便利,有效降低应急管理的难度,并可构建应急平台体系,为快速有效处置突发事件提供更加有力的技术保障。

我国目前处于飞速发展的时代,信息技术占据着十分重要以及必要的地位,为社会的发展提供了技术支持。信息技术是辅助现代社会发展的重要手段,但由于其实际应用时间较短,人们对其定义也有一定的偏差,现阶段普遍认同的是,信息技术是一种能够辅助人们进行信息管理,如信息收集、整理、分析、传递等的一种技术。信息技术被广泛应用于各行各业中,各行各业对于信息技术有不同的认识:如部分领域认为,信息技术是带有现代信息化技术特征,与计算机技术、微电子技术以及通信技术等有着较为亲密关系的技术;也有部分领域认为,信息技术是生活中能够对信息进行加工以及处理的一种科学、一种技术,既能够进行训练与培养,也能够应用于管理中。尽管不同领域对信息技术的认识有一定不同,但不可否认的是,信息技术在人们的生活以及社会的发展中有着十分重要的作用,在现代生活中,信息技术伴随着人们的发展不断改进,让自身能够更好地满足社会的实际需求。

信息技术在应急管理中发挥着重要的作用,可以预测突发事件,极大地增强应急管理的能力与信心;而且能够系统、综合、科学地培养抵抗风险的能力与信心,可以对突发事件建模,把信息技术变成突发事件的实验室。此外还可以进行系统化仿真,借助信息技术对应急处置策略进行评估分析,利用虚拟现实和仿真来实施应急管理方案。

二、应急信息化管理的发展

习近平总书记在中央政治局第十九次集体学习时强调,要"积极推进我国应急管理体系和能力现代化",并特别指出"要适应科技信息化发展大势,以信息化推进应急管理现代化,提高监测预警能力、监管执法能力、辅助指挥决策能力、救援实战能力和社会动员能力"。研究探讨以信息化手段助推应急管理现代化,既是贯彻落实习近平总书记关于推进应急管理现代化要求的具体体现,也是"数字中国"建设的重要内容,同时还是推进应急管理体系和能力现代化的必由之路。

《中华人民共和国国民经济和社会发展第十四个五年规划和 2035 年远景目标纲要》提出,要"完善国家应急管理体系""构建统一指挥、专常兼备、反应灵敏、上下联动的应急管理体制,优化国家应急管理能力体系建设,提高防灾减灾抗灾救灾能力""构建应急指挥信息和综合监测预警网络体系,加强极端条件应急救援通信保障能力建设"。

信息化是推进应急管理体系和能力现代化必由之路,我国早在 2018 年就明确了应急管理信息化 2020 年和 2022 年技术路线图。《应急管理信息化发展战略规划框架(2018—2022 年)》明确指出,要"把握全球信息技术发展趋势,推动云计算、大数据、物联网、人工智能、移动互联、IPv6.虚拟现实(VR)、增强现实(AR)等新一代信息技术深度应用",到 2020 年,初步形成较为完备的应急管理信息化体系,基本建成覆盖重点风险领域的感知网络、多手段融合的国家应急通信网络和北京主数据中心,计算、存储等基础设施全面云化;到 2022 年,再上一个台阶,全面形成应急管理信息化体系,感知网络实现全域覆盖,天地空一体化应急通信网络韧性、高速、智能、融合,信息化基础设施性能强大、稳定可靠,大数据、人工智能、移动互联等新技术得到广泛应用。

三、应急信息化管理发展存在的问题

我国应急管理信息化发展取得了突出成绩,党的十八大以来,在应急管理中的投入越来越大,应急管理信息化能力不断加强。应急管理部编制并印发《应急管理信息化发展战略规划框架》后,各级地方政府积极响应,相继出台符合地方特色的应急管理信息化发展战略规划,大数据、人工智能等新一代信息技术在应急管理中的应用越来越广泛。但与此同时,应急信息化管理还存在多方面问题:

（一）网络系统共享程度低，存在信息孤岛

2018年，我国应急管理相关部门进行了重大调整，新成立的应急管理部整合了原有11个部门的13项职责。应急管理部科技和信息化司主要负责信息科技方面工作，主要职责是：承担应急管理、安全生产的科技和信息化建设工作，规划信息传输渠道，健全自然灾害信息资源获取和共享机制，拟订有关科技规划、计划并组织实施。应急管理部自成立以来，在应急预案、应急救援、应急指挥、应急储备、应急力量等方面都取得了不少成效，从应急预防准备、监测预警、处置救援到恢复重建等方面，对突发事件进行全方位全过程多层次管理。但与此同时，调整之前各层级、各部门条块分割、各自为政的现象需要一段时间才能消化；而且整合前的应急网络系统建设较为分散，重复建设现象较为严重，原有网络之间实现互联互通较为困难；同时原有各部门已经建立了各自的监控系统，但由于没有经过系统规划，监控资源难以实现共享。

（二）城乡应急管理信息化水平差距大

我国城乡应急管理信息化水平差距明显。乡村特别是贫困地区多是灾害多发区域，据统计，我国70%以上的贫困县容易遭受地质洪涝灾害；而且乡村地区各方面设施不健全，也容易被忽视，历来存在应急管理"最后一公里"的难题。随着我国城镇化进程的不断加快，城市化率越来越高，但农村人口占比仍然很高，2019年占总人口的比重高达39.4%，乡村地区应急管理信息化建设需引起高度重视。通过此次新冠疫情可以看出，偏远乡村信息闭塞，疫情防控宣传密度较低，是迷信和谣言信息传播的主要场所；而且乡村干部对电子信息设备和办公软件也不熟悉，疫情防控过程中基本全部依靠填表格的形式统计信息，虽然取得了一定成效，但工作效率不高，也增加了传播风险。

（三）应急通信能力有待加强

应急通信主要指突发事件发生时人们用来进行紧急救援的各种通信资源。我国当前的应急通信系统主要包括卫星通信系统、移动应急通信车、应急通信电台等，伴随着网络技术的不断进步，我国应急通信保障能力越来越强，在历次抢险救灾任务中发挥着越来越重要的作用，但应急通信保障仍然存在很多问题：第一，应急通信投资较低，无法给运营商带来可观的经济收益，难以激发运营商的投资热情；第二，应急通信设备缺乏创新，我国应急通信设备主要依靠进口，缺乏自主知识产权，且大部分设备陈旧，已经无法满足不断变化的应急需求；第三，应急通信法律体系有待完善，现有法律较为宏观，缺乏实施细则。

(四)信息化预案水平低,标准规范体系不健全

当前,应急管理手段的侧重点已经从事中、事后向事前、事中、事后转变,事前的预案成为应急管理的重要关注点,但对各类突发事件的应急预案缺乏相应的针对性,导致应急预案的效果并不理想。同时,由于应急管理部门中各部门原先的标准规范体系不统一,数据对接比较困难,很难进行有效的部门间信息交互,导致系统数据分析预测、预案决策分析等手段难以较好地得到运用。

(五)应急决策水平不高

社会结构的日益复杂化致使突发事件的发生概率明显上升,突发事件种类明显增多。在面对这样复杂的状况时,应急管理部门针对各类不同事件的决策能力相对比较薄弱,缺乏系统化的决策分析手段对海量的信息进行筛选,从中快速提取有效数据进行智能化大数据分析和研判,作出最合适的决策方案,最高效地达到应急效果。

(六)信息化人才和装备缺乏

由于信息化时代的崛起,应急管理方式也逐渐信息化,传统的应急管理理念和能力手段无法适应新的需求,急需大量具备高水平新思维的应急管理信息化人才和现代化应急救援装备,以提升应急管理体系整体的应急水平,保障未来复杂的应急管理工作高效开展。但就目前的现状来看,政府对国内信息化人才培养不够重视,针对应急管理开设的专业非常稀少,信息化人才极度缺乏,无法满足当前应急领域的需求。

应急管理信息化建设是一项长远性的发展工程,当下需要形成一套较为符合现代化应急管理模式的信息化体系,建立上下统一、左右联动的应急管理平台,逐步将所有应急业务纳入统一的管理模式中,通过应急管理平台协调应急相关各部门的优势资源,提升应急响应和处置应急事件能力,并搭建数据资源共享交换平台,实现各部门应急数据互联互通。

伴随着应急管理信息化的发展,应急管理在部门职能、协同体制、机构性质、管理模式、应急侧重点等方面都有了全新转变,但在应急管理过程中暴露出平台建设不专业,信息孤岛现象严重,信息化预案水平低,应急预案能力弱,信息化人才缺乏等问题。要解决上述问题,推进应急管理发展,需要借助信息化力量,加强应急管理信息化平台和应急指挥中心建设,结合大数据、人工智能等新型技术,实现信息数据共享交互,辅助应急决策分析,建立现代应急管理信息化体系,打造一支现代应急管理信息化团队和更加智慧的处理能力。

第二节 智慧应急建设

通过信息化手段赋能,构建更高水平的应急管理能力,更好地应对各种突发风险,需要更加有效地利用信息,更加智慧地处理应急事件。

智慧应急是在应急管理信息化建设基础上,进一步应用5G、工业互联网、物联网、人工智能、大数据以及云计算等先进技术,推动应急管理科学化、智能化和高效化。

一、国内智慧应急现状

我国智慧应急工作还处于起步发展阶段,近年来各类关于智慧应急发展指导意见和相关规定的文件,都对应急管理的发展指明了方向,并作出了明确的规定。我国自然灾害、生产事故灾害频发,给政府在应急管理存在的问题敲响了警钟,各级政府部门开始关注智慧应急在防灾减灾、安全生产、社会公共安全等方面的作用。

(一)应急数据采集效率较低

国防动员潜力调查通常依托国家统计系统进行,所需统计资料主要从统计机构和有关部门采集,而且大多以离线方式人工采集国防动员潜力数据,通过光盘、报表等方式导入信息系统,效率低,易出错。国防动员数据往往一年才更新一次,存在严重滞后现象,只有部分地区依托"智慧城市"建设开展国防动员数据在线采集试点工作,取得了较好效果。

地方提供的潜力数据有些直接从行业数据库中导出,不符合国防动员潜力数据标准和要求,后期需要花费大量人力进行数据整理。同时,动员潜力数据量非常巨大,结构种类繁杂,简单的数据登记、格式转换和统计查询等功能无法满足应用需求,亟需开发自动校验核对、数据纠错去冗、关联挖掘分析等功能,提升动员数据深度处理分析能力。

(二)应急资源管理"烟囱林立"

应急管理厅、应急管理局等各级机构根据自身需要开发了一些小型数据管理系统,主要采用人工方式将各单位提报的潜力数据录入系统;同时,人防、经济动员、交通战备、装备动员等专业办也都各自开展了信息系统建设,如国民经济动员信息化系统、装备动员信息系统等。整体上,应急资源管理系统建设还比较分散,各类系统自成体系,"军地不联、上下不通"的现象比较普遍,信息资源融合共享和综合运用不够。

（三）动员行动指挥手段落后

在动员行动指挥方面，各地信息化程度差异较大：有的地区主要靠手工作业进行潜力分析、预案和方案制订，靠电话通知等手段来调动人员和物资协调各相关部门，不仅效率低，而且调控不准确；有的地区虽然建设了应急指挥信息系统，但功能单一，主要为数据查询和视频会议、语音通信系统，指挥决策智能化程度低，只能根据手工选定的应急原则形成各区的资源调配方案，还无法根据实时路况、气象条件、保障条件等进行物资运输交接行动的动态详细规划，难以满足应急指挥决策和精准调控需要。

（四）受通信网络制约

应急应战涉及军地各类机构和部门，要掌握军民两方面的信息和联动指挥，通信网络建设以及跨网系安全交互是一大难题。目前，大多省军区、军分区等机构部分接入了军队涉密信息网，在与地方专业办及民用系统交互方面，主要通过两种方式：第一种是新建国动专网，这种方式彻底解决了动员信息交互难题，但费用较高；第二种是部署引接终端，能够展示各类信息，但不能直接交换数据。此外，应急行动中还使用了民用手机、电台、北斗终端、海事卫星电话等民用无线通信手段。

纵观我国智慧应急的发展现状不难发现，应急产业的发展虽然受到国家高度重视，不同程度上解决了信息汇聚、跨网交互、联动指挥等难题，但还未形成智慧应急信息系统体系，应急管理体系完善、平台建设、资源调配以及智慧应急产品的开发等方面仍存在很多不足。加强智慧应急交流与合作，提升智慧应急产品开发，推进智慧应急快速发展势在必行。

二、智慧建设应急的意义

智慧应急是引领"十四五"应急管理信息化建设的旗帜，事关应急管理能力现代化、保障高质量发展、确保人民群众生命财产安全的全局，意义重大。

（一）是助力安全生产形势趋好的撒手锏

我国已进入新发展阶段，围绕高质量发展主题，必须把安全发展贯穿于国家发展各领域和全过程，把保护人民生命安全放在首位。为应对新发展阶段安全生产的各种挑战，必然要求高质量的应急管理，瞄准人工智能等前沿学科的智慧应急必将成为保证安全生产的撒手锏。如安全生产监督管理系统，从当前的简单在线监控，到利用人工智能、模式识别等技术集成的智慧监测预警一体化系统，能够将潜在危险源发掘出来，达到防患于未然的目的。同时，把5G、工业互联网、大数据中心确定为现代基础设施建设的重点，把创新摆在应急管理和安全发展的核心地位，以先进科技驱动和支撑应急管理加快向数字化、智能化的转型升级等,智慧应急对于安全生产意义重大。

(二)是破解当前应急管理"疑难杂症"的特效药

应急管理机构改革以来,相应的机制体制改革取得了显著成效,但同时也暴露出一些困难和问题,如基层编制少、任务多,部门间"统与分""防与救"职责边界不清,应急资源分散,工作合力不强,多种致灾因素耦合情况下风险智能研判、辅助决策能力不足,极端条件下事故灾害救援的保障,等等。这些"疑难杂症",绝不是仅靠人海战术、拼搏奉献就能够解决的,只有依靠科技创新,走智能化路子,借助先进技术手段带动工作机制转型升级才有可能解决,智慧应急就是破解"疑难杂症"的特效药。

对于基层力量不足的问题,通过信息化、智能化手段可以把应急管理工作向社会各方面延伸,充分调动社会力量参与。以智能化应用替代人力劳动,以清晰高效的线上流程替代繁琐的线下程序,以线上自助服务代替人工服务,以大数据智能研判替代人工经验分析,把重复性、监测性的工作交给智慧应急系统,提高效率和准确率,将宝贵的人力资源解放出来,推动业务模式向网络化、智能化转变,这是破解人手不足难题的有效途径。对于部门间"统与分""防与救"职责不清、应急资源分散、工作合力不强的问题,可以通过信息化系统的互联互通,与水利水文、气象等部门打通数据壁垒,消除数据孤岛,通过大数据技术处理各有关部门的各类关键数据,实现数据整合、信息整合,进而实现应急力量、应急资源整合,最终实现高精准感知风险,预警风险,化解风险,应对灾害事故。

三、推进智慧应急的重点和难点

智慧应急有着明确清晰的建设内容和重点,包括智慧监测预警系统、智慧"互联网+"系统、智慧应急指挥系统、智慧大数据应用、智慧宣教互助系统等。

(一)应急管理信息化建设不平衡,是智慧应急建设的难点之一

县、乡处于应急管理第一线、最前沿,是突发事件先期处置者、现场执行者和第一反应者,与人民群众最为贴切,而应急管理信息化建设不平衡问题在县、乡最为突出,这也是智慧应急建设的难点之一。智慧应急是业务全面数字化和网络化基础上的提质升级,必须实现信息化全覆盖。目前,应急部大数据平台、应急指挥信息网以及地方应急管理综合应用平台已完成建设,与横向部门的业务系统进行了互联互通,但依然没有涵盖应急管理所有业务,还有一些业务没有信息化系统支撑。在地方与基层,该现象更加明显,各业务司局、地方应急管理部门应加快全面信息化建设步伐,推进信息化全覆盖,确保智慧应急不拖后腿。

（二）构建智慧监测预警系统，是智慧应急开枝散叶的基本网络

智慧应急的实施基础就是监测预警系统的全覆盖，所有基于监测进行的预警，离开覆盖范围都是无本之木。要提升安全生产（矿山、危化、烟花、建筑施工、工贸、道路运输、尾矿库等）、自然灾害（洪涝灾害、森林火险）、城乡安全风险监测预警的覆盖率和智能化水平，在安全生产风险监测预警系统覆盖的基础上，推进基于视频图像分析技术的安全生产风险隐患自动识别应用，如基于人脸识别及行为特征的识别技术，监测安全生产无烟区的吸烟行为，从而达到提前预警的作用。自然灾害风险监测预警系统重点在于各部门系统的整合，加强自然资源、水利、农村、林草、气象部门的灾害和监测预警信息共享，建立面向全灾种的自然灾害感知网络，形成直观的自然灾害"一张网"，达到统一指挥、统一调度、统一响应的目的。

（三）大数据采集、挖掘、建模，是智慧应急得以"智慧"的支撑

一个人之所以能出口成章，是因为脑中存货很多，一个系统想要更智慧，则要有大数据支撑。大数据是智慧应急的"大脑"，只有不断丰富大脑内容，才能变得更智慧，这是智慧应急的重中之重。要做好大数据采集，应该从国家层面加快建设大数据库，建立相关部门之间的数据交换共享机制，整合相关行业领域和互联网上的碎片化数据，不断扩大数据来源、种类和数量，实现信息资源汇聚融合，为应急大脑建设奠定坚实的数据基础。自然灾害的减缓关键是要降低脆弱性，既包括物理脆弱性，也包括社会脆弱性——降低物理脆弱性主要依赖于工程性措施，降低社会脆弱性则主要依赖于非工程性措施。大数据分析在这两方面都可以发挥作用。例如，通过对极端灾害条件下大规模人群行为规律的大数据分析，既可以优化应急避难场所的设置，也可以优化城市公共基础设施的运营，还可以提升公众自救互救的效率。生产安全事故的预防关键是要加强危险源的管理，在这方面，大数据分析也可以发挥作用。例如，可以通过互联网、物联网对重大危险源进行精确标识和动态监控；通过对重大危险源监测大数据与自然灾害监测大数据的关联分析，可以识别两者之间的耦合规律，优化重大危险源的储存与运输。

四、智慧应急体系建设的主要方向

（一）面向平战需求，基于网络信息体系理念

新时期，应急救援和国防动员作为有效保障国家安全和支援部队行动的重要活动，面临由单一满足"应战需要"向"战时应战""急时应急""平时服务"的多种功能转变。智慧应急体系应按照网络信息体系的理念，将各类潜力资源、动员力量和指挥单元等融合一体，实现网络化、服务化、体系化协同运用，达到能力聚合、体系制胜的效果。

(二)打通行业壁垒,盘活应急全域资源

智慧应急潜力涉及党、政、军等多个部门,应急信息和资源涵盖公安、社保、交通、医疗、通信、教育、金融、科技、电力和人防等多个行业,必须从制度和技术上打通各行业壁垒,明确资源共享责任和使用模式,实现各类国防动员资源跨网系、跨领域统一管理调配,各行业、各类型动员专业力量统一指挥。

(三)应用先进技术,实现动员活动智慧转型

充分利用大数据、云计算、人工智能和物联网等先进技术,构建动员大数据平台、动员信息服务体系、动员智能决策系统和物资人员监控体系,实现潜力精准采集分析,信息精准定制服务,决策精准智能辅助,状态精准实时掌握,要素精准复原归位,推动应急管理的智慧转型。

五、智慧应急的运行模式

(一)支撑联合作战的运行模式

在战时,智慧应急信息系统依托多个专业办信息系统更新地方潜力数据,通过引接政务数据、行业数据和社情舆情等信息生成地方动态。系统可以接收部队动员需求、战区动员任务,支持国防动员机构会同战区制订联合作战动员方案并下发,协助省军区会同各级国家国防动员委员会专业办提高行动监视能力和指令下达能力,并及时掌握动员计划执行情况。

(二)支撑地方应急的运行模式

在遭遇突发事件时,可通过智慧应急信息系统掌握事件情况,形成综合态势,上报突发事件发生的地点、环境、危害程度等信息。系统可支撑动员机构指挥员调度动员储备物资,组织民兵预备役人员协助地方政府开展抢险救灾、应急处突、反恐维稳等行动,并协助地方政府向军方提出支援需求。

(三)平时潜力管控的运行模式

平时,通过地方各专业办业务信息系统以及潜力调查员的掌上智能采集终端,搜集汇总各行业潜力数据和动态信息。省级国防动员信息系统汇总地方潜力数据并进行综合分析,上报地方潜力数据和潜力缺口情况;地方应急机构依托智慧动员信息系统,组织各领域应急建设和日常管理维护。

六、贵州智慧应急建设

贵州省应急厅成立以来,大力推进大数据与应急管理的深度融合,加强顶层设计,加快数据聚通用,用大数据实现智慧应急,提升应急管理能力,以信息化推动应急管理体系和能力现代化。

位于贵州省应急厅三楼的应急指挥大厅,是应急指挥的大脑,接入了省政府办公厅、工信、公安、自然资源、住建、交通等37个相关信息系统,承担重大决策分析、应急指挥调度、协调保障现场救援处置的重要职能。应急指挥中心里,接入了贵州省防汛抗旱态势分析系统、地质灾害实时监测预警系统、安全事故隐患排查治理系统、应急管理网格化系统、贵州省应急管理综合应用平台、"贵州省应急资源一张图"等系统,这些运用大数据手段打造的系统,让贵州实现了智慧应急,提升了贵州应急处置能力。

贵州省应急指挥中心有12个指挥场所,可同时处置7起事故,满足重大风险防控和突发事件应急处置中的决策分析、应急指挥调度、协调联动、现场救援处置等工作需要,集成了应急值守、信息接报、平台调度、远程可视、指挥决策等功能,实现了省、市、县三级视频调度指挥。

第三节 数字化应急指挥体系

数字化应急指挥体系是借助先进的信息技术和控制技术,在智慧应急建设的基础上,将应急事件中的各要素相互联系、相互作用,共同构成数字化应急指挥体系这一有机整体。该体系通过结合GIS平台信息数据采集、预案编制和演练、指挥导调和实践应用、处置方式经验总结和创新、应急事件预判处置和预防措施,及时提出合理的应对策略,制订合理规划,做到应急预判、调度、处置、总结、预防等功能有机结合,实现应急应战功能体系化。

一、平台构建

数字化应急指挥体系应包括基础信息、指挥调度、视频会商、资源调度以及视频监控等板块,特别是基于GIS的应用开发。应急管理面对多种应急场景,如日常应用、城镇区域抢险救援、森林防火抢险救援、煤矿事故抢险救援、地质灾害抢险救援、群体性事件处置、国防征召动员等场景,各子系统如不互通形成统一调度指挥,不利于工作开展。为此,需要搭建一套能够将广播系统、视频会议、视频监控、无人机图传、集群对讲、移动终端、救援手持终端、GIS 平台、政务办公系统、会议扩声系统等进行统一融合调度的应急通信融合调度平台。

应急通信融合调度平台的主旨是将音视频业务、在线状态、实时通信、准时通信融为一体,具体来说,就是以综合化、带宽化、智能化、个性化为目标的信息融合,旨在为应急应战部门提供语音、数据、视频和多媒体等应急指挥所需要的综合、高附加的信息技术服务。

建设应急管理综合应用平台(见图 13-1),应聚焦防灾、减灾、救灾、应急应战中存在的数据分散独立、资源共享不足、沟通联动不足等问题,系统梳理应急管理的业务需求,在各类应急场景中,做到数据共享、资源集约、沟通畅达,推动形成统一指挥、专常兼备、反应灵敏、上下联动、平战结合的"一盘棋"应急管理体系,有效提升在自然灾害风险防范、安全生产事故预防、应急救援指挥、国防动员、非战争军事行动等工作方面的能力。

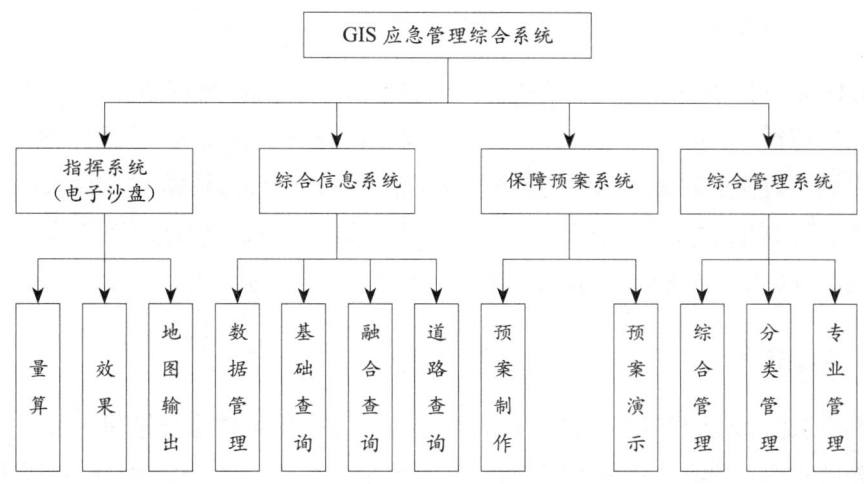

图 13-1 应急管理平台构建示意图(初步)

二、应急响应

为了解事故等级和现场伤亡情况,为突发事件制订相应的救援措施。应急指挥中心可以通过卫星、无人机、单兵手持终端等获取现场实时图片以及视频了解实际情况,确定事故的等级、原因、形态后,根据事件不同的等级,找到相关的预案流程,综合应急专家及领导的意见对预案进行调整,制订合理科学的应急预案,其中包含预案级别、标题、审核员、开始时间、结算时间、预案内容等信息。

针对突发事件的预案启动后,下发任务给各单位,指导救援工作。在查看了预案类型、级别及预案相关描述等信息的情况下,各单位用户根据规定的权限和职责响应应急方案,按照下发的任务开始执行应急救援行动,并及时反馈任务进度。

（一）信息互通

通过应急管理综合应用平台，与国家、省、市、县自然资源部门和省政府值班室、省应急厅气象局、水利厅、省军区动员局及武警部队、移动通信等有关部门的应战应急网络互联互通，实现信息共享。

按照村、乡、县等行政区域查询时，可自动汇总统计行政区内涉及的各种安全要素，经动员可以挖掘和使用的要素等。如查询村的基本信息时，可快速统计出该村界线内的人员统计数据、人员密集场所数量及名称、风险点数量及名称、地质灾害点数量及名称、应急物资数量及名称、救援力量数量、应急避难场所数量及名称。

（二）资源信息的管理与查询

通过 GIS 系统提供应急专题数据的空间信息及属性信息的查询功能，对应急专题资源进行定位和信息展示：可通过空间位置选择应急资源进行属性查询，也可通过输入关键字进行模糊匹配查询要素的属性，还可查询应急事件发生地的周边资源，如周边的应急救援和应战物资、救援和应战队伍、危险源、重点防护目标、道路情况、天候地理环境等，为应急工作管理者和决策者提供详尽的应急资源信息。

（三）实时采集

通过卫星通信、无人机图传、手持终端等，将现场实况传至该应急管理平台。其中，无人机视频上传可实现对单兵设备的实时视频插放，将事发态势、事发地点的建筑、受困群众、伤亡人员、交通车辆、疏散情况、救援开展情况等图片，通过通信设备即时传送回应急指挥中心，实现远程信息采集、汇总、分类、分析、研判等目标。

（四）指令传输

单兵人员、组、队、分队通过便携式通信设备，接收上级下发来的任务指令（一般通过短信或是电话通知），接收到指令后及时展开行动，并适时将行动情况报告指挥部，以便形成信息互通，确保信息通信畅通和安全，为实现救援行动目标和应战需要提供可靠保障。

三、应急指挥

作为应急指挥体系的核心部分，应急指挥承担着重要信息汇聚和辅助指挥决策的作用。当灾害发生时，应急指挥往往发挥着核心作用，各个专业的研判分析结果、制定的方针政策、应急预案共同汇聚到应急应战指挥部。应急应战指挥部通过 GIS 平台中分布式空间分析和数据处理，在应急应战事件发生时，确保最快速度、最高效率将最佳预案通过系统下发指令至相关单位——指令发送只需要将标题、状态、收件人、发送内容等信息填写完毕后即可发送,发送指令单位系统可自行判定。

相关单位查看预案类型、级别及预案相关描述等信息后,根据规定的权限和职责响应应急方案,并下发任务指令给具体人员,便可组织人员队伍,携带相应物资器材,开始执行应急救援和应战行动。在整个过程中,应及时反馈任务进度,并适时调整行动和作出支援保障。

(一)资源调度

资源储备和调度情况通过 5G 网络或无人机等手段适时传输到平台,能为指挥决策提供即时数据,指挥长就能根据应急事件发生的地点,通过路径分析等功能选择最优路径配置方案,同时将应急救援物资、救援队伍及救援车辆等资源的分布状况在电子地图上标绘出来,供应急救援决策者进行资源的调度和指挥,以便第一时间到达救援现场。

(二)信息显示

在电子地图上,信息标绘工具可完成简单的位置、路线、区域标绘,并可进行行进路线、作战态势等标绘。平台通过即时信息标绘和显示,实时形成状态图并提供可行方案,供决策者参考,为即时调度和指挥提供最优选择。

(三)专业分析

应急管理信息平台着重在于专业分析功能,该功能包含两个分析,即缓冲区分析和最短路径分析。当应急事件突然发生时,在应急救援过程中,通过 GIS 的空间分析能力,提供空间分析决策,辅助指挥救援工作。

缓冲区分析指以点、线或面实体为基础,以某一范围内的宽度为缓冲区,在周边自动建立起缓冲区多边形,可在此缓冲区范围内查询分析其中的应急专题要素。通过该功能,可对事件的影响范围进行评估,分析救援物资及救援量的分布等,帮助决策者科学合理进行指挥调度。

最短路径分析指以点对点的方式,通过路网数据,结合最短路径分析模型,将应急事件发生地和救援力量、救援物资等之间的最短、最快路径结果分析出来,并在电子地图上标绘,分析出最佳救援路径,使应急救援工作快速、合理开展。

(四)应急行动

应急应战是按照既定的方针、策略和制定的预案,调动人员、物资等,组织队伍和人员前往灾害现场开展救援救治工作和适应战争需要开展行动,落实应急指挥制定的救援方案和救援策略,控制灾害蔓延,遏制灾害进一步加重,有效应对战争态势。

应急应战涉及主体较多，人员组织难度较大，为了避免多方力量协调不顺、相互掣肘等现象，可充分利用 GIS 平台合理调度人员与物资，进行科学、有效救援和有备应战。

四、恢复总结

在灾害（战后）恢复与重建阶段的恢复期内，可以采用先进的设备确定损坏的设备、类型及数量等，排出优先级别；并可以运用 GIS 对人口和环境进行分析，为安置点提供充足的救灾物资。重建期内，可以运用 GIS 追踪并显示重建的计划和发展，使重建资源的预算、分配及记录得以顺利开展；并可以运用各项 GIS 专业系统，重建对基础设施进行规划已达到正常或最佳的水平。

（一）联合调查与评估

多方协作处置应急救援后，应针对事故开展联合调查与评估，对评估结果进行汇总并录入系统，由系统与专家共同判定灾害发生原因，有针对性地提出相应的应对措施，提升应急能力。

（二）经验总结与推广

根据应急事件总结归纳并形成新的应急预案，将预案录入 GIS 平台，通过一体化存储和管理空间大数据，形成有效的解决方案，并将应急预案推广应用，真正实现数据融合、动态指挥、科学救援。

📖 思考题

1. 应急管理信息化如何充分应用信息现代化成果？
2. 如何解决应急管理信息化存在的问题？
3. 应急平台建设对有效处理突发事件有何意义？
4. 应急管理平台如何实现资源的共享和整合？
5. 国内智慧应急建设的困点和难点是什么？
6. 在数字化应急指挥体系中如何将信息传递链路实现共享共用？
7. 如何打破应急管理参与者壁垒实现协同互联互操作？
8. 应急管理平台体系建设取得的成效有哪些？
9. 应急管理信息化、数字化建设存在的问题、努力的方向有哪些？

下篇 实践篇

贵州省构建了权威的全省应急管理体系，推动形成了反应灵敏的平战结合应急管理体制，深入贯彻落实了习近平总书记视察贵州时的重要讲话精神及其关于安全生产、应急管理、防灾减灾救灾的重要论述，坚持以人民为中心，把确保人民群众生命安全放在首位，坚持统筹发展和安全，在突发事件应急处置上积累了很多宝贵的实践经验，为推动全省经济社会高质量发展，开创"多彩贵州"新未来营造了更加安全稳定的环境。2020年4月，党中央、国务院在全国部署开展"安全生产专项整治三年行动"，积极推进安全生产治理体系和治理能力现代化。专项整治的内容主要分为1个总体方案、2个专题实施方案和9个行业领域专项整治方案。贵州省委、省政府狠抓安全生产专项整治谋篇布局，夯实工作基础，在全国率先启动方案制订和动员部署，根据自身实际情况制定了全省安全生产专项整治三年行动实施计划和2个专题实施方案、14个专项整治实施方案，形成了具有贵州特色的"1+2+14"模式，增加了特种设备、旅游安全、乡村安全、地质灾害、建筑工程行业领域专项整治，完善和落实了安全生产党政领导干部、部门管理、企业主体、综合监管、风险防控、应急保障、改革创新、基层基础基本建设、考核和追责问责十大责任体系，建立健全了绩效管理体系、过程管理体系、法治管理体系、社会化管理体系和问责管理体系五大管理体系。

本篇介绍了全省在自然灾害、生产安全、公共卫生、社会安全方面的突发公共事件应急处置典型案例。应急管理是一门实践性非常强的学科,希望通过这些案例可以更好地让学生从实践中去借鉴,学习并提高应对突发公共事件与风险的能力。

第十四章 贵州自然灾害应急处置事件

第一节 2008年贵州特大凝冻灾害事件[1][2]

凝冻也称冻雨,是贵州省主要灾害性天气之一,出现凝冻天气次数最多,居全国之首。贵州省之所以经常出现凝冻天气,跟冬季云贵准静止锋后低温阴雨天气与复杂的地形环境相互作用有关。

一、基本情况

2008年1月12日—2月13日,贵州省遭受了50年来最大范围的持续雪凝天气。这是贵州气象历史上最大的一次凝冻灾害,持续时间长,影响范围广,冰冻程度深,分布区域超常规。一时间,黔中大地千里冰封,电力、通信设施受损,公路、铁路、民航等交通受阻,燃油、粮食及食品等重要物资供应出现一定困难,给全省经济社会发展和人民群众生活生产造成了很大影响。1月24日,省里宣布进入大面积二级停电状态,29日事故进一步加剧,贵州省人民政府新闻办公室通过媒体发布消息:"贵州进入大面积一级停电状态"。30日,贵阳市区电线结冰直径达50毫米,为历史极值,灾情严重。整个凝冻灾害造成直接经济损失达348亿元。

---

[1] 闪淳昌、薛澜、张秀兰:《应急管理案例集:2008年》,化学工业出版社,2012。
[2] 田坚、李强:《2008年,"冰封"贵州的那个月》,微信公众号·黔城旧事。

二、应急处置过程

(一)全面预警和部署

贵州省大部分地区自 1 月 12 日以来遭受冻雨袭击,伴随而来的是持续长达 20 余天的低温雪凝天气,贵州遭遇了特大凝冻灾害。贵州地处云贵高原,公路弯多坡陡,严重的大面积凝冻致使全省道路运输几乎陷入瘫痪。

由于长时间的降雪以及低温冰冻的影响,贵州省陷入了大面积停电状态,1 月 18 日 23 时 10 分,贵州电网第一条 500 千伏线路鸭烽线倒塔断线。19 日,贵州电网公司启动大面积停电事件应急预案。20 日 12 时 05 分,500 千伏福青线跳闸,18 时 29 分,500 千伏贵福线故障。至此,贵州北部电网和东部电网与主网解列。24 日、29 日,贵州省先后进入大面积停电二级、一级应急状态。

1 月 22 日,林树森省长对灾害期间抗灾救灾各项工作进行部署、要求,要查清前期受灾地区各类物资消耗、储备情况,摸清底数,抓住白天及天气可能短暂转好等有利时机,千方百计抢运事关民生的粮食及速食、饮用水等各类食品,衣物和棉被等御寒物品,电煤、燃油、燃气等重要生产生活物资,并做好请求空军紧急运送救灾物资的准备,把保证民生问题作为抗灾救灾工作的重中之重。

2 月 26 日,石宗源书记在省十一届人大一次会议闭幕会上,传达了胡锦涛总书记、温家宝总理对贵州省抗灾救灾的重要指示精神,对全省抗灾救灾工作提出了明确要求。

(二)保证高速公路安全低速运行,为疏散公路滞留旅客和运送物资创造条件

1 月 12 日以来,贵州省滞留在各条公路上的司乘人员一度多达 10 万人。22 日,贵州省公安厅召开全省公安系统切实加强恶劣气候下交通和治安保卫工作紧急电视电话会议,向全省发出紧急通知,启动凝冻灾害交通预案,要求各地州市县公安机关各警种采取多种方法,到辖区高等级公路凝冻地段消除冰冻,让滞留在路上的车辆安全地运行起来。

23 日,车站和沿途滞留的乘客绝大部分得到疏散,仍然滞留在路上的司乘人员,食品、饮用水和药品等都得到了及时供应。同时,按照林树森省长"高速公路低速行驶"的重要指示,实行限时、限量、限速、保通即"三限一通"的交通管制措施,采取警车开道、重车压冰、撒盐化冰、撒沙防滑、低速行驶等措施,基本保证了高速高等级公路能在凝冻最重期间低速安全运行。

(三)各级政府和各部门各司其职

建立确保人民群众生活的每日应急处置会商协调机制,综合处理应急事件和调配紧缺

物资,确保群众生活困难问题当日发现当日解决,重要情况随时发现随时解决。省政府每天将各市(州、地)、县(市、区)上报的粮食、食用油、方便食品、液化气、药品、蜡烛等重要民生物资紧缺情况进行收集整理,并组织省有关部门会商核实,及时调度协调处理。

省财政厅、民政厅下拨了1209万元救灾资金,截至1月26日,全省共安排救灾应急资金2774.7万元和大量生活物资,同时注意加强抗灾过程中的应急管理组织领导。

各级卫生部门派出医疗、防疫、卫生监督队伍,设置救助站、医疗服务中心,千方百计保证抢险一线电力、交通、交警部门的干部职工、解放军和武警官兵及其他单位抢险救灾人员的身体健康和生命安全,为因灾受困的旅客、司乘人员提供医疗卫生服务,救助救治一线抢险人员、灾区伤病群众和受困伤病患者。与此同时,各级政府和建设部门也加强了对城镇受损基础设施修复工作的指导。由于雪凝冰冻对基础设施破坏严重,建设部门应对任务繁重,1月23日,贵州省建设厅下发《关于进一步切实做好当前雪凝天气应对防范工作的紧急通知》(黔建城通〔2008〕38号),要求各市(州、地)建设行政主管部门切实加强领导和部署,工作责任落实到人,认真落实防范措施,全力做好灾害处理与保障工作,认真做好应急值班制度。

1月25日,贵州省建设厅成立应急管理工作领导小组,正式成立了由厅党组书记、厅长为组长,其他党组成员为副组长,厅机关相关处室、附属事业单位负责人为成员的应急管理工作领导小组,积极开展应对雪凝灾害的相关工作。

雪凝灾害天气进一步加剧后,1月29日,省建设厅以"特急件"下发《贵州省建设厅关于实行24小时应急值班制度的紧急通知》(黔建办通〔2008〕52号),要求在原值班安排的基础上,实行24小时留守应急值班制度和领导带班制度,并要求各市(州、地)建设行政主管部门每日向省建设厅报送两次信息,信息内容包括各地城市供水、供气、公交、风景名胜区、建筑施工工地、房屋和其他城市基础设施的受灾情况和采取的救灾措施,以及救灾工作中存在的主要问题。

1月27日8时35分,中国气象局局长、党组书记郑国光发布重大气象灾害预警应急预案Ⅱ级应急响应命令,命令贵州等省、区、市气象局立即进入Ⅱ级气象应急状态。当天,中国气象局有关负责人抵达贵州指导灾害防御工作。应急响应期间,贵州气象局每天8时30分前将天气实况及影响报送中国气象局,17时前向中国气象局报告工作情况,并随时上报出现的各类重大突发事件,及时向上下游气象局通报重大气象灾害信息。

1月30日,省建设厅又下发《贵州省建设厅关于做好全省建设系统应对大范围雨雪冰冻灾害的紧急通知》(黔建办通〔2008〕54号),要求各市(州、地)建设行政主管部门切实加强组织领导,全力做好供水、供气的服务和保障工作,确保城市公交运行畅通,积极防范雪凝压塌房屋事故,进一步加强城市照明节电工作,并加强监督建设和应急值班工作,积极协助做好煤电油运保障工作。

三、应对成效

通过各方积极应对，交通方面，截至 2 月 3 日，道路交通因天气持续凝冻而不能通行的状况或堵塞情况有所好转。其中，铜仁、黔东南地区，大部分地区道路维持封闭状态，少部分道路开始恢复通行；遵义、毕节、黔南部分道路恢复通行；安顺、贵阳、六盘水、黔西南道路交通受影响程度相对较小，只有少部分道路封闭。除贵新二级路有拥堵缓行现象外，所有高速公路通行正常；湘黔线、黔桂线列车缓行状况已明显好转，其他线路正常；贵阳机场出入港正常。

电力恢复方面，截至 2 月 4 日，贵州电网已抢修并恢复运行的线路 2405 条，占受灾线路的 49%。受灾地区中，29 个县（市、区）完全恢复供电，14 个县（市、区）部分恢复供电，省内大部分城镇供电正常。因灾不能通过主网供电的仍有 7 个县，部分停电的有 14 个县，主要分布在受灾最严重的东部地区。直到 3 月 5 日，贵州电网恢复正常方式运行，500 千伏日字形骨干网架恢复运行。当晚，贵州省大面积停电事件应急指挥部指挥长、副省长孙国强宣布，解除全省大面积停电事件一级、二级应急状态。南方电网公司及贵州电网也结束了应急状态。

📖 **思考题**

从上述案例提供的材料来看，要怎样才能有效降低此类自然灾害造成的损失？

第二节　贵州水城"7·23"特大山体滑坡灾害[①][②]

贵州省是全国地质灾害最为严重的省份之一，全省 88 个县（市、区）均有地质灾害隐患分布，已查明隐患平均分布密度为 0.07 处 /km²，远高于全国平均值 0.03 处 /km²。根据《全国地质灾害防治"十三五"规划》，贵州省有 81 个县（市、区）为国家重点防治县，占全省 92%。

---

① 《水城"7·23"特大山体滑坡》，贵州人民政府网。http://guizhou.gov.cn。
② 《贵州水城"7·23"特大山体滑坡灾害多笔保险赔款已支付》。https://www.sohu.com/a/329784030_618588.（2019-07-26）/[2022-04-19].

一、基本情况

2019年7月23日21时20分,贵州六盘水市水城县鸡场镇坪地村岔沟组发生一起山体滑坡事件,21幢房屋被埋,1600人受灾,43人死亡,9人失踪,700余人紧急转移安置,直接经济损失1.9亿元。

中国地震局地壳应力研究所编制的应急简报显示,此次滑坡主要触发因素是降雨:在连续强降雨情况下,坡体表面排水不畅,局部汇水集中,致降雨大量入渗,土体遇水松软,土体重度增大,土体孔隙水压力急剧上升,抗滑力不断减弱而下滑力急剧上升,最终形成滑坡。

二、应急处置过程

灾害发生后,中共中央总书记习近平高度重视并作出重要指示,要求全力搜救被困人员,做好伤员救治、受灾群众安置、遇难者家属安抚等善后工作;要注意科学施救,做好险情监测,防范次生灾害。习近平总书记还强调,今年汛期以来,一些地方降雨量大,防汛形势严峻,自然灾害隐患较多,各地区各有关部门要本着对人民极端负责的精神,积极组织力量,认真排查险情隐患,加强预报预警,强化灾害防范,切实落实工作责任,保护好人民群众生命和财产安全。

中共中央政治局常委、国务院总理李克强作出批示,要尽最大努力减少人员伤亡,全面排查周边安全隐患,做好防范新的地质灾害和次生灾害工作;应急管理部要会同自然资源部等部门,即派联合工作组赴现场指导帮助地方全力做好救援;当前正值"七下八上"主汛期的关键阶段,要督促各地举一反三,切实加强山洪、滑坡、泥石流等灾害防御。

滑坡发生后,贵州省政府、六盘水市和水城县党委政府立即启动应急响应,紧急组织应急、公安、消防、自然资源、卫生健康、交通等救援队伍,连夜赶往现场开展抢险救援,紧急核查抢险救援和失联人数。

接到报告后,应急管理部党组书记黄明、带班部领导孙华山立即赶到部指挥中心,直接与现场视频连线,持续调度,指导帮助地方政府全力开展抢险救援。黄明要求,要按照中央领导同志批示精神,全力搜救失联人员、救治伤员,尽快核清失联人数,最大限度减少人员伤亡;要强化地质、气象监测,防止次生灾害发生,确保救援人员安全;各地要举一反三,深入开展山洪、滑坡、泥石流等灾害防御工作。应急管理部连夜启动应急响应,派副部长郑国光带领与自然资源部组成的联合工作组赶赴现场,指导协助当地政府开展处置工作。贵州省应急厅紧急向水城县灾区调运救灾帐篷300顶、床600张、床上四件套600套、迷彩服600套及场地照明灯(带发电机)等一批救灾物资,并先后组派多个工作组赶赴灾区协助指导抢险救援工作。

7月24日6时，贵州省消防救援总队247名指战员、9支矿山救护队257人、贵阳隧道救援队56人，携带搜救犬、生命探测仪到达现场开展处置。救援队伍到达现场后，立即进行地毯式搜索定位，设立警戒区和安全哨，并将现场划分为5个救援点，采取挖掘、破拆、撑顶等方式开展抢险救援。

截至7月24日17时45分，现场有800余名救援人员参与救援，投入大型挖掘机及装载机20余台，大型运输车辆10余台，各类抢险救援车辆100余辆，搜救犬7条，27台救护车，214名医护人员，生命探测仪、无人机、应急基站设备、扫频仪、卫星电话等设备和物资若干，搭建帐篷100余顶，食品、药品等救援物资全部到位，各项抢险救援工作有力有序有效开展。

7月25日，贵州省财政厅、应急厅向水城县紧急下拨省级应急救灾补助资金1000万元，向赫章县紧急下拨省级应急救灾补助资金200万元。截至当日16时，水城县救援现场有900余名救援人员、救援车辆111辆（其中挖掘机24辆，推土机3辆，拖车13辆）、搜救犬23条参与救援。同时，由27辆救护车、255名医护人员全面抓好医疗保障，受伤群众已第一时间送六盘水市人民医院、水钢医院、鸡场卫生院等医疗机构救治。

7月25日17时，贵州省红十字会大众卫生救援队到达滑坡现场救援。接到指令后，省红十字会立即组建由16名专业人员组成的救援力量携带70顶救灾帐篷、10个标准卫生厕所、120张折叠床、120床棉被、120个赈济家庭包等价值20万元的救灾物资连夜赶往灾害发生地参与救援。截至当日19时，共搭建37平方米指挥帐篷4顶，12平方米救灾帐篷25顶，应急卫生厕所3间，可紧急安置130人。

7月26日21时许，总功率5.5千瓦的移动照明灯塔照亮滑坡现场，十多台挖掘机贴着滑坡山体不停作业，搜救人员紧盯着挖掘机挖出的每一铲土，每一片挖过的区域，不放过一丝一毫线索。

三、应对成效

7月25日12时10分，太平洋产险贵州分公司接到水城"7·23"特大山体滑坡灾害中的一起车险报案，理赔人员克服道路通行困难，徒步赶往现场查勘、核实；同时迅速开辟服务绿色通道，简化理赔流程，于当日15时40分支付赔款9.408万元。截至当日，鼎和财险排查出其承保的财产一切险受损标的包括贵州电网公司的一台200千伏变压器与100余根电杆，经查勘确认后，24小时内向贵州电网公司支付保险赔款62.8万元。26日上午，人保财险贵州省分公司向水城县鸿源农业开发有限责任公司预付猕猴桃种植保险赔款42万元。水城县鸿源农业开发公司是灾区一家农业产业扶贫企业，7月23日灾害发生后，该企业在受灾区域种植的猕猴桃被滑坡山体掩埋，人保财险为其开通大灾理赔绿色通道，减免理赔手续，及时弥补受灾企业损失，支持企业恢复生产。

贵州省财政厅紧急下达中央自然灾害救助资金3000万元,并分别会同省应急管理厅、住房和城乡建设厅紧急下达省级自然灾害生活补助资金1200万元和2019年农村住房保障省级补助资金700万元,专项用于灾区抢险救灾及灾后重建工作。救灾资金重点用于灾后人员搜救等应急处置,为避免二次人员伤亡所采取的调查与监测,周边隐患排查,人员紧急疏散转移,排危除险和临时治理措施,受灾群众的住房灾后重建工作等,最大限度保护受灾群众生命财产安全。

据央视新闻报道,截至7月26日13时,经调查核实,确认该滑坡灾害区共有户籍人口22户77人,外来探亲访友、务工人员8人,共计85人,其中已取得联系的在外人员23人,搜救并送医院救治伤员11人,搜救出遇难人员24人,失联人员27人。

2020年,贵州省安全生产三年专项行动计划整治目标是,要启动全省88个县重点区域不小于1.5万平方千米地质灾害隐患详细排查,以及17.62万平方千米地质灾害详细调查和高风险区地质灾害评价工作,开展地质灾害综合治理和17.62万平方千米合成孔径雷达差分干涉(InSAR)监测,逐步完善地质灾害气象风险预警系统,启动贵州省地质灾害综合防治大数据平台建设,大力开展岩溶山区地质灾害防治技术设备研发,解决贵州省地质灾害防治的关键技术难题,切实提升全省防灾减灾水平。

📖 思考题

从上述案例提供的材料来看,我们可以吸取的宝贵经验有哪些?

第三节　六盘水市六枝特区牂牁镇水上交通事件[①]

2021年9月18日16时50分左右,六枝特区西陵航运有限公司所属的"六盘水客8015"船,航行至光照库区六枝特区牂牁镇王城码头西侧偏北约300米水域处时侧翻,造成13人死亡,2人失踪。

[①]《六枝特区牂牁镇水上交通事件调查报告》,贵州省应急管理厅网。http://yjgl.guizhou.gov.cn/xw_5888722/sgdc_5888793/202111/t20211129_71826268.html

一、基本情况

（一）水域和通航基本情况

一是光照库区水域情况。光照电站于 2008 年建成，是以发电为主，兼顾航运、灌溉、供水及其他的水利工程，形成的光照库区水域系六盘水市、安顺市、黔西南州三市（州）共管水域。根据中国海事局发布的《航区划分规则（2021）》，光照水库为 B 级航区，因电站建设渠化和航运工程建设，库区形成内河四级航道 73 千米。光照水库流域面积 1.35 万平方千米，总库容 32.45 亿立方米，水库蓄水面积 51.54 平方千米，水库回水长度 69 千米，最大水深约 200 米。光照库区地势西北高东南低，地貌以山地为主，河谷地段大部切割严重，相对高差较大，属亚热带高原季风气候，全年无霜期 356 天。

二是龙坡水域情况。光照库区内的六枝特区牂牁湖水域东西向宽度约 2 千米，最大水深约 200 米，水域通航里程约 25 千米。事发龙坡水域位于牂牁湖水域，水面宽阔，水流平缓，在无风无雨无雾情况下，视线较好。根据事发点附近水域实测的 21 处水流流速数据，最大瞬时流速为 0.206 米/秒，最小瞬时流速为 0.097 米/秒，最大平均流速为 0.057 米/秒，最小平均流速为 0.005 米/秒。

三是码头和渡口情况。光照库区六枝特区辖区内共有 3 个码头、5 个停靠点和 28 道渡口，其中有 2 道渡口位于中寨乡境内，其余 26 道渡口位于牂牁镇境内。

四是库区船舶和航线情况。光照库区水域登记船舶 530 艘，其中自用船 288 艘，客船 113 艘，交通船 90 艘，渡口船 36 艘，货船 3 艘。客船自牂牁镇始发有 2 条主要航线：一条是沿北盘江上行驶往牂牁镇下属沈家村、鲁戛村、西噶村等村落，另一条是沿北盘江下行至黔西南州左格停靠点和安顺市关岭县半坡停靠点。

（二）船舶基本情况

一是证书配备情况。《船舶所有权登记证书》（船舶登记号 410715000023）由六盘水市地方海事局签发，签发日期 2015 年 10 月 23 日，所有权取得日期为 2014 年 12 月 31 日。《船舶国籍证书》（船舶识别号 CN20142426074）由六盘水市地方海事局签发，签发日期 2021 年 8 月 3 日，有效期至 2026 年 8 月 2 日。《内河小船检验证书》（船检登记号 2014Y5500152）由六盘水市地方海事局签发，签发日期为 2021 年 1 月 10 日，有效期至 2022 年 1 月 20 日。《内河船舶最低安全配员证书》（船舶识别号 CN20142426074）由六盘水市地方海事局签发，签发日期为 2021 年 8 月 3 日，有效期至 2026 年 8 月 2 日。

二是船舶检验情况。2014 年至 2021 年，"六盘水客 8015"船均按照有关规定进行建造检验、附加检验、年度检验、换证检验，检验结果均符合相关规定。

三是船员情况。杨某某,女,汉族,40岁,六枝特区平寨镇青龙村人,持有《内河船舶船员适任证书》《船员服务簿》《内河船舶船员特殊培训合格证》,证书均在有效期内。

四是航次情况。2021年9月18日,"六盘水客8043""六盘水客8015""六盘水客8053"3艘船舶先后自莲花岩渡口开航驶往牂牁镇下辖村落,"六枝凯旋号"快艇由王城码头驶向莲花岩渡口。

(三)六枝特区西陵航运有限公司基本情况

2013年9月17日,该公司在六枝特区市场监管局登记注册,统一社会信用代码为91520203078469204L,企业类型为有限责任公司(自然人投资或控股),公司地址为六盘水市六枝特区毛口乡西陵村,法定代表人为刘某某,有效期限至2033年9月17日。2014年5月,在六盘水市航务管理处取得《中华人民共和国水路运输许可证》,证书编号黔六(2014)XK002;2019年5月29日,在六盘水市航务管理处取得换发许可证,有效期限至2024年8月28日,经营范围系光照库区(六盘水辖区)旅客运输、普通货物运输。

(四)事件发生经过

2021年9月18日16时20分左右,船员杨某某驾驶"六盘水客8015"船自六枝特区牂牁镇西陵村莲花岩渡口(概位:26°3′32.15″北、105°14′3.22″东)载运旅客32人开航沿北盘江上行驶往牂牁镇下属沈家村、鲁戛村等村落。

16时30分左右,"六盘水客8015"船航行至信用社下侧岸坡(概位:26°3′15.20″北、105°13′47.62″东,距离莲花岩渡口1.55千米),再次接到24人登船。

16时39分左右,"六盘水客8015"船驶离信用社下侧岸坡。

16时42分左右,"六盘水客8015"船航经牂牁镇饮用水水泵房(概位:26°2′59.69″北、105°13′25.32″东),驶向百果园坡头(航向约233°),航速约12千米/小时。

16时43分左右,"六盘水客8015"船航经百果园坡头(概位:26°2′51.71″北、105°13′13.26″东),驶向王城码头方向(航向约273°),航速约12千米/小时。

16时45分左右,"六盘水客8015"船航经百果园(概位:26°2′51.64″北、105°13′0.27″东)。

16时45分左右,"六枝凯旋号"快艇由王城码头驶向莲花岩渡口,在龙坡水域与"六盘水客8015"船对驶通过。

16时46分左右,"六盘水客8015"船航经王城码头南侧水域(概位:26°2′52.84″北、105°12′48.99″东),右转驶向绿荫洞方向(航向约292°),航速约12千米/小时。

16时48分左右,龙坡水域起风并开始下雨,水面起浪,能见度降低,"六盘水客8015"船与强风雨前沿遭遇。

16时49分左右,风力骤然增大,伴有降雨,能见度极差,"六盘水客8015"船受风浪袭击剧烈横摇。

16时50分左右,"六盘水客8015"船处于牂牁湖王城码头西侧偏北约300米水域(概位:26°2′57.48″北、105°12′36.36″东),遭遇"下击暴流"袭击,船舶持续右倾,并超过最大回复角度,导致船舱持续进水,船舶加速右倾直至翻扣于水面。

16时50分左右,"六盘水客8015"船航行至牂牁镇王城码头西侧偏北约300米水域,处于"下击暴流"袭击水域范围内。

16时42分左右,"六盘水客8053"船驶入信用社下侧岸坡停航避风,处于"下击暴流"袭击水域范围之外。

16时43分左右,"六盘水客8043"船航行至绿荫洞水域(于16时10分左右自莲花岩渡口驶往沈家村),在此停航避风,处于"下击暴流"袭击水域范围之外。

16时45分左右,"六枝凯旋号"快艇由王城码头驶向莲花岩渡口,处于"下击暴流"袭击水域范围之外。

(五)事件信息报告情况

2021年17时09分,六枝特区牂牁湖海事所接到电话报告后,与六枝特区交通运输综合行政执法大队沿着"六盘水客8015"船航线寻找。

17时25分,在龙坡水域发现并成功营救1名落水人员上岸后,发现"六盘水客8015"船已侧翻在龙坡水域内。

17时28分,牂牁镇卢某电话向牂牁镇值班室报告,反映牂牁江龙坡水域一艘客船在航行途中发生侧翻。

17时29分,牂牁镇值班室将接报信息向带班领导和党政主要领导报告。

17时31分,牂牁湖海事所负责人接到电话报告"六盘水客8015"船发生侧翻事件信息。

17时35分,牂牁湖海事所负责人向六枝特区地方海事处负责人报告"六盘水客8015"船发生侧翻事件信息。

17时38分,六枝特区公安局毛口派出所接110电话报警。

17时39分,六枝特区交通运输综合行政执法大队负责人接到电话报告"六盘水客8015"船发生侧翻事件信息。

17时40分,六枝特区交通运输综合行政执法大队负责人电话向六枝特区交通运输局负责人报告"六盘水客8015"船发生侧翻事件信息。

17时43分,六枝特区交通运输局负责人向特区应急管理局报告事件信息,并启动应急预案。

17时49分,牂牁镇将事件信息书面报告六枝特区应急管理局。

17时50分,六枝特区应急管理局在调度特区公安、交通运输、消防、卫生健康等部门力量赶赴现场开展救援的同时,将事件信息向六枝特区人民政府办公室报告。

18时22分,六枝特区人民政府向六盘水市人民政府总值班室电话报告事件信息情况。

18时26分,六盘水市应急管理局电话向六盘水市人民政府总值班室报告事件信息情况。

18时36分,六盘水市人民政府总值班室电话向市人民政府有关领导报告,同时向市委总值班室报告。

18时45分,六盘水市人民政府总值班室综合各方所报整理信息后,向省人民政府总值班室报告。

六盘水市、六枝特区根据现场救援处置进展情况按照规定进行续报,直至现场救援工作结束。

二、应急处置过程

(一)事发现场自救情况

"六盘水客8015"船侧翻过程中,部分乘客被甩出船舱掉落水中,其中11名乘客游泳至岸上成功自救,9名乘客爬上船底等待救援,其余部分乘客被困于船舶一层客舱内。9月18日17时15分左右,发现事件情况的附近村民驾驶交通艇抵达现场,将9名乘客转移至岸上。17时25分左右,六枝特区牂牁湖海事所、特区交通运输综合行政执法大队、牂牁镇人民政府、当地渔政和水产养殖公司等单位,以及附近村民先后抵达现场参与搜救。

(二)党委政府应急处置情况

事件发生后,省、市、区有关领导立即率领相关部门赶赴现场组织应急处置工作:省人民政府立即成立应急救援指挥部组织开展应急处置工作;应急部、交通运输部和公安部联合工作组立即赶赴现场指导应急处置工作;应急救援指挥部及时组织协调国内17支专业救援队伍共计424人进场搜救,累计搜寻面积超100万平方米。现场共搜救出44人(其中31人生还,13人死亡),失踪2人,自救上岸11人。

(三)伤亡人员善后处置情况

六盘水市人民政府按照"一人一专班"原则,成立了15个专班对遇难和失踪人员家属"一对一"开展善后,共组织了32名心理咨询专家到村入户开展获救人员及其家属的心理疏导,善后工作得到妥善处置。

三、经验总结与启示

六盘水市要进一步深入学习贯彻习近平总书记关于安全生产、防灾减灾系列重要论述,树牢人民至上、生命至上理念,强化底线思维和风险意识,深刻吸取教训,举一反三,全面提高灾害防控和安全生产水平,切实防范化解重大安全风险,坚决遏制重大以上灾害事故发生。

(一)严格落实航运企业主体责任

一是强化安全管理。六枝特区西陵航运有限公司要依法依规全面落实全员安全生产责任制,建立健全风险分级管控和隐患排查治理双重预防机制,建立完善内部各项安全管理制度,依法依规开展经营活动。二是严格落实安全制度。航运企业要严格落实"海事六严禁"及"四不上船、七不出航"等规定,坚决做到大风、大雾、暴雨等恶劣天气不出航。三是要加大安全投入。要推动视频监控、北斗终端等监控系统的安装,通过科技手段强化船舶航行动态管理,确保及时发现和解决船舶航行中存在的安全问题。四是加强安全教育培训。航运企业要加强船员安全教育培训,特别是要加强客船船员在恶劣天气情况下的应对操作培训,确保船员适任,并定期组织针对性应急演练,提高应急处置能力。

(二)从严履行交通运输部门行业监管责任

一是加强安全监管。加强对水路运输企业准入管理、事中事后监管、特殊时段水上交通安全监管,严厉打击超载运输货物、旅客、违章航行等违法违规行为。二是强化日常管理。加强船员职业资格管理,严格船员考试发证和船舶登记,并加强渡船船员和渡工的安全教育培训,严格考试、发证工作。三是深入推进专项整治。以"安全生产专项整治三年行动"为契机,扎实开展库区船舶挂靠经营专项整治,加强客船运输经营人员资质动态跟踪管理,着力解决违规挂靠经营行为。四是加大基础设施建设。加快实施一批城乡便民码头和"渡改桥""渡改路"建设工程,从根本上消除"渡运"隐患,2022年底前,要完成19.2千米牂牁江环湖公路建设。

(三)切实强化属地党委、政府管理责任

一是加强组织领导。建立健全安全管理协调机制,推动落实客船运输安全属地责任。探索符合六盘水市水上交通安全监管实际的体制机制,理顺规范现行监管模式,明确水上交通安全监管部门,努力建设满足水域监管实际和稳定的水上交通安全管理与执法队伍。二是持续开展"打非治违"专项行动。把水上交通安全作为"打非治违"专项行动开展的重点领域,对超乘客定额、超载运输、无证驾驶、无证航行等违法违规行为实施严厉打击,确保水

上交通"安全生产专项整治三年行动"工作取得实效。三是加强应急救援体系建设。增加库区救援装备设施,配备结构合理、性能高效的救援装备,强化救援队伍建设,提高应急反应能力,做到及时发现,快速反应,科学施救,保障有力。四是深化联勤联动机制。交通运输、气象、公安、应急、水利、教育、农业农村、自然资源等部门要加强沟通协调,做到信息共享,提前预警预判。五是强化宣传教育。加大水上交通安全宣传力度,引导从业人员和社会公众提高安全意识,自觉遵守有关安全的法律、法规。

(四)进一步加强库区水运恶劣天气风险预警能力建设

一是加大预警设施建设。针对强对流天气强度大、突发性强、致灾重等特点,加强气象预报预警信息发布与传播基础设施建设;加强沿库区天气雷达、自动气象观测站网等建设;加强船舶自动气象探测系统建设,提高恶劣天气预测预警能力。二是强化天气信息发布。建立库区船船、船岸甚高频联系系统,广泛运用气象广播、手机短信等多种接收方式,确保水上交通安全监管机构和航行船舶及时准确获取灾害性天气预报预警信息,提高响应效率。

📖 思考题

从上述案例提供的材料来看,我们可以从中得到什么教训?

第十五章 贵州生产安全应急处置事件

第一节 大方县成贵铁路七扇岩"5·2"瓦斯爆炸事故[①]

2017年5月2日14时48分许,成贵铁路乐山至贵阳段CGZQSG13标段在建的七扇岩隧道进口平行导洞(以下简称平导,位于毕节市大方县六龙镇营盘村境内)发生瓦斯爆炸事故,造成正在隧道主洞内施工作业的12人死亡、12人受伤,直接经济损失1475.103万元。

事故发生后,国务院副总理马凯、国务委员王勇、贵州省省长×××与常务副省长秦如培等国家和省领导相继作出重要批示与指示,要求全力救治受伤人员,妥善处理善后事宜,查清事故原因,加强施工安全工作;省委常委、省委宣传部部长、副省长慕德贵率省政府办公厅、省安全监管局、省铁建办等单位人员赶赴事故现场,指导事故抢险救援和善后处置工作;国家安全监管总局、国家铁路局、国务院国资委、国家铁路总公司派员赶赴现场指导事故处置和调查处理工作。

根据《安全生产法》《生产安全事故报告和调查处理条例》等有关法律法规的规定,5月3日上午,经省人民政府批准,成立了由省安全监管局牵头,省公安厅、省监察厅、省总工会、国家铁路局、成都铁路监督管理局和毕节市人民政府等部门与单位人员组成的贵州省人民政府大方县成贵铁路七扇岩隧道进口平导"5·2"瓦斯爆炸重大事故调查组(以下简称事故调查组),并邀请省人民检察院、贵阳铁路检察院参加事故调查,全面开展事故调查工作。事故调查组同时组织省交通建设工程质量监督局、省煤矿设计研究院、省交通规划勘察设计研究院、省质安交通工程监控检测中心、省交通建设咨询监理公司、贵州桥梁建设集团公司、贵州公路工程集团公司、贵州路桥集团公司、贵州能化青龙煤矿等单位专家组成专家组,对

[①] 《大方县成贵铁路七扇岩隧道进口平行导洞"5·2"瓦斯爆炸重大事故调查处理情况公告》,贵州省人民政府网。http://guizhou.gov.cn。

事故直接原因进行技术分析和调查（期间临时邀请贵州久联集团两名爆破专家参与调查分析）。国务院安全生产委员会对事故调查处理进行了挂牌督办。

事故调查组按照"科学严谨、依法依规、实事求是、注重实效"的原则，对项目建设、设计、施工、监理单位以及有关监管部门进行了调查。通过现场勘验、查阅资料、调查取证、模拟实验和综合分析论证，查明了事故发生的经过、原因和人员伤亡及直接经济损失情况，认定了事故性质和责任，提出了对有关人员和单位的处理建议，并针对调查发现的问题提出了防范措施。

一、事故经过及应急救援情况

（一）事故经过

5月2日下午，成贵铁路 CGZQSG13 标段七扇岩隧道进口，9名工人在掌子面立拱架（另有1名带班），下台阶处有1台挖掘机、1辆车在出渣，另有两辆车在等待出渣；二衬端头（3号横通道连接处附近）有4名工人在挂防水板，4名工人在进洞口约200米处打电缆槽水沟。14时48分许，技术员曹卫平、连玉波及瓦检员余茂成和另外4人正往隧道里行走时，平导内发生瓦斯爆炸，将平导口停放的挖掘机冲出约15米远，洞口风机被推倒，冲击波冲破导洞3号横通道与主洞连接部位，并冲击了正在隧道内施工作业的工人和机械设备，同时产生了大量一氧化碳，导致立拱架7人、挂防水板4人和正在出渣的驾驶员共12名工人死亡，另外12人受伤。

（二）应急救援情况

事故发生后，5月2日15时19分，企业向大方县政府报送了事故情况。接到事故报告后，省、市、县三级领导高度重视，立即启动省、市、县应急救援预案，组织有关单位开展抢险救援；省委常委、省委宣传部部长、副省长慕德贵，省政协副主席、毕节市委书记立即率省、市相关单位赶赴现场指导救援。先后投入矿山救护队3支共51人，消防救援人员51人，民兵预备役部队55人，中铁五局救援队30人参与抢险救援。事故单位组织了由瓦检员、安全员、通风管理员及各类机械操作人员100人参与救援，投入救护车20辆，专业抢险救援车17辆，消防车17辆。救援人员进入隧道约500米处发现1名遇难人员，约700米处发现5名遇难人员，在掌子面拱架上发现6名遇难人员。至3日4时43分，最后一具遗体运出隧道，现场救援工作结束。受伤人员得到及时有效救治的同时，当地政府及施工单位组织力量全力做好死伤者家属接待和安抚，及时与全部遇难者家属签订了赔偿协议，当地社会秩序稳定。

根据《大方县成贵铁路七扇岩隧道"5·2"瓦斯爆炸事故应急处置评估报告》，事故应急救援信息报送畅通，信息报送及时，应急指挥有力，协调有序，所采取的救援措施得当。

二、事故直接原因分析

为查清事故直接原因,事故调查组组织爆破、瓦斯、建筑施工等方面的专家多次进行现场勘查,并查阅相关工作资料进行分析论证。事故的直接原因是,平导内应力变化导致底板隆起开裂,爆炸前瓦斯冲破底板大量异常涌出,瞬间产生高压瓦斯气流,局部达到爆炸浓度,瓦斯气流致使喷溅的矸石或混凝土块砸在金属件上产生火花引起瓦斯爆炸。

三、事故间接原因

(一)施工单位对瓦斯危害认识不足,瓦斯防控措施不到位

经调查,中铁十五局集团第五工程有限公司负责七扇岩隧道进口施工的相关人员均无高瓦斯隧道施工经历,在平导及隧道主洞穿越煤层时,该公司聘请了专业单位(川煤集团)对过煤层施工进行指导及技术服务,平稳完成了穿越煤层施工。但过完煤层后,施工单位便认为已不可能出现瓦斯危害。2016年12月,平导底板出现底鼓开裂现象,至2017年3月,底鼓隆起严重(高度大约为30至100厘米),底板开裂加剧,平导边墙的收敛变形加大。中铁十五局集团第五工程公司成贵铁路项目部主要负责人和技术负责人接到报告后,没有意识到该段下伏的7号煤层为高瓦斯煤层,仍有瓦斯大量涌出的风险,只要求施工现场负责人对平导和主洞变形情况进行监测,没有采取其他措施,也没有向上级报告。

(二)上级单位对施工单位指导不到位

中铁十五局集团第五工程有限公司负责七扇岩隧道进口施工的相关人员均无高瓦斯隧道施工经历,对瓦斯危害认识不足,成贵铁路项目部没有针对性地加强技术指导,提高施工单位对瓦斯风险的辨识能力,督促施工单位采取有效的措施应对。

(三)监理单位工作不到位

北京铁城建设监理有限责任公司对七扇岩隧道进口平导底板隆起变形等问题未及时发现,并督促施工单位采取有效处理措施。

四、调查发现的其他问题

(一)管理上的问题

一是施工单位未按规定完善隧道通风方案变更手续。按照设计,该隧道通过平导采用巷道式通风,但2017年2月18日,主洞下台阶初支施工时,利用初支的钢架网喷气密性混

凝土对 3 号横通道进行了隔断，平导、主洞均采用压入式独立通风。虽然经过论证独立通风效果优于巷道式通风，成贵铁路有限责任公司检查中知晓该问题且允许独立通风的做法，但施工单位一直未按规定完善变更手续。

二是瓦斯自动监控系统管理维护不到位。平导内共设置了 3 个甲烷传感器，分别位于洞口 30 米处、2 号错车道拱顶、3 号横通道拱顶。2016 年 12 月，平导洞口二衬施工时，将洞口甲烷传感器数据线剪断，至事故发生时未恢复；3 号横通道拱顶甲烷传感器于 2017 年 3 月出现数据传输不正常，事故发生时无数据；只有 2 号错车道拱顶甲烷传感器能传输数据。

三是不按规范开展劳务分包。施工单位聘用劳务队伍未认真审查资质身份，在无委托书和劳务公司资质证书原件的情况下，就与董杰（自然人）签订了劳务分包合同。

四是现场管理不到位。七扇岩隧道进口虽然有进出洞登记制度，但登记不认真，存在登记和实际情况不相符的情况；而且违反爆破规定，允许未取得爆破资质的劳务人员进行爆破作业。

（二）其他问题

一是在高瓦斯地质条件下，平导目前的设计标准存在一定风险。七扇岩隧道进口平导设计虽然符合相关规范，但在高瓦斯地质条件下存在一定风险：其一，导洞只有进口 30 米采用模筑衬砌，其余段采用锚喷衬砌，实践证明锚喷衬砌很容易在地应力变化的情况下变形开裂，致使煤层裸露，瓦斯溢出；其二，通过论证，施工期间利用平导进行巷道式通风虽然可以满足正常情况的通风需求，但在瓦斯大量异常涌出的情况下，无法避免瓦斯浓度超过爆炸极限，无法绝对避免引起瓦斯爆炸；其三，隧道竣工后平导两端采用 5 米厚气密性砼进行封堵，中间为空腔，仍然存在瓦斯聚集并在特殊条件下引发爆炸危害的可能性，给高铁运行安全带来了影响。

二是铁路建设工程施工安全监管有待加强。成都铁路监督管理局负责四川、贵州、云南、重庆三省一市境内国家铁路建设工程及铁路运营质量安全监管，但建设工程质量安全监管人员仅 8 人，与需要监管的在建铁路工程项目数量严重不匹配，成贵铁路自开工以来该局对发生事故的隧道未安排专门的安全检查。

五、事故性质

平导内底板隆起开裂，施工单位未能意识到仍存在瓦斯大量涌出的风险并采取有效措施加以防范和处置，导致大量瓦斯冲破底板并引发爆炸，因此，这是一起重大生产安全责任事故。

六、对相关人员和单位的处理建议

(一)建议给予党纪处分人员

苗军,中共党员,中铁十五局集团第五工程有限公司成贵铁路项目部副总工程师兼安全质量部部长。在七扇岩隧道施工过程中,不认真贯彻落实国家有关安全生产政策和法律法规,对安全生产工作监督检查重视不够,对平行导洞存在底板隆起开裂和瓦斯自动监控系统故障等重大安全隐患问题未有效处置并督促整改,对事故的发生负有直接责任,建议给予其留党察看2年处分。

吴晓华,中共党员,中铁十五局集团第五工程有限公司成贵铁路项目部总工程师,分管工程部、实验室、测量队等工作,由于疏于管理,七扇岩隧道平导底板隆起变形后,未采取有效措施处置;而且对平导3号横通道封闭和改变通风方式未按程序履行设计变更手续,对事故的发生负有主要领导责任,建议给予其留党察看1年处分。

孙峰伟,中共党员,中铁十五局集团第五工程有限公司总工程师,分管公司技术质量、科技信息部、安全质量部等。由于疏于管理,未有效督促指导成贵铁路项目部履行安全管理职责,对七扇岩隧道施工瓦斯防控技术指导不力,对事故的发生负有重要领导责任,建议给予其党内严重警告处分。

张永昌,中共党员,中铁十五局集团第五工程有限公司副总经理,分管成贵铁路项目工作。不认真贯彻落实国家有关安全生产政策和法律法规,疏于管理,对七扇岩隧道施工安全督促指导不力,对事故的发生负有重要领导责任,建议给予其党内严重警告处分。

李俊,中共党员,中铁十五局集团第五工程有限公司执行董事兼总经理、法人代表,负责公司全面工作。由于疏于管理,不认真贯彻落实国家有关安全生产政策和法律法规,对安全生产工作重视不够,对事故发生负有重要领导责任,建议给予其党内严重警告处分,并依据《中华人民共和国安全生产法》第92条之规定,由省安全监管局对其处以2016年年收入60%罚款。

淮亚智,中共党员,中铁十五局集团公司成贵铁路项目部安全质量部部长,从事安全管理工作。由于疏于管理,不认真贯彻落实国家有关安全生产政策和法律法规,对七扇岩隧道分部安全生产工作督促指导不力,对平导存在的底板隆起开裂、瓦斯监控系统故障等重大安全隐患问题失察,对事故的发生负有重要领导责任,建议给予其党内严重警告处分。

陈国梁,中共党员,中铁十五局集团公司成贵铁路项目部副经理兼安全总监,分管成贵铁路项目的安全生产工作。由于疏于管理,不认真贯彻落实国家有关安全生产政策和法律法规,未有效督促指导七扇岩隧道施工履行安全生产职责,对七扇岩隧道项目安全监督检查不力,对平导存在底板隆起、瓦斯监控故障等重大安全隐患问题失察,对事故的发生负有重要领导责任,建议给予其党内严重警告处分。

张麒,中共党员,中铁十五局集团公司成贵铁路项目部副经理兼总工程师。由于疏于管理,不认真贯彻落实国家有关安全生产政策和法律法规,对七扇岩隧道进口平导底板隆起开裂和瓦斯监控系统故障等重大安全隐患问题,以及改变通风方式未按程序履行变更手续等问题失察,对事故的发生负有重要领导责任,建议给予其党内严重警告处分。

杨光,中共党员,中铁十五局集团公司成贵铁路项目部常务副经理,全权负责成贵铁路项目部工作。由于疏于管理,不认真贯彻落实国家有关安全生产政策和法律法规,对安全生产工作重视不够,对七扇岩隧道进口平行导洞存在重大安全隐患问题失察,对事故的发生负有重要领导责任,建议给予其党内严重警告处分。

鉴于上述 9 人不属于行政监察对象,建议由中铁十五局集团有限公司给予相应的处理处罚,处理处罚结果报贵州省安全监管局备案。

(二)其他人员处理建议

王洪东,群众,中铁十五局集团第五工程有限公司成贵铁路项目部经理。由于疏于管理,不认真贯彻落实国家有关安全生产政策和法律法规,履职不力,未按有关规定将高瓦斯突出隧道列为重点检查对象,未按规定履行监督检查职责,在下属上报发现进口平导底鼓变形存在的安全隐患未及时采取有效处置措施,对违规承揽劳务分包队伍身份问题审查不严,对七扇岩隧道进口安全管理工作存在的问题失察,对事故的发生负有重要领导责任。鉴于其不是中共党员,也不属于行政监察对象,建议由中铁十五局集团有限公司对其进行处理和处罚。

崔峰,群众,中铁十五局集团第五工程有限公司成贵铁路项目部安全总监,分管安全质量部,兼任二工区经理。对七扇岩隧道进口架子队管理不到位,安全监督检查不力,发现平导底板隆起变形后未采取有效措施处置,对事故的发生负有重要领导责任。鉴于其不是中共党员,也不属于行政监察对象,建议由中铁十五局集团有限公司对其进行处理和处罚。

马宗全,群众,中铁十五局集团第五工程有限公司成贵铁路项目部七扇岩隧道进口架子队队长。现场管理不到位,瓦斯自动监控系统出现故障未及时处理,进出洞登记制度执行不严,现场存在无证人员实施爆破作业行为,对事故的发生负有直接责任。鉴于其不是中共党员,也不属于行政监察对象,建议由中铁十五局集团有限公司对其进行处理和处罚。

雷光宇,群众,北京铁城建设监理有限责任公司成贵铁路七扇岩隧道进口驻地监理工程师。未认真履行七扇岩隧道项目工地的安全监理职责,对平导底鼓开裂、瓦斯监控系统故障等重大安全隐患问题未有效处置、督促整改,工作失职,对事故发生负有直接责任。鉴于其属北京铁城建设监理有限责任公司招聘人员,建议由北京铁城建设监理有限责任公司对其进行处理和处罚。

侯胜,中共党员,北京铁城建设监理有限责任公司成贵铁路监理 7 标副总监理工程师,负责成贵铁路 13 标段监理工作。未认真督促指导七扇岩隧道驻地监理工程师履行监理职责，对七扇岩隧道进口平导存在的底板隆起开裂、瓦斯监控系统故障等重大安全隐患问题监理失控，对驻地监理工程师监理工作严重失职问题失察失管，对事故的发生负有主要领导责任。鉴于其属北京铁城建设监理有限责任公司招聘人员，建议由北京铁城建设监理有限责任公司对其进行处理和处罚。

上述人员处理、处罚结果报贵州省安全监管局备案。

（三）对有关单位的处理建议

中铁十五局集团第五工程有限公司：责成中铁十五局集团第五工程有限公司向其上级主管单位作出书面检查，认真总结和吸取事故教训，进一步加强和改进安全生产工作，并报贵州省安全监管局备案；同时，依照《安全生产法》第 109 条之规定，由贵州省安全监管局给予 100 万元罚款的行政处罚。

中铁十五局集团有限公司：责成中铁十五局集团有限公司向其上级主管单位作出书面检查，认真总结和吸取事故教训，进一步加强和改进安全生产工作，并报贵州省安全监管局备案。

北京铁城建设监理有限责任公司：责成北京铁城建设监理有限责任公司向其上级主管单位作出书面检查，认真总结和吸取事故教训，进一步加强和改进安全生产工作，并报贵州省安全监管局备案。

成贵铁路有限责任公司。责成成贵铁路有限责任公司向中国铁路总公司作出书面检查，认真总结和吸取事故教训，进一步加强和改进安全监管工作，并报贵州省安全监管局备案。

成都铁路监督管理局：责成成都铁路监督管理局向国家铁路局作出书面检查，认真总结和吸取事故教训，进一步加强和改进安全监管工作，并报贵州省安全监管局备案。

七、防范和改进措施建议

一是从严实施穿越煤系地层隧道瓦斯管理。对穿越煤系地层的隧道建设工程，从开工到竣工全过程，不管有无人员作业，隧道主洞和导洞的设备、通风、供电、瓦检、防爆、防燃等均应参照《煤矿安全规程》实施，严防瓦斯事故；煤层有突出风险的，应参照《防治煤与瓦斯突出细则》采取防治措施；对瓦斯隧道施工作业经验不足的企业，建议施工过程中聘请煤矿专业施工队伍提供技术支撑。

二是进一步研究穿越煤系地层隧道导洞设计标准规范。建议有关设计标准制定单位针对暴露出的问题，及时研究修订穿越煤系地层隧道导洞的相关设计标准规范，解决隧道导洞瓦斯危害、地质灾害等问题。

三是加强铁路建设工程安全监管力量建设。针对目前铁路建设工程监管力量与监管任务不相适应的问题，建议监管部门按照《中共中央 国务院关于推进安全生产领域改革发展的意见》(中发〔2016〕32号)关于理顺铁路等行业跨区域监管体制的要求,研究改进监管体制机制和方式,加强监管队伍建设,确保铁路建设工程安全监管有效。

四是参建各方要切实履行安全工作职责。施工单位需要进行设计变更时,应按规定完善相关手续后再施工;要按规定定期检测甲烷传感器和便携式瓦检仪,发现损坏及时修复,确保监测检测数据真实可靠;要加强对施工现场的监督检查,发现问题及时处理;聘用劳务人员时,应认真核实身份。同时,监理单位要严格按照规范标准实施监理,加强对施工现场的监督检查,发现与设计不符、安全制度不落实等,要督促施工单位整改。建设单位要加强对监理单位、施工单位履职情况的监督,发现问题要坚决责令整改到位。检查要依据相关法律法规标准和设计进行,不能要求施工单位违反设计施工,对确需变更设计的,应完成相应变更手续后再组织施工。

📖 思考题

从上述案例提供的材料来看,本次事故发生的原因有哪些?

第二节　安龙县广隆煤矿"12·16"煤与瓦斯突出事故 ①

2019年12月16日23时10分,贵州省黔西南州安龙县戈塘镇广隆煤矿(以下简称广隆煤矿)21202运输巷掘进工作面发生一起煤与瓦斯突出事故,造成16人死亡,1人受伤,直接经济损失约2311万元。

一、基本情况

2019年12月16日,调度会安排白班21202运输巷打排放孔和锚网支护,夜班正常掘进。夜班由安全副矿长支良带班,彭月如在井口调度室值班。入井前未开班前会,作业人员19时30分左右陆续入井,带班矿长支良20时30分入井。当班入井共计23人,其中张广宝、王明华、邓贵能、严志能、王其亮等5人在21202切眼掘进,陈建行为21202回风巷皮带机司机;高桂友、吴成阳、李动、刘纪全、谢宏现、谢先涛、陈克友、杨大兴等8人在运输巷作业。

---

① 《贵州省黔西南州安龙县广隆煤矿"12·16"重大煤与瓦斯突出事故调查报告》,煤矿安全网。https://www.mkaq.org/html/2020/12/03/549501.shtml

杨大兴为21202运输巷皮带机司机,李动为综掘机司机,杨正生为二采区运输下山皮带机司机,田应祥为二采区运输下山斜巷刮板输送机司机,杨正科为二部皮带下山皮带机司机,杨正明为主斜井皮带机司机,韦代祥为中央变电所值班电工,杨光政为中央水泵房抽水工,杨光元为瓦检员,陈忠立为安全员,支良为带班矿领导。

20时40分许,21202运输巷传出开皮带信号,综掘机开始掘进割煤;20时44分,21202切眼掘进工作面回风流甲烷传感器发出超限报警信号,监测最大瓦斯浓度值为2.76%;20时54分,瓦检员杨光元打电话到监控室汇报21202切眼掘进工作面回风流甲烷传感器显示甲烷浓度为百分之三点几,怀疑传感器故障,准备处理;21时24分,杨光元打电话到监控室汇报传感器已处理好。

23时10分,正在二部皮带机头操作的皮带司机杨正科突然感觉有一股风吹过来,巷道里粉尘变大,眼睛难以睁开。此时,在二采区皮带下山皮带机头操作的司机杨正生被风流冲倒,风流持续约10分钟后停止。14分,韦代祥发现水泵房、变电所、主水仓入口处甲烷传感器发出报警信号并闻到有焦臭味,便将3个甲烷传感器传输线拔掉,并沿皮带运输线路往二采区方向查看情况。30分许,韦代祥到达二采区运输下山斜巷刮板输送机处先后遇到田应祥和被冲倒后从二采区皮带下山走上来的杨正生。韦代祥询问杨正生情况,杨正生回答"被瓦斯冲倒了",韦代祥随即打电话给彭月如报告"可能发生煤与瓦斯突出了"。汇报完毕后,韦代祥、杨正生、田应祥3人沿二部皮带下山(在二部皮带下山皮带机头处遇到杨正科并同行)经主斜井升井,于17日0时20分许在井口与杨正明相遇。彭月如接到井下汇报电话后,随即拨打21202运输巷及回风巷和切眼的电话,电话均接通但无人接听,直至杨正生等4人升井方确认发生了煤与瓦斯突出事故。

经调查并结合事故救援报告分析,事故发生前,21202运输巷掘进工作面正常进行掘进割煤作业,现场工人发现甲烷浓度异常并停机撤出。23时10分,21202运输巷工人正撤出时发生煤与瓦斯突出。

二、应急处置过程

事故发生后,17日0时30分左右,煤矿开始自行组织人员入井救援。救援过程中,发现16日夜班作业人员陈建行后助其安全升井,并发现杨大兴等5名遇难人员。4时,抽水工杨光政接地面电话通知后升井。经清点,事故当班23人入井,有7人脱险升井。

3时10分,黔西南州矿山救护队接到事故救援电话后,于4时50分到达广隆煤矿并开展抢险救援。六枝救护大队和盘江救护大队接令后,于7时50分左右先后到达煤矿参与抢险救援。

7时,救护队员在二采区轨道下山入口(绞车)处,发现4名遇难人员(经核实,有3名遇难人员是煤矿组织救援时搬运到此处);7时10分至53分,在21202运输巷先后发现7

名遇难人员；8时34分，在21202回风巷回风口外18米处发现第12、13、14名遇难人员。18日5时15分，救护队员在21202运输巷回风口里372米处和380米处，先后发现第15名和第16名遇难人员；9时7分，最后一名遇难人员被运送出井，抢险救援结束。事故当班未升井的16人全部遇难。

17日0时30分许，煤矿确认发生了煤与瓦斯突出事故。12月17日1时15分，彭月如入井救援返回地面并安排向驻矿安监员文豪汇报；30分许，安全员王刚在文豪宿舍向文豪汇报了事故情况；42分文豪电话向安龙县工科局李煜汇报了事故情况；58分李煜电话向安龙县工科局局长刘刚汇报了事故情况。刘刚到达广隆煤矿确认发生煤与瓦斯突出事故后，于3时25分打电话向贵州煤矿安全监察局盘江监察分局汇报了事故情况（报告的事故发生时间为2019年12月17日1时30分许）；30分盘江监察分局向贵州煤矿安全监察局电话汇报了事故情况，贵州煤矿安全监察局分别于4时24分和28分向国家煤矿安全监察局和省政府作了电话报告，并于40分作了书面报告。

接到事故报告后，在国家煤矿安监局和省有关领导的指导下，黔西南州人民政府按规定启动了《应急救援预案》，组织有关部门和安龙县政府有序开展抢险救援工作；安龙县政府组织对伤亡矿工的善后事宜进行妥善处置。

三、事故原因

（一）直接原因

21202运输巷掘进工作面全程构造煤发育、煤层松软，突出点附近煤层变厚，煤层具有煤与瓦斯突出危险；工作面掘进未按规定采取针对性的防突措施消除煤层突出危险；综掘机割煤扰动诱导煤与瓦斯突出。

（二）间接原因及重大违规行为

1. 广隆煤矿安全生产主体责任不落实

（1）违章指挥工人在有明显突出预兆的情况下冒险作业：2019年11月中旬以来，21202运输巷、回风巷瓦斯涌出量增加，频繁超限，并出现响煤炮、顶钻、卡钻、喷孔等明显突出预兆，煤矿既不按照《煤矿安全规程》立即停止作业撤出人员，也未按《防治煤与瓦斯突出细则》要求采取针对性防突措施，违章指挥工人冒险作业。

（2）煤矿故意隐瞒瓦斯真实情况：第一，不按规定悬挂甲烷传感器；第二，封堵甲烷传感器进气口（用塑料袋包裹掘进工作面甲烷传感器或用煤泥封堵进气口）；第三，监控系统发出瓦斯超限报警信号时，监控员就拔掉数据传输线，导致监测数据不能正常传输到上级公司和县监控中心；第四，瓦斯超限数据不在瓦检手册和现场瓦斯检查牌板上记录；第五，瓦斯超限时,不执行瓦斯超限撤人和瓦斯超限处理分析追究制度,也未采取有效的针对性措施。

(3)煤矿不具备防治煤与瓦斯突出的基本能力:煤矿矿长、总工程师均只有从事低瓦斯矿井工作的经历,且未参加过防突知识专门培训,对防突知识不了解;在井下出现明显突出预兆后,未立即停产撤人并重新测定瓦斯参数,也不按照突出煤层管理采取有效防突措施,继续冒险蛮干。

(4)煤矿技术管理薄弱:第一,煤矿专业技术人员配备不足,仅有总工程师和通防副总工程师两名专业技术人员,且均无防突工作经验及能力;第二,不重视瓦斯地质基础工作,未及时发现21202运输巷煤层赋存情况变化,对煤层变厚、煤质变软等地质变化未引起重视;第三,制定措施无针对性,21202运输巷出现瓦斯涌出量增大、喷孔和顶钻后,编制的《21202回风巷、运输巷掘进工作面打设瓦斯排放孔安全技术措施》无法消除突出危险。

(5)安全管理混乱:第一,煤矿投资人、法定代表人违法将煤矿托管给不具备资质的提启夫个人,提启夫又将井下采掘工程转包给不具备资质的陆传兵,陆传兵负责组织人员施工,现场管理由煤矿安全员或带班领导负责,且井下工程存在交叉管理;第二,安全教育培训工作不到位。部分矿级管理人员未经过专门培训并取得安全生产知识和管理能力考核合格证明,而特种作业人员配备严重不足,监控员、爆破工、掘进机司机等无证上岗;第三,拒不执行监管指令,违法违规组织生产——违法违规在一采区布置巷采点,且被原州安监局、县工科局、同煤公司多次查处,但仍在一采区组织巷采,特别是2019年5月27日至11月1日、11月28日至事故发生时,煤矿曾多次被责令停止井下生产,但实际上煤矿在被责令停止生产期间仍偷偷组织生产。

2. 同煤公司安全管理不到位

(1)人员配备严重不足,公司日常安全技术管理人员仅配备有4人,且无通防专业技术管理人员。

(2)公司对所属煤矿无实际管理权,未做到真控股、真投入、真管理,属于松散型公司。

(3)未严格履行对所属煤矿安全管理职责,对煤矿长期、反复存在的违法违规生产、瓦斯超限作业、监控系统不能正常运行等安全隐患,未采取有效手段进行监督并跟踪整改落实到位。

3. 中介机构出具的《评估报告》结论失真

华北科技学院在实施广隆煤矿"C3煤层突出危险性评估及瓦斯参数测定研究"项目过程中,项目负责人没有到广隆煤矿现场,对参数测定过程管控不到位,现场施工的测压孔直径、长度以及封孔长度均未达到《测定方案》要求,压力表读数观测时间和取样方式也不符合要求,导致测定的参数及评估结论失真。

4. 安龙县工科局监管工作不到位

(1)人员配备不能满足对辖区煤矿安全监管的需要:安龙县工科局负责煤矿安全监管

的内设机构为安龙县煤矿安全生产监督管理中心,核定事业编制51名,在编人员38人,实有人员仅16名(其中1人于2019年11月份调往织金县),从事煤矿日常安全监管的仅有5人(2019年11月份之后仅有4人),监管力量薄弱。

(2)安龙县工科局内部管理不到位:第一,监测监控股、能源管理股均未按职责要求制定相应的管理制度和岗位责任制,导致监控值守等工作无章可循,职责不清,相应岗位的职责无法落实到位;第二,煤矿监管执法人员对广隆煤矿在被责令停止作业期间仍有煤炭外运的情况未引起重视,导致其违法违规生产行为未及时得到制止和查处;第三,煤矿安全生产监督管理中心监测监控股6名人员均未经过监控系统相关业务技能培训,无法履行岗位职责;第四,制订的煤矿安全监管执法计划未按规定报批;第五,对煤矿驻矿安监员考核、管理不到位。

(3)安龙县工科局执法检查工作不严不细:第一,发现煤矿未执行停止掘进的监管指令后,未进一步采取有效措施监督煤矿落实到位;第二,对井下出现的瓦斯超限、用塑料袋包裹掘进工作面甲烷传感器或用煤泥封堵进气口等情况未认真核查和分析,未及时查明煤矿瓦斯涌出异常的事实;第三,复查和验收工作不严不细,相关人员在对广隆煤矿复产复工验收检查、复查时,明知该矿存在瓦斯监测监控系统备用电源达不到要求,人员位置监测系统不显示下井总人数的问题,但仍在对应检查项目中签字认可其合格。此外,10月28日复产验收未下井,仅听取煤矿汇报整改情况和查阅同煤公司验收资料后即同意通过验收。

5. 安龙县委县政府落实煤矿安全生产工作存在差距

(1)安龙县委落实安全生产党政同责、一岗双责存在差距:第一,机构改革后,对县工科局班子配备和煤矿日常监管、行业管理方面的人员配备不足,导致煤矿安全监管工作弱化;第二,对煤矿安全生产领域重大风险认识不足,防范化解30万吨/年以下煤矿在退出前疯狂突击生产的重大风险存在差距。

(2)安龙县政府煤矿整合相关工作推进迟缓,对相关部门工作督促、检查不力:第一,对黔府办〔2019〕69号等文件落实上存在差距,对推动淘汰落后产能、加快煤矿兼并重组改造方面推进迟缓。安龙县兼并重组保留矿井共有12处,但仍有3处已批兼并重组实施方案的煤矿未取得初步设计、安全设施设计批复,有3处煤矿初步设计、安全设施设计虽已批复,但未正常建设。第二,安龙县政府制定的煤矿包保文件流于形式,并未开展煤矿包保相关工作。第三,对县工科局工作督促检查不力,对该局内部管理制度不健全,人员调配不合理,从事煤矿日常安全监管的人数不能满足实际需要及执法工作不规范等情况失察。

6. 黔西南州能源局监管工作弱化

(1)人员配备和装备不能满足辖区煤矿日常安全监管与行业管理的职责需要;(2)对黔西南州煤炭产业发展规划,特别是对30万吨/年以下煤矿分类处置、有序退出相关工作推进缓慢;(3)对安龙县工科局的督促指导不力;(4)对煤矿安全生产"双控"机制建设存在差距，对辖区内煤矿重大隐患分析不到位，防范化解 30 万吨/年以下煤矿退出前疯狂突击生产的重大风险存在差距。

四、防范措施建议

（一）煤矿企业要提高法制意识，严格落实安全生产主体责任

一是必须树立法治思维，坚守法治底线，依法办矿，依法管矿。合法合规安排生产和建设，严禁布置隐蔽工作面违法组织生产，服从监管监察指令，做到令行禁止。

二是要完善安全管理制度和管理机构，建立以总工程师为首的技术管理体系及瓦斯防治体系，并配齐专业技术人员和特种作业人员。

三是严禁将矿井违法发包给不具备资质的单位及个人，包而不管，以包代管等。

四是加大反"三违"力度，严禁违章指挥和违章作业。

五是加大对从业人员的培训，切实提高从业人员安全意识、职业技能水平和综合素质。

（二）煤矿企业要严格瓦斯管理特别是防突管理工作

一是真正树立瓦斯"零超限"和煤层"零突出"的瓦斯管理理念。

二是非突出矿井和非突出煤层出现瓦斯动力现象时，必须按照《防治煤与瓦斯突出细则》第 13 条的规定停止作业进行煤层突出危险性鉴定，或按照突出煤层管理。

三是高度重视瓦斯地质工作，做好地质编录工作，及时准确掌握煤层厚度、产状变化情况。

四是做好地质预测预报。临近断层前，采用物探、钻探等手段探明断层构造情况，防止在断层构造应力集中区冒险作业。

（三）煤矿和集团公司要强化安全监控系统管理

一是及时升级改造安全监控系统，对于老化严重、故障频繁的安全监控系统要坚决淘汰，进行升级改造，确保监控系统运行可靠、监控有效。

二是加强监控作业人员培训，做到持证上岗。监控作业人员必须经过专门培训，使其熟知基础安全知识，熟练掌握系统操作业务，防止盲目执行错误指令，坚决打击弄虚作假行为。

（四）集团公司要着力解决责任悬空的问题

一要杜绝"拼凑型"的集团公司，要真正实现真控股、真投入、真管理。

二要配齐安全技术管理人员，建立健全安全管理机构，完善安全责任体系和相应的岗位责任制。

三要加大隐患督促整改力度。对煤矿存在的隐患要一追到底,抓好过程跟踪监督,确保整改落实。对拒不整改、屡改屡犯的煤矿一律交由地方监管部门或煤矿安全监察机构予以惩处。

四要充分发挥监督作用。公司针对所属煤矿生产情况应制订针对性的检查计划,对安全隐患多、安全管理薄弱的要加大检查频次和查处力度,采取计划检查和随机检查相结合的方式,让煤矿安全隐患真正暴露出来。

五要强化对煤矿安全投入、安全设施运行情况等的监督检查。对于安全投入不足、安全设施不完善的煤矿要坚决停止生产建设,待其具备安全生产条件后方准复工。

六要严格所属煤矿管理,严禁违法发包、违法托管。

(五)黔西南州要坚持问题导向,抓好省政府"开小灶"各项措施的落实

一要强化监督企业主体责任落实,着力解决安全生产重大问题。要抓住矿长和总工程师"两个关键人"和制度健全可靠、重大灾害治理到位"两件关键事",通过严格执法,倒逼企业落实安全生产主体责任。

二要制定出台强化对煤矿企业集团公司监管的制度规定,加强监督检查,督促公司落实主体责任。

三要解决违法承包问题。按照《煤矿整体托管安全管理办法(试行)》要求,对全州煤矿进行排查和整治,对没有资质的托管、承包单位要坚决清理出市场,对存在违法承包分包的企业要依法停产整顿。

四要严查煤矿采用隐蔽工作面违法组织生产的问题。采用信息化手段,在煤矿井口安设视频探头,对煤矿生产活动进行监督;严查假密闭,井下所有密闭都要分类编号建档,并定期检查;责令煤矿停工停产的,要及时告知地方政府和公安、供电和煤炭产品调运管理等相关部门,对煤矿实施停止民用爆炸物品供应、限制电力供应和煤炭准运等综合措施。

五要相关部门加强对中介机构的管理,从制度上堵塞漏洞,对违法违规的中介机构要严肃追究责任。

六要对开采该地质单元内同一煤层的其他煤矿,要严格按照突出矿井进行监管。

(六)黔西南州要强化红线意识,着力消除煤矿安全生产系统性风险

一要树立"抓安全生产也是政绩"的观念,正确处理好安全与发展、安全与生产、安全与效益的关系,通过系统治理、依法治理、综合治理和源头治理,不断推进煤矿安全治理体系和治理能力现代化。

二要依据国家和省有关政策,结合本州实际,坚决推动落后产能淘汰退出和制定好煤炭产业发展规划,推动本州煤炭产业高质量发展。

三要抓好《省人民政府关于强化煤矿瓦斯防治攻坚进一步加强煤矿安全生产工作的意

见》《省人民政府办公厅关于开展煤矿瓦斯防治攻坚年行动进一步提升瓦斯治理能力的实施意见》等文件的落实,切实抓好煤矿安全生产6个专项整治工作。

四要配齐配强煤矿监管人员,并加强执法装备保障和督促检查,解决其执法频次高、执法效能低的问题。

📖 思考题

从上述案例提供的材料来看,如何才能确保企业安全生产措施落细落实?

第三节　贵阳经济技术开发区"6·12"较大中毒和窒息事故[①]

2021年6月12日0时10分许,贵州三强兴兴化工贸易有限公司(以下简称贵州三强公司)租赁,位于贵阳经济技术开发区丰报云村三组的生产、储存危险化学品作业场所,在运输罐车卸料过程中,发生甲酸甲酯混合液挥发蒸气泄漏中毒和窒息较大事故,造成9人死亡,3人受伤,直接经济损失1084万元。

事故发生后,国务委员王勇,应急管理部党委书记、部长黄明先后作出重要批示,并派出应急部工作组立即赶赴事故现场指导事故处置工作;省委书记、省人大常委会主任谌贻琴,省委副书记、省长李炳军作出重要批示,提出明确要求;省委副书记、省长李炳军等省领导先后赶赴现场,指挥抢险救援,对善后工作提出要求,并立即组织召开全省电视电话会议,部署开展危险化学品行业领域排查整治工作。

根据应急部、省人民政府主要领导的重要指示要求,省人民政府决定对该起事故提级调查。依据《中华人民共和国安全生产法》《生产安全事故报告和调查处理条例》(国务院令第493号)等法律法规规定,经省人民政府同意,6月13日,成立了由省应急厅牵头,省公安厅、省工业和信息化厅、省市场监管局、省总工会、省消防救援总队、省交通运输综合行政执法监督局,以及贵阳市人民政府有关负责同志参加的贵阳经济技术开发区"6·12"较大中毒和窒息事故调查组(以下简称事故调查组),开展事故调查工作。事故调查组下设管理组(综合组)和技术组,同时聘请8名化工、特种设备专家参加事故调查,并邀请省纪委、省监

---

① 《贵阳经济技术开发区"6·12"较大中毒和窒息事故调查报告》,贵州省应急管理厅。http//yjgl.guizhou.gov.cn

委及时介入调查。

事故调查组按照"科学严谨、依法依规、实事求是、注重实效"和"四不放过"的原则，通过现场勘验、调查询问、检测鉴定和专家论证等方式，查明了事故发生的原因、经过、人员伤亡情况和直接经济损失，认定了事故性质和事故企业及相关人员的责任，查明了贵阳市辖区党委政府和相关部门及有关人员在管理方面存在的问题，分析了事故暴露出的突出问题和教训，提出了防范和改进工作的措施建议。

调查认定，贵阳经济技术开发区"6·12"较大中毒和窒息事故是一起因非法生产、储存危险化学品和违规卸料，导致甲酸甲酯混合液挥发蒸气泄漏，引发人员中毒和窒息伤亡的较大生产安全责任事故。

一、基本情况

（一）事故发生经过

2021年6月11日中午，张某在贵州三强公司位于丰报云村的生产、存储作业场所安排公司员工陆某某、何某某、张某某、蒲某某4人，先将院坝里面1#储罐与运输罐车停车位置之间的卸料软管连接好，将卸料软管一端直接插入1#卧式储罐顶部入孔。21时许，张某某、蒲某某2人即回40#房屋负一层房间睡觉。23时许，李某某驾驶一辆黑色轿车到该生产、存储场所。23时5分，张某某驾驶鄂N08550—鄂N0889挂运输罐车，开始从丰报云村通村公路路口驶入贵州三强公司在丰报云村三组的生产、存储场所。13分，运输罐车倒车到丰报云村39#、40#民房门口院坝前。23分，张某、李某某、陆某某、何某某4人走到运输罐车车尾部位，运输罐车的从业人员张某某、刘某某2人从驾驶室下车。40分，在陆某某、何某某的帮助下，刘某某垫好密封垫片，张某某将卸料软管另一端与运输罐车液相快装接头对接牢固，并打开运输罐车液相阀阀门开始卸载罐体内甲酸甲酯混合液，张某某、刘某某便回运输罐车驾驶室休息。

大约一两分钟后，张某、李某某、陆某某、何某某4人发现1#储罐上部导入孔口有白雾状气体冒出来，张某、李某某用一个塑料杯装来用鼻子闻闻，未发现异常，便扔掉杯子不予理会继续卸载。在卸载甲酸甲酯混合液过程中，张某某、刘某某2人在运输罐车驾驶室内休息，陆某某、何某某2人在运输罐车和1#储罐之间，张某、李某某2人在运输罐车车尾附近。卸载约10分钟后，整个院坝就像起雾一样，居住在隔壁丰报云村三组41#民房内的王某某从屋里出来，走到运输罐车车尾部位对张某、李某某2人说："赶紧关了，气味太重了，人受不了。"张某答复"快了，忍耐一下，还有十多分钟就放完了"，并没有关闭运输罐车液相阀阀门。王某某见张某、李某某2人不关闭运输罐车液相阀阀门，便往41#民房方向走回去。

12日0时2分，王某某在离运输罐车车尾大约七八米远的地方倒地昏迷，张某、李某某

2人发现后走过去查看情况,并叫喊陆某某去关闭运输罐车液相阀阀门,陆某某将运输罐车阀门关闭好后,在驾驶室内休息的张某某听到车外喊声便从驾驶室下来,往张某、李某某、王某某3人所在位置方向走过去。0时6分,正在试图将王某某拖离现场的张某、李某某2人相继倒地昏迷,接着,刚走到何某某附近的张某某也跟着倒地昏迷。

（二）事故报告情况

陆某某、何某某2人发现王某某、张某、李某某和张某某4人相继倒地昏迷,便立即跑到花冠路上,陆某某爬上人行天桥后立即拨打120和110电话报警。接到事故报告后,贵阳市人民政府、贵阳经开区管委会按规定向上级报告事故情况,并立即启动应急救援预案。

（三）应急救援及现场处置情况

事故发生后,省委副书记、省长李炳军等省领导率领相关部门有关负责人赶赴现场组织开展应急救援处置工作;贵阳市人民政府成立了以副市长王嶍为指挥长的现场指挥部,组织开展事故后续处置及善后处置等工作;应急管理部派出工作组赶到事故现场,指导事故救援、现场处置和勘查评估等工作。

1. 应急救援工作情况

6月12日0时12分,贵阳市公安局经开区分局接到报警电话,迅速安排救援力量赶往事故现场开展处置工作,并立即向贵阳经开区工管委、贵阳市公安局和贵阳市花溪区委政法委等报告。22分,贵阳市消防救援支队指挥中心接到贵阳市公安局经开区分局报警后,立即启动危化品事故处置预案,第一时间调集救援力量前往处置。33分,120救护车到达事故现场;36分,小孟派出所和贵阳经开区消防救援大队金戈路消防救援站救援力量同时到达事故现场;37分,贵阳市公安局经开区分局巡特警救援力量到达事故现场;40分,贵阳经开区消防救援大队富源中路消防站救援力量到达事故现场;1时10分,贵阳市消防救援支队全勤指挥部到达事故现场;18分,贵阳市消防救援支队特勤大队危化品事故处置专业队增援力量到达事故现场。应急救援过程中,消防救援力量共投入消防车25辆、救援人员89人,公安机关共出动救援车辆60辆、警力110人,现场救援力量组织3个攻坚组,于12日0时41分至55分搜救出11人。13日上午,搜寻到最后1名死亡人员,经全面排查,未再发现其他伤亡和失联人员。

2. 现场处置工作情况

12日上午,现场指挥部召开会议,就现场存留的甲酸甲酯混合液等危险化学品废液废物处置情况进行安排部署,委托具有危化品处置资质的公司对事发现场进行全面评估,并做好其余储罐、料桶等转移和处置工作。13日,将涉事运输罐车(罐体存有原液20吨)转移到处置场地。截至21日,事故现场化工原料及其包装物、固定式储罐及储存介质等物料、设备,已全部妥善转移并按照危险废物处置流程进行处理。事故发生当日,疏散的周边居民返回家中正常生活。

3. 伤亡人员善后处置

事故发生后,贵阳经开区组建了 6 个工作组,分别在贵州省人民医院、贵航贵阳医院、景云山殡仪馆、清镇市青山园殡仪馆、花溪清云山殡仪馆及丰报云村委会,开展伤亡群众家属安抚工作。截至 7 月 10 日,9 名死亡人员遗体已送回原籍安葬,3 名伤者全部出院,善后处置工作平稳有序。

(四)环境处置情况

自 6 月 12 日凌晨开始,生态环境部门采取筑堰、活性炭等方式开展治理,同时分别在事故点、花冠路中段西江路口公交车站和事故现场周围的居民点布设监测点监测环境污染情况。各监测点位均未检测出可疑挥发性有机物,环境指标正常。

(五)事故应急处置评估

事故发生后,贵阳市人民政府领导第一时间组织有关部门赶赴现场,立即成立了现场救援指挥部,并启动应急响应,科学制订救援处置方案,及时开展救援处置工作,未发生事故扩大和次生事故。评估认为,此次事故应急救援和现场处置及时,领导重视、靠前指挥,科学施救、高效有序。

二、事故直接原因

未经危险化学品生产、储存许可的贵州三强公司作业点 6 名作业人员违规作业,将卸料软管一端连接至运输罐车阀门,另一端直接插入危险化学品储罐顶部入孔进行敞开式卸料,卸入储罐内的甲酸甲酯混合液挥发蒸气从顶部入孔溢出,并在地势低洼和窝风的作业现场沉积蔓延,致使现场作业人员与相邻民宅人员中毒和窒息死亡。

(一)泄漏部位认定

通过调查询问事发当晚现场作业员工,调取分析贵州三强公司事发地作业场所的监控视频,开展现场勘验,提取对比现场痕迹物证等,认定事故泄漏部位为贵阳经开区丰报云村三组 39#、40# 民房建筑东朝向露天院坝内安设的 1# 卧式储罐顶部入孔,漏孔公称直径 400 毫米。

(二)人员中毒和窒息原因分析

1. 人的因素

卸车作业人员违规,直接将卸料软管插入 1# 卧式储罐顶部入孔进行敞开式卸料,卸料过程中 1# 卧式储罐内大量甲酸甲酯混合液挥发形成蒸气,从储罐顶部入孔溢出扩散蔓延。

2. 物的因素

事故调查组从 1# 卧式储罐中取样品送有相应资质机构作物理危险性鉴定和司法鉴定,认定由运输罐车卸入 1# 卧式储罐内的甲酸甲酯混合液属于危险化学品,其毒性与甲酸甲酯合格品差异较大,是造成中毒窒息的主要原因。

3. 环境的因素

(1)事故场地环境。事故场所地处低洼、窝风地带,东面低于花冠路护坡约 3.5 米,西面低于自建房群约 4 米,北面低于现场进口约 2 米,加之甲酸甲酯混合液蒸气比空气密度大,事发时段无风(静风,风速 0m/s),导致泄漏的有毒蒸气大量积聚不易扩散。

(2)气象状况。贵阳经开区 2021 年 6 月 11 日 20 时—12 日 20 时温度 20.3—30.1℃,事故现场 1# 卧式储罐露天布置,无遮阳遮雨设施,甲酸甲酯混合液属易挥发物质,环境温度较高和罐内有限空间加速了甲酸甲酯混合液的挥发。

三、涉事企业存在的主要问题

(一)贵州三强公司的问题

1. 未经许可,非法生产、储存危险化学品

一是违反《危险化学品安全管理条例》第 12 条、《安全生产许可证条例》第二条、《危险化学品安全管理条例》第 14 条规定,在丰报云村未经许可,非法建设生产、储存危险化学品场所,非法进行危险化学品生产、储存。

二是违反《危险化学品安全管理条例》第 33 条规定,未取得危险化学品经营许可证从事危险化学品仓储经营。

2. 作业场所及设施设备不具备安全生产条件

(1)作业场所选址及布置不符合安全标准。生产、储存危险化学品场所选址、总平面布置违反有关安全标准的规定,未远离城镇、居住区、村庄,而且生产、储存危险化学品场所处于窝风地带。此外,甲、乙类液体储罐区未与装卸区、辅助生产区及办公区分开布置。

(2)违法设置作业场所。违反《安全生产法》(2014 版)第 39 条规定,生产、储存危险物品的生产车间、储存仓库与员工宿舍设置在丰报云村三组 39#、40# 民房建筑的负一层内,且与员工宿舍未保持安全距离。同时违反《安全生产法》(2014 版)第 39 条第 2 款规定,生产经营场所和员工宿舍未设符合紧急疏散需要、标志明显、保持畅通的出口。

(3)违法设置危险化学品专用仓库。违反《危险化学品安全管理条例》第 26 条规定,生产场所内的危险化学品专用仓库不符合国家标准、行业标准的要求,未设置明显的标志。

(4)未设置安全设施、设备。违反《危险化学品安全管理条例》第 20 条规定,未根据其生产、

储存的危险化学品种类和危险特性,在作业场所设置相应安全设施、设备。

(5) 作业人员个体防护缺失。违反《安全生产法》(2014 版)第 42 条规定,未为从业人员提供符合安全标准的劳动防护用品。

(6) 警示标志缺失。违反《安全生产法》(2014 版)第 32 条规定,未在有较大危险因素的生产场所和有关设施、设备上设置明显的安全警示标志。

(7) 是应急预案和应急物资欠缺,不具备救援能力。违反《安全生产法》(2014 版)第 78 条规定,未制订危险化学品事故应急预案,未定期组织应急救援演练;同时违反《生产安全事故应急条例》第 13 条第 2 款规定,未配备必要的应急救援器材、设备。

3. 安全管理混乱

(1) 未设置安全管理机构。违反《安全生产法》(2014 版)第 21 条规定,未设置安全生产管理机构,且未配备安全生产管理人员;同时违反《安全生产法》(2014 版)第 36 条规定,未建立专门的安全管理制度,未采取可靠的安全措施。

(2) 主要负责人不履职。违反《安全生产法》(2014 版)第 18 条规定,未建立健全并落实本单位全员安全生产责任制;未组织制订并实施本单位安全生产规章制度和操作规程;未组织制订并实施本单位安全生产教育和培训计划;未督促、检查本单位的安全生产工作,及时消除生产安全事故隐患;未组织制订并实施本单位的生产安全事故应急救援预案。

(3) 未依法开展安全生产教育培训。违反《安全生产法》(2014 版)第 25 条规定,未对公司从业人员进行安全生产教育和培训,未如实告知有关的安全生产事项,未如实记录安全生产教育和培训情况;同时违反《安全生产法》(2014 版)第 41 条规定,未向从业人员如实告知作业场所和工作岗位存在的危险因素、防范措施以及事故应急措施;并《安全生产法》(2014 版)第 27 条规定,公司特种作业人员未经专门安全作业培训,未取得相应资格即上岗作业。

(4) 未开展风险隐患排查治理。违反《安全生产法》(2014 版)第 38 条规定,未建立事故隐患排查治理制度;同时违反《贵州省安全生产条例》第 20 条规定,未建立安全生产风险分级管控制度。

(5) 卸车作业严重违规。违反《危险货物道路运输安全管理办法》第 39 条规定和《危险化学品储罐区作业安全通则》等国家有关安全标准规定,卸车作业现场无监护人员,企业负责人、卸车人员不熟悉危险化学品理化特性,且卸车未在装卸管理人员的现场指挥或者监控下进行。

(二) 湖北三宁公司的问题

一是违反《化学品物理危险性鉴定与分类管理办法》第 8 条和第 17 条规定,未对生产、销售的甲酸甲酯混合液进行物理危险性鉴定,并根据鉴定结果编制化学品安全技术说明书和安全标签。

二是违反《安全生产法》(2014版)第36条规定和《危险化学品安全管理条例》第33条规定,未取得危险化学品经营许可证或危险化学品安全生产许可证经营甲酸甲酯混合液(危险化学品)。

(三)重庆任文公司的问题

一是违反《危险化学品安全管理条例》第37条规定,向未经许可经营危险化学品的湖北三宁公司采购甲酸甲酯混合液。

二是违反《危险化学品安全管理条例》第63条规定,未向承运人(湖北潜润公司)说明甲酸甲酯混合液的危险特性,以及发生危险情况的应急处置措施。

(四)湖北潜润公司的问题

一是违反《危险货物道路运输安全管理办法》(交通运输部令2019年第29号)第23条规定,鄂N08550—鄂N0889挂运输罐车未按照移动式压力容器使用登记证上限定的介质范围承运危险货物(登记运输证范围为液化石油气)。

二是违反《危险化学品安全管理条例》第45条规定,鄂N08550—鄂N0889挂运输罐车未根据承运的危险化学品危险特性采取相应的安全防护措施,未配备必要的防护用品和应急救援器材。

三是违反《危险货物道路运输安全管理办法》(交通运输部令2019年第29号)第24条和第44条第2款规定,鄂N08550—鄂N0889挂运输罐车未随车携带危险货物运单、安全卡。

四、对事故有关单位及责任人的处理建议

(一)不追究刑事责任人员

张某,男,贵州三强公司非法生产、储存危险化学品作业场所实际控制人,对事故发生负有直接责任。因涉嫌犯罪,且在事故中死亡,根据《刑事诉讼法》第16条规定,不追究刑事责任。

李某某,男,贵州三强公司销售人员,对事故发生负有直接责任。因涉嫌犯罪,且在事故中死亡,根据《刑事诉讼法》第16条规定,不追究刑事责任。

刘某某,男,湖北潜润公司员工,对事故发生负有直接责任。因涉嫌犯罪,且在事故中死亡,根据《刑事诉讼法》第16条规定,不追究刑事责任。

张某某,男,湖北潜润公司安排运输的从业人员,对事故发生负有直接责任。因涉嫌犯罪,且在事故中死亡,根据《刑事诉讼法》第16条规定,不追究刑事责任。

（二）移交公安机关人员

黄某某，男，贵州三强公司法定代表人，对事故发生负有责任。因涉嫌犯罪，已移交司法机关依法处理。

王某，男，湖北潜润公司管理者代表，对事故发生负有责任。因涉嫌犯罪，建议将其移交司法机关依法处理。

吴某某，男，重庆任文公司监事（实际控制人），对事故发生负有责任。因涉嫌犯罪，建议将其移交司法机关依法处理。

张某某，男，湖北三宁公司销售公司乙二醇销售部部长，对事故发生负有责任。因涉嫌犯罪，建议将其移交司法机关依法处理。

毛某某，男，湖北三宁公司副总经理兼销售公司经理，对事故发生负有责任。因涉嫌犯罪，建议将其移交司法机关依法处理，并通知其所在党组织依照党规党纪作出相应问责处理。

（三）有关单位和监察对象

根据《关于在生产安全责任事故追责问责审查调查中加强协作配合的指导意见（试行）》要求，对事故调查中发现的有关单位和监察对象的问题线索及相关材料已移送省纪委、省监委；对监察对象的党政纪处分和有关单位的处理意见，由省纪委省监委提出；涉嫌犯罪人员，由省纪委、省监委移交司法机关处理。

（四）责任企业及有关责任人员的行政处罚

贵州三强公司非法生产、储存危险化学品，生产、储存作业场所不具备安全生产基本条件，安全管理混乱等，对事故发生负有责任；其主要负责人黄某某为公司安全生产第一责任人，对事故发生负有责任，建议给予行政处罚。

根据《安全生产法》（2014版）第109条规定和《生产安全事故罚款处罚规定（试行）》第15条规定，建议依法依规对贵州三强公司给予行政处罚。

根据《生产安全事故罚款处罚规定（试行）》第18条规定，建议依法依规对贵州三强公司主要负责人黄某某给予行政处罚。

根据《生产安全事故报告和调查处理条例》第40条规定，建议依法依规吊销贵州三强公司《营业执照》《危险化学品经营许可证》，撤销主要负责人黄某某《安全资格证》。

建议依法取缔贵州三强公司的非法生产、储存危险化学品场所。

湖北三宁公司未对生产、销售的甲酸甲酯混合液进行物理危险性鉴定，未经许可经营甲酸甲酯混合液等，对事故发生负有责任。其主要负责人李某某为公司安全生产第一责任人，对事故发生负有责任，建议给予行政处罚。

根据《安全生产法》（2014版）第109条规定和《生产安全事故罚款处罚规定（试行）》第15条规定，建议依法依规对湖北三宁公司给予行政处罚。

根据《生产安全事故罚款处罚规定（试行）》第18条规定，建议依法依规对湖北三宁公司主要负责人李某某给予行政处罚。

重庆任文公司向未经许可经营危险化学品的企业采购甲酸甲酯混合液，但未将托运的甲酸甲酯混合液的危险性向承运人说明等，对事故发生负有责任；其主要负责人李某为公司安全生产第一责任人员，对事故发生负有责任，建议给予行政处罚。

根据《安全生产法》（2014版）第109条规定和《生产安全事故罚款处罚规定（试行）》第15条规定，建议依法依规对重庆任文公司给予行政处罚。

根据《生产安全事故罚款处罚规定（试行）》第18条规定，建议依法依规对重庆任文公司主要负责人李某给予行政处罚。

湖北潜润公司对危险货物运输罐车未按照移动式压力容器使用登记证上限定的介质范围承运危险货物，未根据承运的危险化学品危险特性采取相应的安全防护措施，且未配备必要的防护用品和应急救援器材等，对事故发生负有责任；其主要负责人徐某某为公司安全生产第一责任人员，对事故发生负有责任，建议给予行政处罚。

根据《安全生产法》（2014版）第109条规定和《生产安全事故罚款处罚规定（试行）》第15条规定，建议依法依规对湖北潜润公司给予行政处罚。

根据《生产安全事故罚款处罚规定（试行）》第18条规定，建议依法依规对湖北潜润公司主要负责人徐某某给予行政处罚。

五、事故防范及整改措施建议

（一）强化安全生产红线意识和底线思维

贵阳市政府和贵阳经开区要深入贯彻落实习近平总书记关于安全生产重要论述及视察贵州重要讲话精神，自觉提高政治站位，增强政治敏锐性，牢固树立人民至上、生命至上的理念，坚守"发展决不能以牺牲人的生命为代价"这条红线，坚决落实党中央、国务院和省委、省政府关于安全生产工作的各项决策部署，统筹好发展和安全两件大事，全力防范化解重大安全风险，确保人民群众生命财产安全，以实际行动和实际效果做到"两个维护"；各级党政领导干部要自觉强化使命担当，严格落实"党政同责、一岗双责、齐抓共管、失职追责"和"管行业必须管安全、管业务必须管安全、管生产经营必须管安全"的要求，厘清监管事权，加强管控，消除监管盲区，确保属地政府领导责任、部门监管责任和企业主体责任落实到位。要深刻吸取事故教训，进一步理顺开发区行政管理体制，加强对街道、村（社区）安全生产工作的指导督促，定期分析面临的突出安全风险研究部署对策措施，强化安全综合监管队伍建设，提升安全监管保障,健全安全生产考核巡查机制,督促推动各级政府和有关部门守土有责、守土尽责,牢牢守住安全底线。

(二)切实加大"打非治违"工作力度

贵阳市和贵阳经开区要按照《中共中央办公厅、国务院办公厅关于全面加强危险化学品安全生产工作的意见》《国务院关于进一步加强企业安全生产工作的通知》《国务院安委会关于非法违法"小化工"专项整治方案》《贵州省非法违法"小化工"专项整治实施方案》要求,严格落实属地政府和乡镇(街道)、村(社区)责任,强化部门间"打非治违"协同联动,加强对公众非法违法危害性的宣传教育,加大举报奖励力度,构建非法违法"小化工"专项整治长效机制,做好危险化学品生产、储存、使用、经营、运输、废弃处置等各环节的安全监管;贵阳市交通运输部门要针对此次事故暴露出的问题,研究和加强外省过境、入境危险货物运输车辆的监督管理,强化全过程动态监管。

(三)加强各类开发区安全监管能力建设

贵阳市要从政策、经费、人员、培训等方面,强化安全监管机构建设,配齐配强安全监管队伍,充实基层专业监管力量,严防安全监管力量层层弱化,确保监管责任不悬空,监管工作不断档;要进一步总结分析辖区内各类开发区近年来生产安全事故教训,针对安全监管机制不健全的短板,从市级层面做好对各类开发区安全生产工作的指导督促。特别是对地域交叉、管理重叠、职责边界不清的区域,要协调好各类开发区与相关县(区)在公共服务和安全监管方面的职责权限,确保权责明晰,衔接畅通。要加强对各类开发区安全生产的考核巡查,督促开发区切实将安全生产作为重要工作来抓。贵阳经开区要针对事故调查指出的安全生产存在的问题,切实加强安全生产工作,坚决防止类似事故再次发生。

(四)深入推进安全生产网格化监管

贵阳经开区要按照国务院安委会办公室和贵州省关于加强基层安全生产网格化监管的工作要求,整合利用好社会治理网格或其他既有资源,以村(居)民小组为基本网格,根据网格内生产经营单位性质、规模、危险性,合理配备网格员;并明确网格员岗位职责,按照"先培训后上岗"的原则,做好网格人员集中培训,确保网格人员会检查、会记录、会报告;同时合理确定网格员待遇保障,建立完善网格员考核机制,充分调动网格员工作积极性。

📖 **思考题**

从上述案例提供的材料来看,这次事件在应急处置方面有哪些主要经验?

第十六章 贵州公共卫生应急处置事件

第一节 某县小学 A（H1N1）型流感暴发疫情[①]

一、基本情况

20××年3月20日18时,某县政府接该县第一小学保健老师电话报告,该校一(5)班有6名学生出现发热,就诊于某县医院,临床诊断为"疑似伤寒"病例,目前正住院治疗。为进一步核实、控制疫情,县应急、卫生、疾控部门于18时20分派流调人员、采样人员赶赴县医院和第一小学进行现场调查与标本采集,并于21日8时,再次到第一小学进行病例的主动搜索和现场处置,对该校3月14日(近一周)以来出现的发热病例11例采集了咽拭子开展流感检测,并采集了7份发热病例血清标本开展伤寒/副伤寒、痢疾等检测,采集学校食堂从业人员肛拭子7份开展伤寒/副伤寒、痢疾等细菌检测。21日22时30分,疾控实验室结果反馈:11份咽拭子8份为流感A型阳性,H1N1亚型阳性,3份全阴。其中,住院病例7人,6人阳性,居家隔离4人,2人阳性。

二、应急处置过程

按照《国家突发公共卫生事件相关信息报告管理工作规范》规定,此次疫情有6例病例为住院病例,判定为一起流感暴发疫情。县卫生部门立即向县政府提出定级请示报告,县政府同意批复后同时启动《某县突发公共卫生事件应急预案》。

一是处置措施。现场走访学校负责人,查看相关晨检记录及缺课登记,电话联系患儿家

[①] 资料来源:贵阳市南明区应急局提供。

长等,并填写相关督导和调查表。

二是调查结果。疫情发生地基本情况如下:某县第一小学位于某街道××号,全校共有教职工30人,学生1121人,班级26个。校内有由配餐公司承办的食堂1个,卫生状况良好,办有食品经营许可证,工作人员14人,均持有效健康证。食堂提供老师的早、中餐和学生的中餐,使用食堂统一提供的餐具,餐具为自行消毒(消毒柜和84消毒液),已由县疾控中心监测。师生日常饮用水为市政自来水,安装直饮水机9台,由饮水机公司负责每学期更换过滤网和消毒,师生自带饮水杯。学校有晨检、缺课登记,但记录不完整,学生因病追踪记录不全。学校教室通风条件良好,每天放学均用84消毒液消毒,有相应的消毒记录。

病例搜索:从学校的晨检及缺课登记核实,20××年3月14日—28日12时,按照病例定义,该校共出现流感样病例9例,罹患率为0.77%(9/1172)。

病例的三间分布:时间分布:发病时间3月18日2例,19日6例,21日1例,发病高峰集中在19日。人群分布:所有患者均为学生,男性3例,女性6例,男女构成比0.5:1;6岁2例,7岁7例。班级分布:病例分布在两个班级,占全校班级的7.69%,其中一(4)班1例,一(5)班8例,病例主要集中在一(5)班。学校26个班级分布在4个楼层,发病的2个班级均在一楼,两班相邻。

病例流行病学史:据流行病学调查,首例病例李某,女,7岁,就读于一(5)班,3月18日22时左右发病,临床表现为发热(38.6℃)、呕吐。19日8时就诊于县医院门诊,诊断为"沙门氏菌感染",于门诊输液治疗。20日18时左右发热反复(39.1℃),县医院将其收治入院。目前症状缓解,已无发热。经调查,患儿发病前7天无外出史,未发现明显接触史。8例流感样病例临床表现主要为发热9人,咳嗽3人,呕吐5人,腹痛腹泻4人。

病例救治结果:8例病例在县医院住院治疗,1例居家隔离治疗。截至28日12时,所有住院病例出院,9例病例均已痊愈。

实验室结果:咽拭子:疾控实验室结果,8例均为流感A型阳性,H1N1亚型阳性。肥达反应:住院的6例在县医院进行了肥达反应,发现3例伤寒杆菌抗体O凝集价1:160,H凝集价1:80,甲、乙、丙型伤寒抗体全阴。大便/肛拭子:住院的6例在县医院进行了肠道病毒检测,结果均为阴性;疾控部门采集了学校食堂从业人员肛拭子7份开展伤寒/副伤寒、痢疾等细菌检测,结果全阴。血清:采集了7例病例血清进行细菌培养,结果全阴。饮水、食品:19日学校留样共5份,洋芋盐菜汤、白菜炒鸡蛋、青椒肉片、魔芋烧排骨、米饭各100克;20日学校留样共3份,盐菜脆哨肉末炒饭、酸豇豆肉末、老南瓜汤各100克。学校一楼两个直饮水点各采集一冷、一热两瓶直饮水共4个水样,所有结果均为阴性。

疫情性质及响应:疫情性质,通过病例的临床表现和疾控实验室咽拭子标本诊断结果,此次疫情一周内累计病例8例,其中住院病例6例,判定为一起A(H1N1)型流感暴发疫情。疫情响应终止:末例病例发病时间为3月21日,按照流行性感冒一个最长潜伏期7天,截至27日24时,无新发流感样病例,流行终止。该县于28日终止突发公共卫生事件应急响应,防控工作转为常态。

三、善后处置措施

一是学校加强对现症患儿的管理,按要求居家或住院隔离治疗,所有病例退热后48小时方可返校上课。

二是加强食堂卫生和管理,近期不做凉菜;暂停学校直饮水,师生饮用水改为某品牌桶装水。

三是学校加强晨检工作,增设午检,并认真作好登记;完善因病缺课登记和患病学生的及时追踪,尽早发现病人,特别密切关注已发现病例的班级,有新发病例要及时上报。为此,县疾控部门对全校保健老师和班主任开展了晨、午检工作培训。

四是加强消毒和通风。县疾控部门、教育部门对学校保健老师和相关人员进行日常消毒指导,并与校方委托的消杀公司进行沟通,安排专人每天早晚对教室、办公室、食堂、活动室等封闭的公共场所,采用含氯消毒剂进行消毒,患者污染物、用具用煮沸或暴晒法消毒,也可用"84"消毒液以1:150比例进行擦拭消毒。教育部门要每日派人进行现场监督,加强教室、办公室等公共场所的通风,并提倡学生下课后多到户外运动。

五是加强健康教育。学校应利用健康教育课和校广播加强流感、伤寒/副伤寒、流行性腮腺炎、水痘等常见传染病防控知识宣传,教育和培养学生良好卫生习惯,消除学生恐慌心理,保持良好的个人卫生状况,同时加大健康教育宣传力度,指导师生和学生家长养成良好的卫生习惯,并作好思想沟通,避免引起不必要的恐慌。

六是相对限制有病例班级学生的活动范围,避免与其他班级接触(可采取分时段就餐、上学、放学,不做课间操等措施),减少传染病的交叉感染。

📖 思考题

从上述案例提供的材料来看,这次事件在应急处置过程中重点需要注意哪些事项?

第二节　贵阳市南明区永乐乡水塘小学水痘暴发疫情[①]

一、基本情况

2021年4月4日16时，南明区疾控中心疫情管理人员在传染病疫情信息系统监测到永乐乡水塘小学报告5例水痘病例，并立即派员前往现场处置，截至当日17时，该校共发生水痘病例5例。从5—7日，该校新增水痘病例8例，截至7日14时30分，累计病例13例。根据《贵州省传染病事件报告与处置暂行规定（修订版）》规定，一周内同一集体单位发现10例水痘病例，达到国家突发公共卫生事件相关信息报告标准，判定为一起"水痘暴发疫情"。

二、处置过程

南明区疾控中心于4月7日14时48分向南明区卫健局报告，卫健局将其定为"一般突发公共卫生事件（Ⅳ级）"，同时启动《南明区突发公共卫生事件应急预案》，召开现场防控工作会议，制订相关防控措施。南明区立即组织相关工作人员通过现场查看水塘小学2021年3月14日以来的晨检和因病缺勤登记本，走访学校周边医疗机构，查看中国疾病预防控制信息系统，并打电话对因病缺勤学生家长进行调查等方式开展病例搜索。同时，立即组织对水塘小学水痘疫苗接种率进行调查，发现学生水痘疫苗接种率较低，随后立即组织相关人员给学生后续补种。

9日，水塘小学停课并组织全面消杀。

26日，水塘小学疫苗接种率达90.58%，全校复课。

通过诊断，所有病例均为轻症病例，无重症和住院病例。截至5月10日，所有病例全部痊愈返校。

5月11日南明区终止突发公共卫生事件应急响应，防控工作转为常态。

📖 思考题

从上述案例提供的材料来看，如何才能有效避免此类事件的发生？

[①] 资料来源：贵阳市人民政府办公室提供。

第三节　毕节市非洲猪瘟疫情的果断处置[①][②]

非洲猪瘟是生猪养殖业的"头号杀手",防控难度大,主要通过接触感染生猪或污染物等传播。疫情发生后只能采取封锁、扑杀等措施,一旦扩散,将可能对生猪产业造成巨大损失。

贵州首次发现非洲猪瘟疫情后,农业农村部立即派出督导组赶赴当地。当地已按照要求启动应急响应机制,采取封锁、扑杀、无害化处理、消毒等处置措施,对全部病死和扑杀生猪进行无害化处理。同时,禁止所有生猪及其产品调出封锁区,禁止生猪运入封锁区。

一、基本情况

2018年10月25日11时,农业农村部接到中国动物疫病预防控制中心报告,贵州省动物疫病预防控制中心送检样品经中国动物卫生与流行病学中心(国家外来动物疫病研究中心)确诊为非洲猪瘟。阳性样品来自贵州省毕节市赫章县一养殖户,该养殖户存栏生猪10头,发病8头,死亡8头。

二、处置过程

贵州省委、省政府主要领导高度重视,多次作出重要指示:要求各地各有关部门全面排查,果断处置,严密监测,坚决防止疫情蔓延;要求毕节等市、州迅速行动,采取有效措施,努力把损失降到最低,影响降到最小;要求农业、交通、工商、食药监、住建、林业、公安等有关部门密切配合,主动作为,形成联防联控的强大合力;要求各地政府对辖区内的防控工作负总责,一旦发现疫情,迅速启动应急响应,在最短时间内消除疫点。同时,要求妥善做好疫情的舆情引导工作,确保社会大局稳定。按照省委、省政府的安排部署,省政府办公厅连续下发两个明传电报,要求各地各部门充分认识当前非洲猪瘟疫情的严峻性、危害的严重性和防控的艰巨性,进一步增强责任感、紧迫感,务求严防死守,力争拔点根除,不让疫情定殖;同时成立了省非洲猪瘟防控应急指挥部,办公室设在省农委。

[①]《贵州启动非洲猪瘟疫情Ⅰ级响应,全面排查果断处置严防蔓延》,贵阳网。https://baijiahao.baidu.com
[②]《农业农村部:贵州首例非洲猪瘟疫情已得到有效处置》,中国财经网。https://finance.china.com.cn/news/20181025/4791380.shtml

三、强化措施

为进一步做好疫情防控工作，10月25日起，全省启动非洲猪瘟疫情Ⅰ级响应，压实防控责任，强化措施落地。

一是全面加强排查监测。对重点地区、关键环节和不明原因死亡生猪加大监测力度，做到"县不漏场，村不漏户，户不漏猪"，要求突出养殖场、屠宰场、交易市场、无害化处理场、生猪饲料生产企业以及疫情发生地相邻地区，发现异常情况要第一时间报告，第一时间处置。

二是迅速坚决扑灭疫情。各地要加强组织领导，完善应急指挥机构，确保指挥有效，响应及时，行动迅速有力。一旦发现疫情，应急处置工作务必坚决、迅速、全面，切实抓好封锁、扑杀、消毒、无害化处理等工作，力争在最短时间内彻底拔除疫情点。

三是强化生猪调运监管。各地要立即关闭所有生猪交易市场，暂停生猪跨省外调。同时，暂停疫情发生地所在市（州）的生猪及其产品跨市（州）调出，暂停疫情发生县的生猪及其产品跨县调出；要切实加强动物检疫监管，加大调运监督检查，建立完善活畜禽承运车辆备案管理制度，坚决消除运输传播疫情的风险。

四是严格疫情报告制度。对发现非洲猪瘟疫情后不报告、不按程序报告、报告不及时或处置不力造成疫情扩散的，一经发现，坚决严肃查处问责，决不姑息手软；同时加强疫情监测和应急值守，建立日报告制度、24小时领导带班和专人值守制度，有事报事，无事报平安。

五是严格餐厨剩余物全链条监管。从已发生的疫情看，泔水等餐厨剩余物喂猪是非洲猪瘟传播的重要途径，各地各有关部门要切实加强餐厨剩余物监管，严禁餐厨剩余物喂猪，阻止疫情通过餐厨剩余物传播。

📖 思考题

从上述案例提供的材料来看，在此类事件的处置中应采取的最主要的措施是什么？

第十七章　贵州社会安全应急处置事件

第一节　遵义市汇川区上海路"2·7"交通事故[①]

2023年2月7日22时24分许，汇川区上海路同济小学同德校区大门路段发生一起道路交通事故，造成1人死亡。

为尽快查明事故原因和性质，划分事故责任，提出整改和防范措施，根据《安全生产法》和《生产安全事故报告和调查处理条例》（国务院令第493号）等法律法规规定，汇川区人民政府成立了区应急局牵头，市公安交通管理局城市交警二大队、区综合行政执法局、区总工会、区公安分局、区交通局等有关单位人员组成的事故调查组，对该起事故进行调查。事故调查组坚持"科学严谨、依法依规、实事求是、注重实效"和"四不放过"的原则，通过现场勘查、调查取证、技术认定、综合分析，并结合交警部门车辆鉴定报告、现场勘验情况，查清了事故的经过、原因、人员伤亡情况，认定了事故性质和责任。现将调查情况报告如下：

一、事故基本情况

事故时间：2023年2月7日22时24分。

事故地点：汇川区上海路同济小学同德校区路段。

事故类别：交通事故。

（一）事故车辆及驾驶人基本情况

1. 事故车辆：贵CD6××38；品牌型号：北京牌BJ7×××C5DE－BEV；车辆类型：小

[①]《遵义市汇川区上海路"2·7"交通事故调查报告》，遵义市汇川区人民政务（zyhc.gov.cn）。https://www.zyhc.gov.cn/zfbm/qyjglj/zfxxgk_5736395/fdzdgknr_5736398/aqsc_5737683/202305/t20230526_79909191.html

型轿车；车架号：LNBSCC4H7MD××××00；使用性质：出租客运；承保公司：中国太平洋财产保险有限公司遵义中心支公司；保险单号：6530××××××××8385；车辆所有人：穆某彬；车辆挂靠公司：遵义市新征程交通运输有限公司；法人代表：蔡某发；统一社会信用代码：91×××××××××××578Y1（1—1）。经陕西西安金华机动车物证司法鉴定所鉴定意见：贵CD6××38号"北京"牌小型轿车制动、转向系统安全技术状况符合GB7258－2017的要求；照明信号系统除事故造成相关部件损坏外，其余灯具都能有效点亮，安全技术状况符合GB7258－2017的要求；贵CD6××38号小型轿车在事发时的速度为62 km/h。

事故发生时，贵CD6××38号出租车系空载驾驶，未载运乘客。

2. 事故车辆：无号牌电动二轮车，品牌型号台铃牌TL1×××DT－73；车架号：LGMDVPKB3MOV5×××2，承保公司：无；车辆所有人：赵某。经陕西西安金华机动车物证司法鉴定所鉴定意见：无号牌"台铃"牌电动二轮车属于机动车范畴，车辆类型为两轮普通摩托车；无号牌"台铃"牌电动二轮车在静止状态下制动、转向系统齐全，除事故造成相关部件损坏以外，其余部件连接未见异常，安全技术状况符合GB7258－2017的要求。

3. 事故车辆：贵F1×××4；品牌型号：帕菲特牌PFT5×××TQZP5；车架号：LVBV4PBC4K W××××53；车辆类型：中型非载货专项作业车；使用性质：非营运；承保公司：中国太平洋财产保险股份有限公司贵州分公司；保险单号：AGYA958CTP22B×××××1U；车辆所有人：毕节七星关迅达汽车道路救援部；法人代表：邵某成；统一社会信用代码：92××××××MA6EWA0J8R。

4. 驾驶人：吴某贵；贵CD6××38号出租车驾驶人；身份证号：522××××××701×；持C1型机动车驾驶证，档案编号：52×××××39；户籍地址：贵州省遵义市红花岗区金鼎山镇××村××组××号；现住址：贵州省遵义市汇川区××路××花园×栋×－×。遵义市公安司法鉴定中心的酒精检测报告书证实：吴某贵系醉酒后驾驶机动车（酒精含量：135.05 mg/100 mL）。

5. 驾驶人：曹某奎；贵F19314号中型非载货专项作业车驾驶人；身份证号：522×××××××××××2736；持B2型机动车驾驶证；档案编号：52×××××××78；户籍地址：贵州省毕节市七星关区××镇××村××组××号；现住址：贵州省毕节市七星关区××栋××－×。

6. 驾驶人：赵某；无号牌电动二轮车驾驶人即死者；身份证号：522××××××××××123×，无有效机动车驾驶证；户籍地址：贵州省正安县××镇××村××组；现住址：贵州省正安县××镇××村××组。贵州通鉴司法鉴定司法鉴定意见书证实：赵某系交通事故致胸腹部、颅脑损伤死亡。

(二)道路情况

现场位于汇川区上海路同济小学同德小区大门路段,行车方向右转进入同济小学同德校区,双向六车道设计,道路中间有中央隔离护栏,道路下行往汇川区高桥方向,上行往汇川区澳门路方向,沥青路面、路面完好、潮湿。

(三)天气情况

事故发生时天气是小雨。

二、事故发生经过及应急救援处置情况

(一)事故经过

2023年2月7日18时许,贵CDCD6××38号出租车驾驶人吴某贵在朋友胡某某处吃饭,吃饭时喝了约100 mL白酒,21点过,吴某贵接信息说家里面奶奶身体不好,遂驾驶贵CDCD6××38号出租车从红花岗区东联线圣城华府小区出发,经石佛路、珍珠路、中华路、澳门路到上海路(其间未载运乘客),22时24分,当车行驶到汇川区上海路同济小学同德校区大门路段时,该车右前部与同向行驶的由赵某驾驶的无号牌二轮电动车相撞,后赵某驾驶的二轮电动车又与曹某奎驾驶的发生事故后停驶在该路段右侧的车牌为贵F1×××4号中型载货汽车左后侧相撞,致三车局部受损,赵某受伤的交通事故,事故发生后吴某贵弃车离开事故现场。后赵某经遵义市第一人民医院医治无效于当日死亡。

(二)事故救援和善后处理情况

事故发生后,驾驶员吴某贵拨打120急救电话后弃车离开事故现场,并关闭自己的手机。后于2月8日2时10分左右自行到遵义市交管局城市交警二大队进行呼气式酒精检测(126 mg/100 mL),二大队民警遂将吴某贵带往贵州航天医院抽血送检(135.05 mg/100 mL)。

三、事故伤亡人数及直接经济损失

本次事故造成1人死亡,直接经济损失110万元。

四、事故原因及性质

(一)直接原因

驾驶人吴某贵驾驶机动车上路超速行驶且行驶时与电动二轮车相撞是导致本次事故发

生的直接原因。

（二）间接原因

1. 驾驶人吴某贵安全意识淡薄，醉酒驾车且肇事后弃车离开事故现场。
2. 驾驶人吴某贵违反道路交通法律法规，在车辆行驶过程中使用手持电话。

（三）责任认定

根据遵义市公安交通管理局城市交通警察二大队《道路交通事故认定书》（第520303120230000010号），驾驶人吴某贵的过错行为在本次交通事故中起全部作用，认定吴某贵承担本次事故的全部责任。

（四）事故性质

通过对事故直接原因、间接原因进行综合分析，一是根据公安机关提供的视频资料显示，驾驶人自出车之时起，一直不停的在拨打电话，至事故发生时，未载运乘客，未进行生产经营活动，驾驶人吴某贵驾驶贵CD6××38号出租车系回家探望生病的奶奶；二是吴某贵醉酒后驾驶贵CD6××38号出租车，且肇事后弃车逃逸，涉嫌危险驾驶罪，属公共安全范畴；三是该事故属于刑事案件，不是安全生产法调整的范围。综上所述，该起事故不属于生产安全类的道路交通事故。

五、处理建议

吴某贵，贵CD6××38号出租车驾驶人，涉嫌危险驾驶罪，承担本次事故的全部责任。建议移送司法机关进行处理。

六、防范措施

1. 遵义市新征程交通运输有限公司要加强驾驶人的安全教育培训，提高驾驶人的安全意识、法制意识。
2. 区交通运输局要加强辖区出租车公司的检查督查力度，督促企业对驾驶人的管理、教育、培训。
3. 城市交警二大队要加强对路面的巡查管控，严厉打击酒驾、醉驾等违法犯罪行为，严防道路交通事故发生。

📖 思考题

从上述案例来看，我们应从哪些方面落实预防社会安全事故的发生？

第二节 黔西南州贞丰县"5·23"自用船舶翻沉事故[①]

2019年5月23日17时50分许,黔西南州贞丰县鲁容乡江育村坝岩组村民蒙玉开驾驶"黔西南自6030号"乡镇自用船,从贞丰县鲁容乡板绕村坝油组开往望谟县乐元镇途中发生翻沉,造成13人死亡,直接经济损失576万余元。

一、事故基本情况

(一)船舶基本情况

事故船舶船名为"黔西南自6030",船舶所有人为蒙玉开,2013年10月4日建成,船舶种类为乡镇自用船,船体材料为钢质,船舶总长10.80米,船宽1.75米,型深0.63米,空船吃水0.23米,主机功率45.6千瓦,核定载乘人员5人(含驾驶人员),总吨位3吨。《船舶所有权证书》登记号Z410617000002,编号IIB0042512,有效期至2022年02月23日;《船舶检验证书》登记号2015S5560001,有效期至2019年05月30日,证书上标明"本船为乡镇自用船,只能用于农业生产或日常生活自用"。该船舶货舱前空舱底开有通江流水孔15个,通江孔内有4至7个0.5厘米小孔,首尖舱内有0.45米圆锥型抄网1具。限制航行于鲁容乡及附近水域。

(二)船员情况

蒙玉开,男,布依族,持有适任证书和内河船舶船员特殊培训合格证,适任证书签发日期2017年5月17日,有效日期2022年5月17日,证书限制适用于300总吨以下内河船舶以及150千瓦以下内河拖轮,航线为龙滩库区。内河船舶船员特殊培训合格证适用范围内河,培训项目为客船培训,有效期至2020年6月3日。以上证书均符合"黔西南自6030"船舶准驾要求。

[①]《关于拟核销黔西南州贞丰县"5·23"自用船舶翻沉事故的公示》,贵州省人民政府网。http://www.guizhou.gov.cn

（三）航道及天气情况

事故航段为贞丰县北盘江坝油滩，丰水期为四级航道。事故航段属于弯曲、狭窄、险滩天然河流航道，航道在坝油滩处形成急流水和不良水势，乘船人员上船处有回流。据水文气象情况报告测算，事故时该河道事故断面流量为 410 立方米/秒，事故河段水面宽 86.1 米，最大水深 4.65 米，平均水深 2.36 米。气温 32.1 度，湿度 44%。事发当天，天气晴朗多云，能见度良好，风力 1 至 2 级。

据调查，事发时坝油滩水域无过往船舶航行，可排除其他船舶干扰可能。

（四）事故经过

贞丰县鲁容乡板绕村暗赖组韦廷用的父亲去世，定于 2019 年 5 月 23 日堂祭，按照当地布依族少数民族风俗习惯，老人去世后子女要邀约亲友前往祭奠。

22 日下午，韦廷用联系其堂兄韦廷刚的亲戚蒙玉开，请蒙玉开 23 日帮忙接送其在望谟县石屯镇、乐元镇的亲戚乘船过江来参加堂祭。鉴于与死者家属是亲戚且本身就要去帮忙办理丧事，蒙玉开于是答应帮忙接送其亲戚。按照当地习俗，待去世老人安葬后，主人家一般会给用车、船或其他工具前来帮忙的人员送一些酒和肉去表示感谢，并适当"帮补"一些油料损耗费。韦廷用表示，他准备待其父亲安葬后，也给蒙玉开送一点酒和肉，并"帮补"300 元油料费（酒肉和 300 元实际没有给付），蒙玉开对"帮补"多少钱的事宜并不知情。

23 日 9 时，蒙玉开驾驶自用的"黔西南自 6030 号"乡镇自用船，从望谟县乐元镇大田村场坝渡口将奔丧亲友分 6 次送到韦廷用家参加堂祭。

16 时 20 分许，蒙玉开将望谟前来堂祭的人员从贞丰县鲁容乡板绕村坝油滩送返，第一趟送 12 人到望谟县后返回继续送人。17 时 50 分许，蒙玉开操纵船艉顶岸，准备第二趟搭载参加堂祭亲友返回望谟，上了 10 余人后，蒙玉开要求其他人员不要继续上船，待其返回再次搭载。但由于快要天黑且参加堂祭人员多数饮酒，不听招呼，最后实际搭载了 29 人（含船员），待船艇艉甲板站满乘船人员后（大部分人员站立在船首甲板），蒙玉开挂倒车离岸，向左舷掉头驶离，船舶右舷受回流水冲压进水，船舶横向摇摆，船舱大量进水，蒙玉开使用进车时，发现进车无效，船艏下沉，船艉翘离水面，船舶失去动力、浮力和稳性，随即船舶向右舷侧翻，顺水漂流至下游约 269 米处沉没，船上 29 人全部落水，其中 13 人死亡，16 人获救（经贞丰县人民医院检查，均未受伤）。

二、应急处置情况

18 时 39 分，贞丰县政府办公室接鲁容乡政府电话报称"鲁容乡板绕村坝油河段发生翻船事故"，接报后，贞丰县委、县政府领导立即带领县级有关部门赶赴现场进行先期处置，并同时报告黔西南州政府总值班室。黔西南州政府接报后,立即启动应急响应,黔西南州委书记、州长第一时间率州领导和州直相关部门负责人赶赴现场,成立应急救援指挥部。由州长担任总指挥长,常务副州长××担任副总指挥长,其他相关州领导担任副指挥长和成员,指挥部下设10个工作组,分别为综合协调组、现场施救组、人员核实及秩序维护组、医疗救治组、水文气象监测组、善后处置组、舆情管理和信息报送组、事件调查组、维稳工作组、后勤保障组。贵州省委常委、常务副省长×××以及副省长×××等省领导紧急率省应急、公安、交通、消防等部门赶赴事故现场指挥事故救援工作。同时,省应急管理部、公安部、交通运输部分别派员赶赴事故现场指导应急救援和应急处置工作。

搜救队伍主要由省州消防救援总队、省防汛抗旱应急抢险总队、贵州蓝天救援队、贵州广电救援队、武警黔西南州支队、黔西南州海事救援队、黔西南州应急救援中心矿山救护队等组成,同时,各级公安、应急、消防、武警、海事、卫健、民政、交通、供电、通信等部门和贞丰县、望谟县委、县政府及乡镇、村党政干部共3000余人参加抢险救援,共出动指挥车1辆,救援车280辆次,潜水设备14套,供电设备6套,橡皮艇7艘,水下机器人3套装,24名潜水员,广电网络维修车3辆、保障设备8台,视讯综合交换系统1套,光纤熔接机1套,应急光纤盘2组,冲锋舟2艘,救生衣150套,无人机8架,水下通信设备1套。

24日清晨5时30分,现场指挥部派出3个水面、3个水下、4个空中搜救小组,共计162名救援队员(其中24名潜水员)开展搜救工作,并安排公安干警和干部职工进村入户核查遇难人员身份。15时许,搜救队伍将搜寻范围扩大至事发地下游40余千米,并对重点河段进行反复搜寻。26日凌晨,最后1名失联人员遗体在距事发地40余千米处的望谟县乐元镇里尚村里同组水域被搜寻到,经公安机关确认后,事故搜救工作结束。

贞丰县、望谟县成立联合善后工作组,分别由两县县委书记任组长,派出17个进村入户工作小组(每小组由1名县处级领导、2名公安民警、2名科级干部组成)与村支两委干部一起,对遇难、失联人员的家属开展面对面的善后安抚工作,清单式调查收集每个家庭的困难及诉求。当地党委政府坚持以人为本、救助弱者的原则,积极主动作为,从民政、司法、社会救助等部门多渠道筹集困难救助资金,州县两级人民法院参照人身损害赔偿标准提出救助建议,与遇难者家属全部达成救助协议并进行司法确认,每名遇难者家属领到约23万元的困难救助资金,确保遇难者家庭不因事故而返贫,不因事故影响同步小康。13名遇难者于6月25日全部安葬完毕,困难救助资金于7月2日全部发放到位,家属情绪稳定,生产生活正常。

三、责任追究

黔西南州对相关单位和人员开展了责任追究:

(一)对有关人员处理建议

对贞丰县鲁容乡板绕村治保主任黄生元、村委会副主任韦廷学、村主任韦廷川、村支书罗照文4名人员的处理,根据村民自治组织相关规定和村支两委干部管理权限,责成贞丰县委、县人民政府进行处理。

梁隆开,贞丰县地方海事处白层海事所所长。对海事所履行安全监管工作责任安排部署及督促落实不到位,给予政务记大过处分。

王心辽,鲁容乡安监站负责人,承担辖区内水上交通安全监督管理责任。督促村支两委执行"红白喜事"打招呼制度和落实群众安全工作不到位,对其给予政务警告处分。

肖映律,鲁容乡党委委员、副乡长,负责安全生产工作。对水上安全监管工作督促不到位,对其给予诫勉。

胡鲲,鲁容乡党委副书记、乡长,负责鲁容乡群众安全工作,对乡镇分管负责同志及相关部门督促指导不到位,对其给予诫勉。

张明富,贞丰县地方海事处副处长(分管白层海事所)。作为白层海事所辖区水上交通安全管理工作第一责任人,对白层海事所实施监督检查、管理教育、安全监管不到位,工作流于形式,对其给予政务记过处分。

岑绚国,贞丰县交通运输局党组成员、县地方海事处处长。对水上交通安全工作督促指导、管理教育不到位,对其给予诫勉。

(二)对有关单位处理建议

鲁容乡党委、乡政府。督促指导相关部门和村组落实监管责任不力,对辖区内群众安全工作存在重安排部署、轻督促落实的问题,责成其向贞丰县委、县政府作出深刻书面检查。

贞丰县海事处。作为通航水域水上交通安全的监管单位,对相关站所督促检查指导不到位,责成其向贞丰县政府作出深刻书面检查。

贞丰县委、县政府。督促指导相关部门和乡镇依法履行水上交通安全和农村涉众活动管理不到位,存在重安排部署、轻督促落实的情况,责成其分别向州委、州政府作出深刻书面检查。

由黔西南州政府约谈贞丰县政府和望谟县政府。

四、事故防范建议

为了深刻吸取教训,防范类似事故再次发生,提出以下建议:

(一)切实强化以人民为中心的思想

黔西南州各级各部门要深刻吸取本次自用船舶翻沉事故沉痛教训,认真贯彻落实习近平总书记以人民为中心的思想,贯彻落实党中央、国务院及省委、省政府领导关于农村、农民安全工作的系列要求,充分发挥基层各级各类组织的管理功能,建立县(市)、乡镇(街道办)、村(居委会)三级农村涉众活动安全责任制度,防范化解农村群众聚集活动风险;加强农村特别是边远少数民族农村集会、集贸、"红白喜事"等涉众活动安全管理,强化少数民族村民安全文明出行的引导和教育,进一步牢固树立以人民为中心的思想,采取切实有效措施,保障边远少数民族地区群众出行安全。

(二)全面开展水上交通安全大检查

黔西南州要立即开展全面系统的水上交通安全大排查大整治活动,加强对各类船舶的安全监管,进一步摸清底数,逐一登记造册,建立台账,实行清单化管理;各乡镇政府要加强对乡镇非运输船舶的监督管理,严厉打击超载、违法载人等行为;各级地方海事部门要加强对重点水域、水运企业和客渡运船舶的安全检查,督促企业落实安全生产主体责任,特别要加大对库区各类船舶的安全监管力度,依法查处"三无"船舶和各类非法违法违章运输行为并针对全县水域范围内船舶是否适航、船员是否适任、安全设施设备是否完善、安全管理责任是否有效落实开展全面系统的排查和整治。

(三)大力加强水上交通安全宣传教育

黔西南州各级各部门要进一步强化水上交通安全宣传教育,定期组织各类船员及经营者开展水上运输安全教育,大力宣传水上交通安全法律法规和安全常识;加强对沿河乡镇(街道)村民的水上出行安全宣传教育,引导村民不乘坐农用(自用)船舶和违法违规船舶,增强水上出行的安全意识。

(四)大力加强水上交通基础设施建设

黔西南州要加强边远临水临河交通不便地区水上交通基础设施建设,科学规划,投入资金补齐欠账,完善通航基础设施,增加水上运输工具,调度水上运力向偏远基层倾斜,加强码头、渡口、便民桥等基础设施建设力度,保障边远地区村民安全出行。

📖 思考题

从上述案例提供的材料来看,这次应急处置工作中有哪些做得好的地方?

第三节　余庆县"2·7"较大道路交通事故[①]

2021年2月7日10时45分许,余庆县G243国道松烟敖溪段发生一起较大道路交通事故,造成3人死亡,3人受伤,两车受损。事故调查组坚持"科学严谨、依法依规、实事求是、注重实效"和"四不放过"的原则,通过现场勘查、调查取证、技术认定、综合分析,查清了事故的经过、原因、人员伤亡和直接经济损失情况,认定了事故性质和责任,提出了对事故有关责任人员和责任单位的处理建议,以及事故防范和整改措施建议,指出了事故暴露出的突出问题和教训。

一、基本情况

事故时间：2021年2月7日10时45分。

事故地点：余庆县G243国道751km+600m处。

事故类别：道路交通。

事故等级：较大事故。

涉事车辆情况：

遵14·01853号系正三轮轻便摩托车,品牌型号万虎牌WH1000D0Z,电机型号137ZW-J6034030NA,车架号LW8NJDZ06GW000679,车辆颜色橙色,机动车所有人陈治忠,实际所有人张光贵。该正三轮轻便摩托车不符合相关标准,未在公安机关交通管理部门申请办理登记,未投保险。

经安徽中衡司法鉴定中心司法鉴定意见书(皖中衡司鉴〔2021〕痕迹鉴字第1113号)司法鉴定,遵14·01853号电动三轮车属于机动车范畴,其转向、制动系统符合GB7258-2017《机动车运行安全技术条件》的相关规定。

经调查,2016年8月8日,陈治忠在邓洪车行以旧换新购买了一辆电动三轮车,2018年前后陈治忠又将电动三轮车在松烟镇马光喜店铺(现已关闭)以旧换新购买了一辆新车。不久后,马光喜将该电动三轮车以1500元的价格卖给松烟村张光贵。

贵C79K89号小型汽车,品牌型号,大众汽车牌SVW71810BU,车辆识别代码LSVD76A42HN138099,发动机号码129926,机动车所有人郑丽红,初次登记日期2017年12月6

[①] 资料来源：遵义市应急管理局,http://yjj.zunyi.gov.cn/gzdt/gg/202105/t20210510_68038051.html

日,检验有效期至 2021 年 12 月 31 日,车辆颜色黑,保险公司中国人民财产保险股份有限公司,商业险保额 150 万。

经安徽中衡司法鉴定中心司法鉴定意见书(皖中衡司鉴〔2021〕痕迹鉴字第 1112 号)司法鉴定,贵 C79K89 号小型轿车安全性能(转向、制动系统)符合 GB7258-2017《机动车运行安全技术条件》的相关规定,事发时车速约 84 千米/每小时。

事故现场(地点)概况:事故现场位于 G243 国道 751 千米 +600 米(小地名:余庆县松烟镇梨子树)处,道路为 T 型交叉路口,南往敖溪镇方向,北往松烟镇方向,东往松烟中学方向(路口宽 50.10 米);西侧为居民住宅。现场无影响视线或行驶的障碍物,道路中心为虚线,无中央隔离设施,道路东侧防护设施为波形护栏。道路全宽为 9.18 米,沥青路面,路面完好、潮湿,视距 100.00 米。事故发生时天气为雨天。

二、事故发生经过和应急处置过程

(一)事故发生经过

2021 年 2 月 7 日 10 时 45 分许,张光贵驾驶遵 14·01853 号正三轮轻便摩托车(车上载有其妻倪仕群,儿张明波,儿媳王书梅,孙女张远欣,张艺婷)从余庆县松烟往敖溪方向行驶,当车行驶至 G243 国道 751 千米 +600 米处左转弯时,与从敖溪往松烟方向行驶的由郑丽红驾驶的贵 C79K89 号小型轿车相撞,造成张光贵、倪仕群、张明波、王书梅、张远欣、张艺婷受伤及两车受损的道路交通事故。伤者张光贵、倪仕群于当日 14 时 21 分经湄潭县人民医院抢救无效死亡,伤者张艺婷于 7 日 19 时 30 分经湄潭县人民医院抢救无效死亡。

(二)事故救援和善后处置情况

事故发生后,贵 C79K89 号小型汽车乘车人邬云强第一时间拨打了 120 急救电话和 110 报警电话。余庆县交警指挥中心接到事故报告后,立即指派当班民警赶赴现场,对事故现场进行先期处置,防止发生次生事故,到达事故现场后同 120 急救人员立即开展对伤者救治,并第一时间实施临时交通管控,实施事故现场勘查。松烟镇人民政府接到事故报告后,在家领导立即带领相关部门和人员赶往事故现场,同先期到达事故现场的交警部门开展伤者救治和现场维稳等工作。

余庆县人民政府接到事故报告后,在家领导立即指派公安、应急、卫生、工会、民政等部门人员赶赴事故现场,指挥、协调、调度事故应急救援和现场维稳工作,并成立了"2·07"事故处置领导小组,下设善后安抚组、医疗救治组、舆情管控组、后勤保障组、社会稳定组等积极开展伤者救治、死者家属安抚及善后处置工作。

遵义市人民政府高度重视,要求余庆县人民政府积极做好伤者救治,死者善后,并深刻吸取事故教训,举一反三,立即启动事故调查工作。

当日 14 时 5 分,事故现场勘查完毕,交通秩序恢复。

8 日,死者张光贵、倪仕群、张艺婷尸体全部火化。张艺婷于当日下葬,张光贵、倪仕群于 2 月 10 日下葬,当地社会稳定。

三、事故造成的人员伤亡和直接经济损失

经事故调查组调查,本次事故先后造成 3 人死亡、3 人受伤,直接经济损失预估 150 余万元。

四、事故直接原因和间接原因

（一）直接原因分析

张光贵驾驶无有效机动车驾驶证,驾驶未投保第三者责任强制保险的遵 14·01853 号正三轮轻便摩托车违法载人行驶,在驾驶过程中通过交叉路口转弯未让直行车辆先行从而造成交通事故,违反了《中华人民共和国道路交通安全法》第 17 条、第 19 条第一款及《中华人民共和国道路交通安全法实施条例》第 52 条（3）项之规定,张光贵的行为和过错是造成本次事故的主要原因。

郑丽红驾驶贵 C79K89 号小型轿车超速（限速 70 千米 / 每小时,事发时车速约为 84 千米 / 每小时）行驶,驾驶过程中未按照操作规范安全驾驶、文明驾驶造成交通事故,其行为违反了《中华人民共和国道路交通安全法》第 22 条第 1 款、第 42 条第 1 款之规定,郑丽红的行为和过错是造成本次事故的次要原因。

（二）间接原因分析

余庆县交警大队五中队对辖区二、三轮摩托车交通违法行为打击力度不足。

余庆县松烟镇派出所对辖区二、三轮摩托车违法行为打击力度不足、措施不具体,未形成二、三轮摩托车违法行为强监管、严处罚高压态势,辖区二、三轮摩托车违法现象时有发生。

余庆县松烟镇松烟村开展辖区驾驶员安全宣传教育不深入,交通安全劝导工作有疏漏。

余庆县松烟镇人民政府针对辖区二、三轮摩托车管理措施不具体,对驾驶员开展安全宣传教育不深入。

余庆县敖溪镇胜利社区日常统计排查工作中,未将涉事车辆贵 C79K89 号小型轿车录入云平台管理,开展农村道路交通安全监管云平台机动车录入工作有疏漏。

余庆县敖溪镇人民政府督促、调度辖区各村（居）开展机动车排查统计工作力度不足,

措施不具体。

五、对有关责任人和责任单位的处理建议

（一）对有关责任人的处理建议

张光贵，男，64岁，遵14·01853号正三轮轻便摩托车驾驶人。无有效机动车驾驶证，驾驶未投保第三者责任强制保险的遵14·01853号正三轮轻便摩托车违法载人行驶，驾驶过程中通过交叉路口转弯时未让直行车辆先行造成交通事故，其行为违反了《中华人民共和国道路交通安全法》第17条、第19条第一款及《中华人民共和国道路交通安全法实施条例》第52条（3）项之规定，张光贵的行为和过错是造成本次事故的主要原因。因其在事故中死亡，建议不予追究责任。

郑丽红，女，40岁，贵C79K89号小型轿车驾驶人。郑丽红驾驶机动车行驶，驾驶过程中超速行驶，未按照操作规范安全驾驶、文明驾驶造成交通事故，其行为违反了《中华人民共和国道路交通安全法》第22条第1款、第42条第1款之规定，郑丽红的行为和过错是造成本次事故的次要原因。建议由公安机关依法对其进行处理。

毛光辉，男，45岁，中共党员，余庆县松烟镇松烟村村委会支书、主任，负责该村全面工作。虽然松烟村2021年1月8日与后山沟组签订了安全生产包保责任书，2021年1月9日与事故中涉事三轮车车主张光贵签订了交通安全责任书，但仍存在对辖区驾驶员安全宣传教育不深入，交通安全劝导工作有疏漏的情况。建议责成其向余庆县松烟镇人民政府作书面检查。

刘毅，男，27岁，余庆县松烟镇派出所民警，负责辖区农村道路交通安全监管工作，但其针对二、三轮摩托车违法行为仅开展安全劝导，对二、三轮摩托车违法行为打击力度不足，措施不具体，未形成二、三轮摩托车违法行为强监管、严处罚的高压态势，辖区二、三轮摩托车违法现象时有发生，建议由余庆县公安局对其进行批评教育。

韦正洋，男，44岁，中共党员，余庆县松烟镇道交办负责人，负责辖区道路交通安全综合协调、督促调度工作，但其对辖区道路交通安全工作督促、调度有关部门履职工作力度不足，开展农村道路交通安全宣传教育工作不深入，措施不具体，建议余庆县松烟镇人民政府对其进行批评教育。

陈谊波，男，35岁，中共党员，2020年8月任余庆县松烟镇人民政府副镇长，分管道路交通安全工作（试用期），但其对开展辖区农村道路交通安全工作部署有差距，督促有关部门正确履行道路交通安全工作力度不足，建议责成其向余庆县松烟镇人民政府作书面检查。

（二）对有关责任单位的处理建议

余庆县交警大队五中队对辖区二、三轮摩托车交通违法行为打击力度不足，建议责成其向余庆县交警大队作书面检查。

余庆县松烟镇人民政府针对辖区二、三轮摩托车管理措施不具体，对驾驶员开展安全宣传教育不深入，对该起事故的发生负有属地管理责任，建议责成其向余庆县人民政府作书面检查，并由余庆县人民政府对其进行警示约谈。

余庆县敖溪镇人民政府督促、调度辖区各村（居）开展机动车排查统计工作力度不足，措施不具体，对该起事故的发生负有管理责任，建议余庆县道交办对其存在的问题在全县进行通报。

余庆县市场监督管理局对辖区销售市场违法违规经营行为的监管力度不足，辖区销售市场存在销售不符合国家相关标准的二、三轮摩托车情况，建议责成其向余庆县人民政府作书面检查。

六、事故防范整改措施

（一）认真汲取事故教训，举一反三

余庆县要认真汲取此次事故教训，充分研判，找准原因，精准施策，制定针对性措施。一是立即组织交警、公路及有关单位对本次事故路段 T 型路口安全隐患进行排查治理，高速公路匝道路口在进行交工验收前要实施封闭式管理，验收后存在交通安全隐患的要提出针对性措施消除安全隐患，确保安全；二是举一反三，结合全市安全生产专项整治三年行动，以道路交通安全专项整治为抓手，加强道路交通安全隐患排查整治，特别是针对新增公路交叉路口、国省干线与县乡公路交叉路口，要加强排查力度，对发现存在安全隐患的路口，要采取有效措施，消除安全隐患，保障路面通行安全。

（二）加强辖区二、三轮摩托车违法整治

一是余庆县市场监督管理部门要联合公安、综合执法等部门，持续深入开展道路交通安全专项整治，严厉打击二、三轮摩托车及电动车交通违法、非法拼装，经营商非法销售、无照经营等行为；二是加强日常监管，充分发挥农村"两站两员"的作用，通过上门摸排和流动排查的方式，持续深入开展辖区摩托车和电动二、三轮车排查，将电动二、三轮车车辆信息、照片录入"农村云平台"，进行备案登记，纳入日常监管；三是加大路面执法力度，进一步加强摩托车和二、三轮电动车的路面管理，严厉查处醉驾酒驾行为，以及无牌车辆上路、无证驾驶、不按规定佩戴安全头盔、超速超载、违法载人等交通违法行为，坚决遏制较大事故发生。

(三)加强宣传引导,进一步提高群众安全意识

余庆县要以本次事故整改为契机,加强道路交通安全宣传工作,重点以安全宣传"五进"活动为抓手,深入开展各类道路交通安全宣传教育活动,一是采取走村入户与各机动车驾驶员签订安全承诺书。二是利用"农村云平台"加强对驾驶员开展集中警示教育学习。三是充分利用现代媒体和技术,如农村广播定时播放与安全有关的知识,在各村醒目位置张贴道路交通安全宣传标语;在公共场所及机关单位LED显示屏、电视台等途径,滚动播放安全生产公益广告和警示教育片,努力营造交通安全宣传氛围,切实提升人民群众安全意识。

📖 思考题

从上述案例提供的材料来看,道路交通安全重点需要在哪些方面抓好落实?

参考文献

一、图书

[1] 奥古斯丁等. 危机管理 [M]. 北京新华信商业风险管理有限责任公司, 译校. 北京: 中国人民大学出版社, 2001.

[2] 伯恩. 危机管理政治学 [M]. 赵凤萍, 胡杨, 樊红敏, 译. 郑州: 河南人民出版社, 2010.

[3] 曹杰, 朱莉. 现代应急管理 [M]. 北京: 科学出版社, 2011.

[4] 曾胜泉. 网络舆情应对技巧 [M]. 广州: 广东人民出版社, 2015.

[5] 陈安, 夏保成. 应急管理比较研究 [M]. 北京: 中国科学技术出版社, 2017.

[6] 陈建宏, 杨立兵. 现代应急管理理论与技术 [M]. 长沙: 中南大学出版社, 2013: 1-82.

[7] 陈月, 蔡文强. 应急管理概论 [M]. 北京: 中国法制出版社, 2017.

[8] 闪淳昌, 薛澜. 应急管理概论: 理论与实践 [M]. 北京: 高等教育出版社, 2012.

[9] 盖文妹, 邓云峰. 应急管理理论与实践 [M]. 北京: 机械工业出版社, 2021: 1-75.

[10] 高芙蓉. 突发公共事件应急管理 [M]. 北京: 经济科学出版社, 2014.

[11] 高小平, 刘一弘. 中国应急管理制度创新: 国家治理现代化视角 [M]. 北京: 中国人民大学出版社, 2020: 37-41.

[12] 官建文. 突发公共事件舆情应对研究 [M]. 北京: 中国社会科学出版社, 2016.

[13] 郭雪松, 刘莹莹. 应急管理理论与应用 [M]. 北京: 科学出版社, 2021.

[14] 韩素梅. 新媒体与社会舆情 [M]. 杭州: 浙江大学出版社, 2018.

[15] 黄宏纯. 突发事件全面应急管理 [M]. 北京: 北京理工大学出版社, 2018.

[16] 黄宏纯. 应急管理学术论文汇集 [M]. 北京: 北京理工大学出版社, 2018.

[17] 蒋瑛. 突发事件舆情导控: 风险治理的视域 [M]. 北京: 社会科学文献出版社, 2020.

[18] 金宁, 杨文佳. 大清王朝奇案冤案揭秘 [M]. 呼和浩特: 内蒙古人民出版社, 2005.

[19] 孔令栋, 马奔. 突发公共事件应急管理 [M]. 济南: 山东大学出版社, 2011: 1-11.

[20] 李喜童. 政府治理与应急管理 [M]. 兰州: 甘肃人民出版社, 2018.

[21] 李暄.突发事件舆情五讲:新闻判断与价值观修养[M].北京:中国传媒大学出版社,2019.

[22] 李雪峰,佟瑞鹏.应急管理概论[M].北京:应急管理出版社,2021.

[23] 李雪峰.应急管理通论[M].北京:中国人民大学出版社,2019:1-36.

[24] 林鸿潮.公共应急管理机制的法治化[M].武汉:华中科技大学出版社,2009.

[25] 林鸿潮.应急法概论[M].北京:应急管理出版社,2020.

[26] 刘毅.网络舆情研究概论[M].天津:天津人民出版社,2007.

[27] 马宝成,张伟.中国应急管理发展报告[M].北京:社会科学文献出版社,2021.

[28] 马怀德.应急管理法治化研究[M].北京:法律出版社,2010.

[29] 石启龙,傅卫卫.应急不避法治:极端突发事件应急处置法治化的理论与实践[M].沈阳:东北大学出版社,2015.

[30] 唐钧.应急管理与危机公关:突发事件处置、媒体舆情应对和信任危机管理[M].北京:中国人民大学出版社,2012:68-108.

[31] 滕五晓.应急管理能力评估:基于案例分析的研究[M].北京:社会科学文献出版社,2014.

[32] 童星,张海波.中国应急管理:理论、实践、政策[M].北京:社会科学文献出版社,2012.

[33] 王宏伟.公共危机与应急管理:原理与案例[M].北京:中国人民大学出版社,2015.

[34] 王宏伟.健全应急管理体系探析:从制度优势到治理效能[M].北京:应急管理出版社,2020.

[35] 王宏伟.突发事件应急管理:预防 处置与恢复重建[M],北京:中央广播电视大学出版社,2009.

[36] 王宏伟.新时代应急管理通论[M].北京:应急管理出版社,2019.

[37] 王宏伟.应急管理新论[M].北京:中国人民大学出版社,2021.

[38] 王宏伟.中国应急管理改革:从历史走向未来[M].北京:应急管理出版社,2019.

[39] 王宏伟.重大突发事件应急机制研究[M].北京:中国人民大学出版社,2010.

[40] 希斯.危机管理[M].王成,宋炳辉,金英,译.北京:中信出版社,2004.

[41] 杨梅枝.中国特色军民融合式发展研究[M].西安:西北工业大学出版社,2012.

[42] 杨月巧,王慧飞.新应急管理概论[M].北京:北京大学出版社,2020:42-49.

[43] 张克生.国家决策:机制与舆情[M].天津:天津社会科学院出版社,2004.

[44] 赵宇,潘青亮,王景丽.5G在公共安全和应急领域的应用需求和建设模式研究[C]//中国通信学会.2020中国信息通信大会论文集(CICC 2020),2020:431-434.

[45] 中共中央党史和文献研究院. 习近平关于防范风险挑战、应对突发公共事件论述摘编 [M]. 北京：中央文献出版社, 2020.

[46] 中共中央党校（国家行政学院）. 应急管理典型案例研究报告（2020—2021）[M]. 北京社会科学文献出版社, 2021.

[47] 钟开斌. 应急管理十二讲 [M]. 北京：人民出版社, 2020.

[48] 朱伟, 宿洁, 秦绪坤等. 基于应急管理全过程的媒介信息传播研究：理论与实例 [M]. 北京：化学工业出版社, 2017：20-22.

二、期刊、其他

[1] 敖翔. 应急救援组织架构、存在问题与对策 [J]. 水利水电技术（中英文），2021, 52 (S2)：74-76.

[2] 本刊综合. 更好地统筹发展和安全 健全国家应急能力体系：解读《"十四五"国家应急体系规划》[J]. 中国应急管理, 2022（02）：12-15.

[3] 蔡佩玉. 大数据背景下突发公共安全事件应急指挥研究 [J]. 广州市公安管理干部学院学报, 2020, 30（04）：3-8.

[4] 陈群祥. 对我国突发事件应急法制建设的思考 [J]. 安徽冶金科技职业学院学报, 2008（04）.

[5] 陈勇, 张宏辉, 瞿修贤. 利用4G与5G兼容定制网解决政企专线应急保障的方案研究 [J]. 电子元器件与信息技术, 2021, 5（10）：175-176.

[6] 邓海娟. 论中国政府应急行政的法制建设 [J]. 学理论, 2010（15）.

[7] 董智勇. 大力推进国防动员应急与应战一体化建设 [J]. 国防动员研究, 2010（08）：31-33.

[8] 段忠禹. 应急救援能力建设与提升的思考：以中国安能集团第一工程局有限公司为例 [J]. 人民长江, 2021, 52（S2）：31-32.

[9] 郭翔, 佘廉, 唐林霞. 国外应急管理政策研究述评 [J]. 软科学, 2008（10）：34-36+48.

[10] 韩伟. 参与式灾后重建的实践和思考：以四川省茂县雅都乡大寨村灾后重建调查为例 [J]. 农村经济, 2009（10）：44-46.

[11] 胡秋玲, 陶振. 突发公共事件应急指挥体制的分类、演进与调适 [J]. 四川行政学院学报, 2021（03）：26-40.

[12] 黄典剑. 发达国家应急管理法制研究 [J]. 安全生产与监督. 2007（06）.

[13] 黄贵连, 王文华. 对加强国防动员应战应急一体化建设的思考 [J]. 中国军转民, 2016（10）：20-22.

[14] 蒋晓虞. 后疫情时代5G在应急管理系统中的应用分析[J]. 电信快报, 2021（04）: 15-17.

[15] 李宏. 近期国内应急管理研究综述[J]. 大连干部学刊, 2012, 28（09）: 44-47.

[16] 李胜军. 健全完善相关法律法规 推进公共卫生应急法制体系建设[J]. 法制与社会, 2020（25）.

[17] 李希腾, 王保庆. 我国应急管理法律体系建设问题研究[J]. 黑龙江省政法管理干部学院学报, 2021（01）.

[18] 李学同. 我国应急法制建设中的问题与对策研究[J]. 理论前沿, 2009（01）.

[19] 林鸿潮. 公共应急管理的法治化及其重点[J]. 中国机构改革与管理, 2011（03）.

[20] 刘纪达, 安实, 王健, 等. 一体化应急应战协作网络结构与演进: 以自然灾害和事故灾难事件为例[J]. 北京理工大学学报(社会科学版), 2020, 22（06）: 96-106.

[21] 刘铁民. 构建新时代国家应急管理体系[J]. 中国消防, 2020（03）: 14-17.

[22] 刘雪峰, 刘浩男. 强化"练即战、战必胜"理念 努力打造兴安岭上应急救援专业骨干队伍[J]. 消防界(电子版), 2022, 8（01）: 1-3.

[23] 卢锦根. 灾后重建九寨沟加快建成脱贫奔康典范[J]. 当代县域经济, 2020（11）: 24-27.

[24] 卢文刚, 舒迪远. 基于突发事件生命周期理论视角的城市公交应急管理研究: 以广州"7·15"公交纵火案为例[J]. 广州大学学报(人文社科版), 2016, 15（04）.

[25] 刘泽照. 突发事件应急指挥的中国经验与能力跃升[J]. 西部经济管理论坛, 2021, 32（05）: 80-87.

[26] 马怀德, 赵颖. 我国公共应急法制的重要发展: 写在《突发事件应对法》颁布实施之际[J]. 中国应急管理. 2007（10）.

[27] 莫于川. 国外应急法制的七个特点[J]. 中国应急管理, 2007（03）.

[28] 穆亚茹, 张永领. 突发事件应急管理社会化研究综述[J]. 河南理工大学学报(社会科学版), 2022, 23（01）: 51-59.

[29] 彭凌, 许文浩, 苏耀墀等. "新基建"与智慧应急[J]. 中国应急管理科学, 2020（09）: 39-47.

[30] 钱基伟. 领导者应急决策的策略[J]. 人才资源开发, 2009（12）: 56-57.

[31] 秦光宇, 陈巍. 5G技术在公安应急指挥调度领域的发展应用[J]. 黑龙江科学, 2020, 11（24）: 130-131.

[32] 沈中泽. 应急救援领域无人机应用现状及分析[J]. 网络安全技术与应用, 2021（11）: 133-134.

[33] 宋元涛,王大伟,杨春立等.以信息化加速推进应急管理现代化[J].中国应急管理,2021（06）：14-25.

[34] 田野,董啸博,陈枭一.推进国防动员与应急管理有机融合刍议[J].国防,2018(06)：49-50.

[35] 田义祥.军队在应急管理中的重要作用及其发挥[J].中国应急管理,2007（02）.

[36] 王宏伟.国外地震灾害恢复重建的经验与借鉴[J].国家行政学院学报,2018（05）：97-100.

[37] 王秋红,朱雪田.5G网络切片在公网应急保障中的应用研究[J].电子技术应用,2020,46（02）：14-17.

[38] 王玉.变革时代提升领导干部应急处突能力研究[J].中国应急管理科学,2021(07)：11-18.

[39] 王祯军.从政策和法律看我国应急管理建设的发展路径和方向[J].大连干部学刊,2014,30（04）.

[40] 谢迎军,马晓明,习倩.国内外应急管理发展综述[J].电信科学,2010,26（S3）：28-32.

[41] 徐璨.学习领悟党的防灾减灾救灾史：基于领导力视角[J].中国减灾,2021（13）：30-33.102

[42] 徐晨曦.我国应急法存在的问题分析及完善[J].法制博览,2017（11）.

[43] 徐晓玥.不确定信息下的多属性应急决策研究[J].现代商贸工业,2021,42（32）：43-44.

[44] 许珂.突发公共事件背景下应急救援战术指挥平台构建[J].湖南警察学院学报,2021,33（02）：19-23.

[45] 杨丽君,郑静晨,黄钢等.我国突发公共卫生事件应急救援体系建设研究[J].中国工程科学,2021,23（05）：9-17.

[46] 杨月江,高晓燕.信息技术在应急管理中的研究与应用[J].华北科技学院学报,2019,16（05）：110-115.

[47] 姚景山.城市自然灾害应急管理案例研究：以深圳应对台风"山竹"为例[J].环渤海经济瞭望,2021（01）：144-145.

[48] 张俊,付业勤.国外灾后恢复重建的研究[J].聊城大学学报(社会科学版),2013(4)：78-86,91.

[49] 张美莲,佘廉.国外突发事件应急响应研究综述[J].国外社会科学,2015（01）100-112.

[50] 张燕,王义保,张昊轩.应急响应中决策失灵的原因探析:基于40个应急管理案例的定性比较分析[J].领导科学,2021（20）:33-37.

[51] 赵宇,潘青亮,王景丽.5G时代通信大数据在应急管理中的应用研究[J].中国新通信,2021,23（13）:15-17.

[52] 周甫.5G时代通信网络在应急指挥中的创新应用[J].无线互联科技,2020,17(21):5-6.

[53] 周军,赵飞,邓俊琼等.基于5G创新智慧应急[J].电子世界,2020（21）:51-52.

[54] 王诗伟.基于GIS的城市应急管理系统研究与实现[D].太原:太原科技大学,2020.

[55] 张猛.面向城市综合应急的智能指挥调度系统建设与研究[D].杭州:浙江工业大学,2019.

[56] 薛应军.从《红楼梦》看古代疫情防控[N].民主与法制时报,2020-2-23.

[57] 全国防治非典工作会议在京举行[N].人民日报,2003-7-28.